부족국가
대한민국

부족국가 대한민국

부족주의의 노예가 된 정치

—————— 강준만 지음 ——————

인물과
사상사

아침에 진실했던 것이
저녁에는 거짓이 된다

우리는 완전한 무방비 상태에서 인생의 오후로 건너간다.

훨씬 더 나쁜 것은,

늘 그랬듯이 자신의 진실과 이상이 도와줄 것이라는 착각으로 걸음을 옮긴다.

하지만 우리는 인생의 아침에 세운 계획에 따라 인생의 오후를 살 수 없다.

왜냐하면 아침에 위대했던 것이 저녁에는 미미해지고,

아침에 진실했던 것이 저녁에는 거짓이 되기 때문이다.

스위스의 정신과 의사이자 심리학자인 카를 구스타프 융의 말이다. 그가 무슨 뜻으로 한 말인지는 정확히 몰라도 내 가슴엔 와닿았다. 원래 말이란 알 듯 모를 듯 해석의 여지를 넓혀주어야 많은 사람의 공감을 얻을 수 있는 게 아닌가? 인생의 오후, 그것도 저녁 문턱에 접어든 나로선 내 인생의 아침과 낮에 대해 자주 생각한다.

전주에 사는 어느 70대 독자께서 내게 정중한 장문의 편지를 보내주셨다. 오랫동안 내 책의 열렬한 애독자였던 그분은 최근 내 책들을 '이문열 책' 처분하던 사례('책 장례식')를 따라야 하는 것 아닌가 하는 고민에 빠졌다고 했다. 문재인 정권에 대한 나의 비판 때문이라고 한다. 물론 처음 겪는 일은 아니다. 노무현 정권을 비판한 십 수년 전부터 여러 차례 겪어온 일이지만, 처음 겪는 일인 것처럼 가슴이 아팠다. 그분이 그간 인내해주신 게 고마운 동시에 너무 미안하고 죄송했다.

내가 생각을 바꾸고 그분께 사과하면 해결될 수도 있는 일이겠지만, 그럴 수 없기에 미안하고 죄송했다. 일관성은 그분의 몫이지, 나의 몫은 아닐지도 모른다. 기존의 이분화된 편 가르기 전쟁에서 어느 한쪽을 계속 지지하는 게 옳다는 일관성은 대부분의 사람이 갖고 있는 것인바, 문제는 나에게 있다고 보는 게 옳을지도 모른다.

내가 '옳다'라고 하지 않고 '옳을지도 모른다'라고 한 이유는, 나는 그런 일관성에 단호히 반대하기 때문이다. 세 번째의 진보 정권을 맞이했으면, 진보는 자신에게 더욱 엄격해져야 하며 성찰을 주요 덕목으로 삼아야 한다는 게 나의 생각이다. 지지리 못난 보수의 분노를 자극해 더 못나게 굴도록 만드는 일에 집중하면서 장기 집권을 꾀하는 건 나라 망치는 일이라는 게 나의 믿음이다.

그러나 이런 정도의 반론으로 그분을 설득할 수는 없는 일이다. 나라 잘되게 하자는 나의 충정을 알아달라고 읍소라도 하고 싶은 심정이지만, 모든 사람이 다 그런 충정으로 정치에 대해 이러쿵저러쿵 할 것이라는 점에서 이 또한 무력하다. 결국, 내가 욕먹는 걸 감수하는 수밖에 없다는 생각이 들었다.

물론 성찰은 내 몫이기도 하다. 앞서 소개한 융의 말은 웨인 다이어의 『세상에 마음 주지 마라』라는 책에서 재인용한 것인데, 이 사람이 책 말미에 이런 말을 했다. "우리가 인생의 아침을 보내는 동안 가장 눈에 띄는 집착은 자신이 옳다는 믿음에 대한 집착이다. 자신이 옳다는 믿음만큼 자아가 사랑하는 것은 없다." 웨인 다이어는 '영성'을 추구하는 사람이다. 나와는 여러모로 맞지 않아 별 관심은 없는데, '자신이 옳다는 믿음에 대한 집착'이라는 말엔 나도 흔들리지 않을 수 없었다.

지금 나는 이미 아침과 낮이 지나고 황혼이 다가왔는데도 여전히 그런 집착에 빠져 있는 건 아닌가? 인생의 저녁에 이르러서까지 세상에 너무 마음을 주고 있는 건 아닌가? 작가 김훈은 "당파의 나팔만 악악거리고, 가짜뉴스가 사실을 이기는 몽매의 시대에 허공에서 부딪쳐 먼지로 부스러지는 말들"을 혐오하기 때문에 현실 정치에 대해선 굳게 침묵한다고 했다. 나 역시 김훈이 느끼는 혐오를 똑같이 느끼고 있음에도 자꾸 현실 정치에 대해 내 말을 들이미는 이유는 무엇일까? 김훈은 나보다 8년 연상인데, 나도 수년 후에서야 그의 깨달음에 도달할 수 있는 걸까?

그런 생각을 한참 해보는 중에도 '세상에 마음 주면 안 되나?'라는 생각이 불쑥 고개를 내미는 걸 어이하랴. 김훈은 산업재해로 매일 평균 7명이 죽는 기막힌 현실에 대해 피를 토하는 심정으로 글을 쓰고 있지만, 그런 현실을 외면하거나 비교적 가볍게 보는 현실 정치를 그대로 두고서 말이 그 어떤 의미를 가질 수 있단 말인가?

조금 더 늙으면 세상에 마음 주는 일의 덧없음을 절감할망정 아직은 마음을 주어도 무방하지 않을까? 이런저런 생각을 해보다가 내 신문 칼럼에 달린 댓글 하나가 떠올라 슬그머니 미소를 짓지 않을 수 없었다. 내게 비난과 조롱을 퍼부은 댓글이었지만, 이 한마디는 나를 웃게 만들었다. "넌 왜 늙지도 않니?" 무슨 뜻으로 한 말이건, 나의 늙음을 원하는 분들께는 늙지 않는 게 죄송할 뿐이다.

내가 늙음을 거부하면서 끊임없이 세상에 마음을 주는 방식은 책이다. 이번 책은 칼럼 형식을 취했다. 그래서 각 글의 길이가 비교적 짧고 각주脚註가 없다. 상당 부분 그간 발표했던 신문 칼럼들을 재활용하긴 했지만, 책의 주제와 구성에 맞게끔 수정·보완하는 과정을 거쳤다. 주요 주제는 '부족주의'다. 부족주의는 인간의 본능에 가깝기 때문에 완전히 극복하는 건 거의 불가능한 일이다. 하지만 지금처럼 한국이 노골적인 부족국가로 퇴행하는 것만큼은 막아야 한다는 나의 문제의식에 공감하는 독자가 많기를 바란다.

2021년 3월
강준만

다르게 생각하는 사람은 투쟁의 대상이다

제1장

"
다른 사람들과 만나
그들이 다른 생각과 행동을 하는 것을
경험하는 것은 아주 가치 있는 일이다.
이러한 소통은 전에도 그랬고
지금 이 시대에도 진보의 주요한 원천이다.
"

● 존 스튜어트 밀(영국 철학자)

왜
보수 언론 좋아할
글만 쓰는가?

나는 '진보'니 '보수'니 하는 구분에 대해 냉소적이다. 아니 비웃는다. 세상에선 더불어민주당(민주당)을 '진보'로 부르지만, 사실 이는 민주당의 왼쪽에 있는 정의당을 비롯한 정당들에 큰 결례다. 내가 보기에 문재인 정권은 기껏해야 '보수 응징' 세력이지 진보가 아니다. '적폐 청산'이라는 문재인 정권의 대표 슬로건이 잘 말해주듯이, 보수 응징 이외에 이렇다 할 진보의 비전이 없다. 한국형 계급투쟁에서 가장 중요한 부동산 문제의 처참한 실패로 적어도 전체 인구의 절반 이상에게 큰 고통을 안겨주고, 빈부 격차를 심화시킨 세력은 결코 진보일 수 없다. 선의와 열정은 인정해달라고? 스스로 운동권 1학년 1학기 학생 수준이라는 걸 인정하겠다는 것인가? 국정 운영을 그렇게 가볍게 여기다니, 더 욕먹을 소리다.

그럼에도 나 역시 어쩔 수 없이 글을 쓸 때엔 내가 비웃는

'진보'니 '보수'니 하는 기존 구분법에 따르고 있다. 소통을 위해서다. 내게 "왜 진보가 보수 언론 좋아할 글만 쓰는가?"라고 따지는 독자가 많아 답을 드리기 위해서라도 불가피하니, 이 점을 이해해주시기 바란다.

비판자들이 지적하듯이, 나의 문재인 정권 비판에 대해 보수 신문들이 많이 보도해주는 반면, 진보 신문들은 거의 다루지 않는다. 이게 문재인 지지자들에겐 격렬한 비판의 대상이 된다. 왜 보수 언론 좋아할 일을 해주고 있느냐는 비판이다. 나는 이런 비판에 대해 다른 책을 통해 이미 답을 드린 바 있지만, 여기선 좀 다른 이야기를 해보려고 한다. 비판 자체를 어떻게 볼 것인가 하는 문제다.

"왜 보수는 비판하지 않고 진보만 비판하느냐?" 진중권은 이런 말을 듣기 싫어서인지 진보를 비판하면서 보수도 비판하는 균형을 유지하려고 애를 쓰는 것 같다. 하지만 내 생각은 좀 다르다. 나의 답은 한결같다. "비판의 목적이 뭐라고 생각하세요?" 비판엔 여러 목적이 있겠지만, 나는 크게 두 종류로 나눈다. "너 죽어라"와 "너 잘돼라"다.

나의 문재인 정권 비판은 "너 잘돼라"다. 예컨대, 국정 운영을 부족주의 정서로 하지 말라는 거다. 그런 식으로 가면 정권도 망하고 나라가 흔들리니 제발 생각을 바꾸라는 주문이다. 나의 이런 진단이 옳은가 하는 의문이 제기될 수 있겠다. 반론을 하면 된다. "왜 보수 언론 좋아할 일을 하느냐?"고 따지는 건 반론이 아니다. 그런 열성 지지자들이 오히려 자신들의 의도와는 관계 없이 문재인 정권에 "너 죽어라"는 식의 결과를 초래하고 있다는 게 내 생각이다.

문재인 지지자들에게 묻고 싶다. 당신이 원하는 보수 비판은 "너 죽어라"인가, 아니면 "너 잘돼라"인가? 그들의 생각이 어떤지는 모르겠지만, 나는 보수에 애정이 없다. 나는 보수의 수준이 진보의 수준을 결정하고, 진보의 수준이 보수의 수준을 결정한다고 보는 관점에서 보수가 잘되길 바라지만, 보수가 잘되게끔 애를 쓰고 싶은 생각은 없다. 따라서 보수 비판보다는 진보 비판에 더 끌린다. 게다가 진보가 정권을 잡고 있는데다 '다수결의 횡포'를 마음대로 부릴 수 있을 정도로 국회를 장악하고 있으니, 그게 당연한 일이기도 하다.

그렇다면 과거엔 왜 보수 비판을 열심히 했느냐는 반론이 가능하겠다. 사실 이게 중요하다. 나의 첫 정치 비평서인 『김대중 죽이기』가 나온 건 1995년이었다. 나는 당시 한동안 분노에 찬 "너 죽어라" 비판을 했다. 문제는 그다음이다. 이후 어떤 변화가 있었던가? 우리는 김대중 정권과 노무현 정권에 이어 세 번째의 진보 정권인 문재인 정권의 임기 말을 지켜보고 있다. 진보 정권, 무엇이 문제였던가? 우리가 확인한 건 놀랍게도, 아니 경악스럽게도 진보의 사전엔 '성찰'이 없다는 점이다. 모든 잘못된 것은 보수의 탓이라는 적반하장賊反荷杖과 후안무치厚顔無恥로 일관하는 진보, 이들이 왜 진보가 아닌지 스스로 폭로한 사건의 연속이었다!

나는 전 법무부 장관 조국이 지난 2008년에 출간한 책 제목과 내용을 좋아한다. 『성찰하는 진보』. 성찰이 없는 진보는 진보일 수 없다는 게 내 생각이다. 나는 조국이 그 책에 쓴 대로만 살았더라면 최근의 '조국 사태'는 일어나지 않았을 거라고 믿는다. 비록 조국이 실천에 옮기진 못했을망정, 그 책에 담긴 메시지는 여전히 유효하다. 조국은 물론 정경심까지 사랑한다고 외치는 분들이 제발이지 그 책을 읽어보면 좋겠다.

나는 진짜 진보 정당 당원들이 지난 2015년에 출간한 책 제목과 내용을 좋아한다. 『진보 정치, 미안하다고 해야 할 때: 반성과 성찰의 기록』. 진짜 진보 진영에선 이런 반성과 성찰의 목소리가 자주 나오는데, 민주당 당원들이나 지지자들은 성찰을 전혀 모르니 참 희한한 일이다. 누군가 성찰의 목소리를 내면 이들이 내놓는 모범 답안은 '배신자' 아니면 '변절자'이니, 이들의 뇌 구조마저 궁금해진다. 지도자 탓을 해야 하는 건지 지지자들 탓을 해야 하는 건지 헷갈리긴 하지만, 문재인 정권의 치명적인 문제가 성찰의 부재에 있다는 건 분명해 보인다.

문재인 정권의 집권은 보수의 수준이 워낙 한심했기 때문에 거저먹은 것이었건만, 문재인 정권 주체들이 집권 후에 심혈을 기울여 한 일은 '보수의 악마화'를 노린 '증오 마케팅'이었다. 민주당의 실세였던 이해찬은 '20년 집권론', '50년 집권론'에 이어 '100년 집권론'까지 내놓았지만, 그의 비전은 보수에 정권을 넘겨주면 안 된다는 수준이었다. 이런 '증오 마케팅'에 휘둘린 열성 지지자들만 흐뭇한 미소를 지으며 지켜보고 있자면, 20년 집권은 누워서 떡먹기 정도로 여겨지겠지만, 누군가는 "당신들 미쳤느냐?"고 외쳐야 하지 않겠는가?

진보의 진보 비판이라지만, 그런 실명 비판을 하는 사람들이 얼마나 되는지도 따져볼 일이다. 5,000만 인구 가운데 그야말로 손가락으로 꼽을 정도가 아닌가? 그들이 뭐가 그렇게 대단하고 위대한 인물들이라고 벌벌 떨거나 몹쓸 악다구니를 써대며 욕하는가? 민주주의적 균형과 다양성을 위해서라도 오히려 반겨야 할 일이 아닌가? 그런 비판을 보수 언론이 적극 활용하는 게 마땅치 않다면, 진보 언론에 어용 언론이 될 것을 요구하지 말고 그런 비판도 수용하라고 압력을 넣어야 하지 않겠는가?

나는 최근 『싸가지 없는 정치』에서 "보수 세력이 워낙 한심한 수준이기에 민주당이 재집권에 성공할 가능성도 높지만, 나라의 장래를 생각한다면, 이는 우리 모두를 패자로 만드는 게 아니고 무엇이겠는가?"라고 개탄한 바 있다. 선거 승리가 민주당의 정당성을 입증해주는 게 아니다. 민주당의 핵심 세력인 586 정치인들의 언어 구사법을 잘 감상해보시라. 자신의 반대편은 무조

건 악마화하는 이들은 수십 년 전 운동권 시절의 멘털리티에서
한 치도 벗어나지 않았다. 징그러울 정도로 놀라운 일관성이다.
우리가 이런 일관성을 아름답고 자랑스럽게 여겨야 하겠는가?

　진보의 진보 비판에 분노하는 이들은 비판자들에 대한 개인
적 정신분석을 즐겨하는 경향이 있다. 특히 비판의 동기에 집착
한다. 세상이 자신의 뜻대로 돌아가지 않은 것에 대한 자기 정당
화용 한풀이를 한다는 식이다. 이들은 세상 사람이 모두 자기들
같은 줄 안다. 나꼼수 지지자들이 진중권을 '질투의 화신'이라
고 비난한 것도, 그렇게 보아야 하지 않겠는가? 누가 보아도 확
실한 친문 인사가 내부 비판을 하더라도 이런 엉터리 분석을 피
해갈 길이 없다. 고위 공직을 한자리 차지하지 못해 개인적인 원
한을 발설한 것이라는 식이다.

　이들이 자기편이 가해자가 된 성폭력 피해자를 모욕하면서
2차 가해를 하는 방식과 어찌나 똑같은지 놀랄 지경이다. 그런
데 이마저 내로남불이다. 자기편 사람이라고 생각하면 그런 정
신분석이 꼭 필요해 보이는 사람에 대해서도 무조건 정의의 선
봉에 선 의인義人이라고 극찬을 해댄다. 자신이 그런 식의 분석
대상이 될 때에 어떤 이상한 그림이 그려질지 한 번도 상상해보
지 못한 걸까?

　나는 진보가 진보를 비판하고 보수가 보수를 비판하는 게 예
외적인 게 아니라 일반적인 관행으로 자리 잡기를 바란다. 그렇

게 하면 "너 죽어라"보다는 "너 잘돼라"는 비판이 많아지는 가운데 비판의 질적 전환이 이루어져 품질이 높아진다. 내부 고발을 배신과 변절로 보는 후진적 부족주의 작태에서 탈출해 국가와 국민 전체를 생각하면서 실력으로 승부를 가리는 선의의 경쟁 시대로 들어가보자.

'정신적 대통령', 김어준의 비극

전 민주당 의원 금태섭이 2020년 12월 31일 자신의 페이스북에 올린 '서울교통방송 〈뉴스공장〉 김어준의 문제'라는 제목의 글에서 김어준에 대해 직격탄을 날렸다. 그는 김어준이 "너무나 큰 해악을 끼치고 있다"며 "특히 우리 사회에서 힘든 처지에 있는 분들, 목소리를 내기 어려운 분들에게 큰 상처를 주기도 했다"고 비판했다. 그러면서 "성폭력 피해자들이 두려움을 떨치고 나선 미투 운동에 대해 초기부터 음모론을 제기해 피해자에게 고통을 줬다"는 것, 이용수 할머니를 향해 "기자회견 문서도 직접 쓴 게 아닌 것이 명백해 보인다. 냄새가 난다"고 한 것 등 여러 사례를 제시했다.

그런데 사실 문제는 김어준이 아니다. 민주당이 장악한 서울시와 교통방송, 그리고 바로 민주당이다. 이들은 김어준과 부족 동맹 관계를 맺고 있는바, 결국 문제는 문재인 정권이다. 금태섭에 따르면, "여당 중진 의원들도 그 방송에 출연하려고 줄을 서서 그가 지휘하는 방향에 맞춰 앵무새 노릇을 하고 그의 눈에 들면 뜨고 눈에 나면 죽는 것이 현 여당의 현실이다".

금태섭의 글에 대해 즉각 민주당 의원 우상호가 페이스북에 반론을 했다. 그는 "금태섭 전 의원이 시사 프로그램 진행자 김어준을 문제 삼았다"면서 "서울시장이 되려는 사람의 목표가 시민들의 삶을 어떻게 바꿀 것인가가 아니라, 고작 김어준 퇴출이었다니 어안이 벙벙하고 실망스럽다"고 했다. 또 그는 "김어준의 성향과 스타일이 일반적 저널리스트와 다르다는 것은 이미 알려진 바"라며 "그는 성향은 드러내되 사실관계에 기초한다는 철학이 분명한 방송인"이라고 평가했다.

금태섭의 진단이 옳다는 걸 스스로 입증해주려고 했던 걸까? "김어준은 성향은 드러내되 사실관계에 기초한다는 철학이 분명한 방송인"이라는 말은 어이가 없다. 이는 김어준조차 동의하지 않을 엉뚱한 말이라는 생각이 든다. 김어준이 이끄는 나꼼수는 "거대 꼼수(음모)와 싸운다"며 자주 음모론을 양산해내지 않았던가? 엉터리 음모론으로 밝혀져도 매우 당당하지 않았던가? 오죽하면 친문 성향의 전前 MBC 사장 최승호마저 저널리스트의 양심으로 문제 제기를 하고 나섰겠는가?

최승호는 2020년 7월 그간 김어준이 주장해온 '세월호 고의 침몰설'과 '제18대 대선 개표 조작설' 등의 음모론을 공개적으로 비판했다. 그는 "김어준은 이해할 수 없는 현상이 발견되면 '취재'하기보다 상상·추론하고 음모론을 펼치다가도 반박이 나오면 무시한다"면서 "자신의 위상만큼 책임을 지려고 노력했으면 한다, 틀린 것은 틀렸다고 인정하고 사과해야 한다"고 지적했다. 그는 "대중들은 김어준의 이런 행동 방식에 대해 매우 관대하다, 그는 사실이 아닌 위험한 주장을 마음껏 할 수 있는 특권을 가진 것 같다"고도 했다.

사회비평가 박권일은 김어준이 극우 세력에도 악영향을 미치고 있다고 우려한다. 그는 『한겨레』에 기고한 「그것은 민주주의가 아니다」(2020년 12월 11일)는 칼럼에서 "김어준은 'K값' 운운하는 대선 개표 조작설을 제기해 공론장을 엉망진창으로 망가뜨려 놓고, 또 수많은 음모론들이 대부분 오류로 드러난 후에도 일말의 사과 없이 방송 활동을 이어가며 맹활약 중이다"며 이렇게 말한다.

"이후 김어준을 벤치마킹해 개표 조작설을 제기하는 극우 세력을 보면서, 우리는 '김어준이라는 독'이 얼마나 무시무시한지를 생생히 목격하였다. 특히 유튜브 전성시대가 도래하며 수많은 '김어준들'이 원본의 존재감을 위협할 기세로 증식하고 있다. 이제 김어준은 고유명사가 아니라 일반명사다."

그럼에도 김어준이 건재한 건 물론이고 계속 영향력을 키워나갈 수 있는 이유는 단 하나, 바로 문재인 지지자들의 '닥치고 지지'다. 그는 문재인 지지자들의 영적 지도자라고 해도 과언이 아니다. 조국 사태만 해도 그렇다. 이른바 '조국 백서'(『검찰개혁과 촛불시민』)의 평가에 따르면, "그동안 침묵하던 시민들을 결집시키고 여권 정치인들의 말문을 여는 데 결정적인 역할을 한 것"은 2019년 8월 29일 〈김어준의 뉴스공장〉에서 이루어진 김어준과 유시민의 인터뷰였다. 또 3개월 후인 11월 13일 김어준이 〈김어준의 뉴스공장〉에서 '정경심에 대한 검찰 공소장은 허위 공문서'라고 주장하자, 어떤 일이 벌어졌던가? 주요 친문 인터넷 커뮤니티에는 "검찰의 소설을 뉴스공장이 까발렸다. 이분들이 이 시대를 바꾸고 있다", "30일 500만 촛불로 여의도를 점령하자"는 글이 쏟아졌고, 이후 김어준은 모든 친문 집회와 시위를 이끄는 사령관 같은 존재가 되지 않았던가?

금태섭은 2021년 1월 23일 SBS 논설위원 윤춘호와의 인터뷰에선 더욱 놀라운 이야기를 했다. 그는 "탈당에까지 이르게 된 원인을 제공한 사람이 이해찬 대표 아닌가요?"라는 질문에 이렇게 답했다.

"그렇게 생각을 하죠. 언젠가 이해찬 대표와 이야기를 할 기회가 있었는데 '요즘 나는 눈이 나빠서 책을 못 봐' 이러시는 거예요. 대신 유튜브를 본다면서 김어준이 하는 유튜브는 다 봤다면서 김어준이 민주당을 위해 큰일을 한다는 겁니다. 저는 그때 정말 실망했습니다. 사실은 그때 탈당할 생각을 했을지도 몰라요.……김어준을 민주당의 브레인으로 생각하는 당 대표하고는 대화가 안 된다고 생각했습니다. 이건 안에서 고칠 수 없는 수준이다라는 느낌이 그때 확 들었거든요.”

맞다. 잘 본 거다. 진중권은 “이 나라에서는 대통령이 제구실 못하는 사이에 사실상 김어준과 유시민이 정신적 대통령 노릇을 해왔다”고 진단했다. 김어준과 유시민의 주장, 때론 궤변이거나 궤변에 가까운 주장을 무슨 우상숭배 하듯 그대로 받아들이면서 전의戰意를 불태우는 친문 지지자가 많은 걸 볼 때에 그리 말하는 것도 무리는 아니다.

도대체 왜 이렇게 된 걸까? 나는 이 의문에 대한 답을 “왜 한국인은 ‘목숨 걸고’라는 말을 좋아할까?”라는 글에서 모색해본 적이 있다. 내가 잠정적으로 내린 결론은 한국인 특유의 극단주의다. 조선시대의 유교를 보라. 정치학자 김영명이 잘 지적했듯이, 철학 싸움이 정치 싸움과 엉켜붙어 조선조 200년을 헛된 싸움으로 보내지 않았던가? 김영명은 극단주의 문화의 이유를 ‘단일사회’라는 데에서 찾으면서 다음과 같이 말한다.

“인종-종교-언어-문화-역사의 구분 없는 단일민족으로 이루어진 나라는 한국과 북한 외에 거의 없다. 거기에다 땅은 좁고 인구는 많아 사람들은 옹기종기 모여 살 수밖에 없다. 이 두 요소가 동시에 존재하는 나라는, 적어도 세계에서 주목할 만한 크기의 나라들 중에서는 없다. 작은 나라에 똑같은 사람들이 빽빽이 모여 살다 보니, 사람들은 조급하고 역동적이며, 사회는 집중되고 획일적이 된다. 또 사람들의 심성이나 사회구조가 극단적인 모습을 띠기 쉽다."

재미동포 학자인 캐서린 문도 한국인의 극단주의에 대해 이렇게 말한다.

"한국인들은 무언가를 하기로 결정하고 나면 모든 에너지를 그 일에 쏟아부어, 전부가 아니면 얻을 게 아무것도 없는 하나의 도전으로, 혹은 일종의 사활을 건 딜레마로 본래 상황을 바꾸어 놓기까지 한다. 이에 대한 증거를 찾기란 쉬운 일이다. 그저 어떤 교회 안으로 들어가 큰 목소리로 '아멘'을 외치는 기도자의 열정을 보라. 신의 입장에서도 한국이 아닌 다른 곳에서 이런 목회자를 보고 듣기란 어려울 것이다."

그렇다. 김어준의 문제점을 아무리 지적해도 지지자들, 아니 신도들은 아무런 영향을 받지 않는 건 물론이고 오히려 김어준에 대한 열정만 더 강해진다. 그들에겐 그럴 만한 나름의 또 다른 이유도 있다. "너 감옥 갔다 왔어?"라는 말을 아시는가? 상대방이 "갔다 왔다"고 그러면 그다음 질문은 "얼마 살았어?"다. 운동권 출신들 중에선 감옥 다녀온 것이 훈장이며, 수감 기간이 길수록 훈장의 등급도 높아진다. 지금 나는 이걸 비웃는 게 아니다. 공정 의식이 강한 한국인들은 텍스트(말과 글) 자체보다는 텍스트 생산자의 과거를 따지는 걸 좋아한다는 걸 말하려는 것이다.

그런데 이 "너 감옥 갔다 왔어?" 멘털리티가 민주화 이후에 태어난 문빠들에게도 그대로 이식되었다. 문재인 정권을 비판하면 어김없이 튀어나오는 게 "너 이명박근혜 땐 뭐 했어?"다. "이명박근혜를 불러들인 주범이 누구며, 어떤 책임을 졌어?"라고 묻는 법은 없다. 바로 이 지점에서 김어준과 그 일행은 독보적인 경쟁력을 자랑한다. 신변의 위협도 불사하면서 싸운 경력이 있다. 이거 하나로 게임 끝이다. 일부 민주당 의원들이 아무리 개판을 쳐도 그들에게 운동권 경력이 있으면, 문빠들 사이에서 그게 없는 정치인들에 비해 압도적인 '도덕적 우위'를 누리는 것과 같은 이치다.

김어준은 2018년 나꼼수 멤버인 정봉주의 성추행 의혹 사건이 일어났을 때 그의 알리바이를 증명하는 데 공중파 프로그램을 이용하는 '대범함' 또는 '파렴치함'을 보였다. 이 방송 내용이 거짓으로 드러났음에도 그는 사과하지 않았다. 이에 『한겨레』 기자 김지훈은 「정봉주 김어준, 사과하라」(2018년 4월 2일)는 칼럼을 썼는데, 이 칼럼에 달린 문빠들의 일부 댓글 비난은 이런 '논거'를 제시했다. "그들이 목숨 걸고 사회정의를 위해 싸울 때 기자님은 뭐하셨는지 궁금합니다." "이들은 당신네들 기자들보다는 이 사회가 정의로운 사회로 가는 데 공로가 훨씬 큰 사람이오. 도대체 누가 누구에게 단죄를 합니까. 부끄러운지 아시오."

문빠들의 김어준 숭배, 하지만 이게 바로 김어준의 비극이다. 김어준이 계급 문제, 즉 빈곤층을 위한 전투적인 선전·선동에 나서 많은 사람에게 큰 영향력을 행사한다면, 그는 역사의 한 페이지를 기록할 '평등의 의인'이 될 것이다. 그러나 그는 그런 일은 결코 하지 않는다. 이익공동체 수준의 자기 부족을 위한 발언과 음모론으로 일관하며, 그 과정에서 성폭력 피해자들과 이용수 할머니와 같은 사회적 약자들에게 고통을 주는 모욕을 서슴없이 저지르기도 한다.

그럼에도 김어준은 의연하다. 서울시장 국민의힘 예비 후보였던 서초구청장 조은희가 2012년 2월 15일 〈김어준의 뉴스공장〉에 출연해 "우리 공장장(김어준)은 이용수 할머니 때는 배후가 있다, 미투 때는 문재인 정권에 대한 공작이다, 정경심 교수 재판 때는 법복을 입고 정치를 한다, 윤석열 때는 일개 판사가 쿠데타 한다고 했다"면서 편파 방송 사례를 제시했다. 그러자 김어준이 대뜸 꺼낸 말이 걸작이다.

김어준은 "TV조선을 너무 많이 보신 것 아닌가"라고 했는데, 이게 바로 김어준식 편 가르기의 정수精髓다. 문빠들이 상대편의 주장을 반박할 때에 즐겨 쓰는 레토릭이기도 하다. TV조선과 『조선일보』는 그들에게 '악마'와 같은 언론이기 때문에 이 매체들에서 나온 이야기는 굳이 반론의 과정을 거칠 필요도 없다. "무슨 『조선일보』(TV조선)에 나오는 이야기를 하는 거야"라는 한마디로 족하다. 말도 안 되는 궤변의 극치임에도 증오에 눈이 멀면 스스로 그게 꽤 그럴듯한 반론이라고 여기는 심리 상태가 조성된다.

　김어준이 '정신적 대통령'이라면 그건 끊임없이 적과 악마를 만들어내야만 유지될 수 있는 자리다. 유시민은 최근(2021년 1월 22일) 검찰이 노무현재단 계좌의 금융거래 정보를 열람했다는 의혹을 제기한 것과 관련한 사과문에서 "대립하는 상대방을 '악마화'했다"고 고백했다. 김어준 역시 상대방을 악마화하는 데엔 탁월한 재능을 갖고 있는 인물이지만, '악마화'는 늘 부메랑이 될 수밖에 없다. 대립하는 상대방은 온갖 부정적인 특성을 다 갖고 있을망정 결코 악마는 아니기 때문이다.

　『딴지일보』 시절 김어준이 보여준 탁월한 유머와 해학 재능에 경의를 표했던 나로선 그의 '정신적 대통령' 노릇에 안타까움을 넘어 개탄을 금치 못하지만, 사회과학적 관점에선 믿기지 않을 정도로 소극적인 문재인의 리더십 공백이 김어준을 불러들였다고 생각한다. 끝날 때까지 끝난 게 아니라는 말이 있다. 이 말을 어떻게 해석하느냐에 따라 김어준의 운명도 달라질 것이다. 김어준이 아직 끝나지 않았다며 계속 지금처럼 내달리는 길과 지금이라도 정치적 탐욕을 버리고 이성을 회복해 예전의 김어준으로 복귀하는 길이 있다. 나는 김어준이 성공이 오히려 독약이 되는 '승자의 저주'를 당하는 걸 원치 않기에 그가 후자의 길을 택해줄 것을 바라마지 않는다.

부동산 문제마저 '우리 이니'가 옳은가?

"대통령만 바뀌는 거지 대통령보다 더 오래 살아남고 바꿀 수 없는, 더 막강한 힘을 행사하는 기득권 권력이 사방에 포진해 또 괴롭힐 거기 때문에 내가 정의당 평당원이지만 범진보 정부에 대해 어용 지식인이 되려 한다."

유시민이 2017년 5월에 한 말이다. 자주 인용해 미안하지만, 이게 워낙 중요한 발언인데다 진보의 진보 비판을 불온시하는 풍토엔 일부 지식인들의 선전·선동도 적잖은 영향을 미쳤다는 걸 말하기 위해 불가피하다는 점을 이해해주시기 바란다.

토지정의연대 사무처장 이태경은 「유시민이 옳다」(2017년 5월 8일)는 글을 통해 유시민의 '어용 지식인론'을 지지하고 나섰다.

"거시적 안목과 전략적 인내심이 없는 진보, 사안의 경중과 완급과 선후를 모르는 진보, 한 사회가 걸어온 경로의 무서움과 사회 세력 간의 힘의 우열이 가진 규정력을 인정하지 않는 진보,

한사코 흠과 한계를 찾아내 이를 폭로하는 것이 진보적 가치의 전부인 것으로 착각하는 진보는 무익할 뿐 아니라 유해하다."

　이태경의 주장이 꽤 그럴듯하다고 생각했던 건지 이 말을 인용하면서 진보의 진보 비판을 비난하는 친문 지지자가 적지 않다. 아닌 게 아니라 내가 보기에도 아주 잘 쓴 글인지라, 그래서 어쩌자는 건지 궁금해졌다. 진보 비판을 아예 하지 말라는 뜻인가? 아니면 유해有害하지 않은 수준에선 해도 괜찮다는 건가? 어떻게 해야 유해의 혐의에서 벗어날 수 있을까? 지금은 토지+자유연구소 부소장인 그가 쓴 최근 칼럼 10개를 찾아내 읽어보았다. 내가 읽은 칼럼 10개의 제목은 다음과 같다.

　「부동산 투기가 아닌 주식 투자를 권하는 이유: 주식에 투자해야 사회적 부가가치가 증가한다」(2020년 9월 8일). 「아파트값 높여 전세 시장 안정시키라는 말인가: 전세 가격 상승은 정부 정책 실패가 아닌 환경적 요인 때문」(10월 7일). 「재산세 깎아줄 생각 말고 시장을 안정시켜라: 답답한 공시가격 현실화, 이치에 맞지 않는 재산세 인하」(11월 1일). 「'전세의 습격'에 어떻게 맞설 것인가?: 정부의 11·19 전세 대책 분석과 전망」(11월 22일). 「공공임대주택을 비하하는 자들에게 하고 싶은 말: 공공임대주택에 입주하고 싶어 하는 사람들은 차고 넘친다」(12월 14일). 「전세난은 왜 이리 심한 걸까 '예견된 결과': 임대차보호3법 탓 언론 보도는 곡학아세」(2021년 1월 2일). 「2021년 대한민국, 땅인가 땅인가」(1월 9일).「'국민의힘'은 서울을 투기판으로 만들 작정인가: 부동산 대책이 아니라 투기 조장책을 발표한 국민의 힘」(1월 17일).「문 대통령은 부동산 시장 정확히 진단할까, 따져보니: 대체로 맞긴 맞으나, 일부 오류 있기도」(1월 24일).「용산 공원에 토지임대부 주택 10만 호를 짓자: 재건축이 아니라 '토지임대부'가 답」(1월 25일).

나는 이 칼럼들을 읽고 나서 깜짝 놀랐다. 문재인 정권의 부동산 정책 실패에 대해선 다수 국민이 동의하는 걸로 알고 있었는데, 이 칼럼들에선 전혀 딴 세계가 그려져 있는 게 아닌가? 사실 문재인 정권은 부동산 정책 실패라는 죄만 저지른 게 아니다. 자신들을 무오류의 존재로 간주하거나 우기는 독선과 오만에 사로잡혀 도무지 현실을 인정하는 법이 없었다. 책임을 지는 사람도 없었다. 엉뚱한 통계를 들이밀거나 전 정권들 탓을 하는 등 시종일관 떼를 쓰는 아이처럼 버텼다. 그러다가 도저히 안 되겠다 싶었던지 정책을 급전환하면서도 이렇다 할 설명이나 해명조차 없었다. 그러면서도 문재인 정권의 고위 인사들은 한결같이 개인적 삶에선 부동산 재테크의 달인들이라는 게 밝혀졌으니, 어찌 문재인 정권에 대해 좋은 말을 할 수 있으랴.

그럼에도 이태경은 전혀 딴 말씀을 하신다. 물론 그의 칼럼들엔 좋은 말도 많고 배울 것도 많다. 실제로 많이 배웠다. 하지만 그의 칼럼들을 읽으면 집권 세력이 국민의힘인 것 같다는 생각이 든다. 문재인 정권은 행여 바람 불면 다칠세라 금지옥엽金枝玉葉처럼 대하고, 호통은 야당을 향해 날아가니 이게 바로 우리가 반드시 지켜야 할 '거시적 안목과 전략적 인내심'을 갖춘 기본자세란 말인가?

이태경은 진보적인 부동산 시민운동가로서 주거 문제와 관련해 서민들을 고통의 수렁으로 몰아간 문재인 정권에 대해 화가 나지도 않는가? 모든 게 환경적 요인 때문이고 세계적 '유동성 홍수' 때문이기에 문재인 정권 비판은 절대 해선 안 될 금기란 말인가? 정부는 뭘 하라고 있는 건가? 문재인이 "부동산 문제와 관련해서는 우리 정부에서는 자신 있다고 장담하고 싶다"(2019년 11월 19일)고 큰소리쳤을 땐 그런 문제들이 없었거나 그럴 가능성조차 몰랐단 말인가? 문재인이 이후에도 여러 차례 현실과 동떨어진 말을 한 게 한두 번이 아님에도 고작 "신년 기자회견을 통해 드러난 문재인 대통령의 부동산에 대한 인식은 대체로 정확하지만, 일부 오류가 있는 것으로 보인다"고 말하는 걸로 족한가?

이태경이 분노하지 않는 건 아니다. 그러나 그의 화살은 행여 문재인 정권 근처에라도 떨어질까봐 노심초사勞心焦思하는 모습이 역력하다. 그저 세상 탓뿐이다. 그가 다음과 같이 개탄하는 "땀이 아니라 땅이 대우받는 사회"에선 문재인 정권의 그림자조차 찾기 어렵다.

"분위별 자산 격차가 끝도 없이 벌어지는 사회, 그 자산 격차의 원흉이 부동산인 사회, 부동산이 많으면 현대판 지주가 되고, 부동산이 없으면 희망 없이 하루하루를 연명하는 소작농 신세로 전락한 사회, 뼈 빠지게 일해봐야 다락 같이 오르는 부동산 가격 앞에 기함하는 사회. 그게 신년 벽두에 우리가 마주한 대한민국의 추레한 얼굴이다."

좋다. 이태경의 지극한 문재인 정권 사랑은 그의 신성한 자유다. 그러나 문재인 정권을 자신처럼 사랑하지 않는다고 해서 '곡학아세曲學阿世'라는 비난을 하는 건 지나치지 않은가? "임대차보호3법 탓을 하는 야당과 언론의 태도는 곡학아세에 불과하다"고 말할 게 아니라 왜 임대차보호3법과 전세난이 무관한지 차분하게 밝히면 될 일 아닌가? 누군가 이태경을 향해 곡학아세한다고 비난을 하면 기분이 어떻겠는가?

이탈리아의 파시스트 베니토 무솔리니가 지배하던 시절의 이탈리아인들은 "무솔리니는 항상 옳다"라는 말을 들으며 살아야 했다는데, 우리가 정녕 "우리 이니는 항상 옳다"거나 "부동산 문제에서도 우리 이니가 옳다"는 말을 들으며 살아야 하겠는가? 부동산 문제에 관한 한 보수에 문제가 많은 건 분명한 사실이지만, 시장을 무시하면서 당위와 열정만 앞세우면서 독선적인 고집을 피우는 진보가 배워야 할 것도 있다. 우리 모두 늘 배움의 자세를 가질 수 있게끔 좀더 겸허해지면 좋겠다.

박노자의
이중 기준

노르웨이 오슬로대학 교수 박노자가 2020년 12월 11일 한겨레TV 인터뷰에서 아주 중요한 말씀을 해주셨다. 그간 진보 진영 내부에서 제기된 문재인 정권을 둘러싼 상반된 평가의 근원을 생각해볼 수 있는 중요한 화두를 던진 것이다. 무슨 말씀을 하셨던가?

박노자는 진중권의 문재인 정권 비판에 대해 "(진 전 교수가) 크게 착각하시는 것 같다. 현 집권층과 권력을 혼동하고 있다"고 비판한 뒤 "대통령이 한국 사회의 진정한 권력은 아니다. 대통령과 권력자는 분리해서 봐야 한다. 대통령은 5년짜리"라고 했다. 그는 또 "진 선생이 길게 보셔야 한다. 만약 극우가 집권하면 '윤석열들'한테 다음 순서는 문재인 대통령을 감옥에 집어넣는 것 아니겠느냐"고 덧붙였다.

또 박노자는 "저는 조국 교수도 문재인 대통령도 지지하지 않는다"면서도 "검찰이 공권력이 아닌 하나의 정당처럼 행동하고 있다"고 지적했다. 그는 '조국 사태'에 관해선 "조국 교수 같은 분들은 한국 사회 상류층"이라며 "문제가 됐던 일부는 상류층 관행에, 다른 일부는 교수 사회 관행에 가까웠다. 서민들 입장에서 보면 화가 절로 날 수밖에 없었을 것"이라고 했다. 그러면서도 "검찰이 조국 교수 신상을 털 만큼 털었다. 그러나 (교수의) 대학원생 착취 사건 같은 게 하나도 안 나왔다. 성희롱 등의 사건도 없었다"며 "이런 교수가 대한민국에 얼마나 있을까"라고 반문했다(『미디어오늘』, 2020년 12월 26일).

늘 박노자에게서 많이 배우고 있는 나로선 우선 '차원의 괴리'에 대해 말씀드리고 싶다. 그의 주장을 각자 떼놓고 보자면 동의하지 않을 게 없지만, 각기 차원이 다른 이야기들을 뒤섞어 그것들이 같은 차원의 이야기인 것처럼 말씀하시는 것엔 동의하기 어렵다는 이야기다.

외람되지만 나는 이를 '우도할계의 오류'나 '견문발검의 오류'로 불러왔다. 우도할계牛刀割鷄는 소 잡는 칼로 닭을 잡는다는 뜻으로, 큰일을 처리할 기능을 작은 일을 처리하는 데 씀을 이르는 말이다. 견문발검見蚊拔劍은 모기를 보고 칼을 빼어든다는 뜻으로, 사소한 일에 과도한 대응을 하는 모습을 가리키는 말이다. 이 오류는 한국 사회에 꽤 만연되어 있는 '거대담론 증후군'이기도 하다. 거대담론巨大談論, metadiscourse은 철학이나 언어학을 비롯한 인문학에서 사용되는 개념으로, 어떤 담론의 구조나 체계에서 상부 단계나 포괄적 단계에 속한 담론을 뜻하지만, 구체적인 현실 문제에 너무 거대한 담론으로 대응하는 경향을 냉소적으로 일컫는 말로도 쓰인다. 그런 경향을 가리켜 '거대담론 증후군'이라고 한다.

한국 사회의 전체 체제 권력에 비추어보자면, 문재인 정권의 권력은 '5년짜리'의 수준을 넘어서 좁쌀 같은 미미한 것이라고 해도 과언이 아니다. 나는 이 점엔 흔쾌히 동의한다. 그러나 그렇기 때문에 문재인 정권을 진중권식으로 비판하는 건 착각에 기반한 것이며 따라서 길게 보아야 한다는 주장은 난센스라는 게 나의 생각이다. 그건 자본주의라는 거대 적 앞에서 정치는 좁쌀에 불과한데, 정치에 대해 이러쿵저러쿵하는 게 무슨 소용이냐는 극도의 냉소주의라고 해도 과언이 아니다. 정권 권력은 그렇게 과소평가하면서 아무런 권력 기반이나 네트워크도 없이 홀로 뛰는 진중권의 권력은 왜 그리 과대평가하시는지 그것도 궁금하다.

거대담론 증후군은 음모론과 친화성이 강하다. 늘 거대한 적에 집착하다 보니 정치권에서 벌어지는 일도 그런 거대한 적의 프레임 안에서 이해하려는 성향이 농후해진다는 뜻이다. 물론 박노자도 이런 성향에서 자유롭지 못한데, 2020년 5월 박노자의 정의기억연대(정의연) 관련 발언이 그 좋은 예다. 나는 당시

'내가 좋아하는 박 교수가 왜 이런 말씀을 하시지?'라며 안타까워했던 기억이 떠오른다. 어떤 말씀이었던가?

박노자는 "윤미향 당선인을 미친 듯이 공격하는 극우보수 매체들은 기본적으로는 '연일론', 즉 한국-미국-일본 삼각동맹 강화론자들"이라며 "그들에게 윤미향 당선인의 '조직의 사조직화' 등 의혹은 문제가 됐겠느냐"고 반문했다. 그는 "『조선일보』 조직은 방씨 족벌에 의해 1930년대 중반부터 이미 사조직화돼왔으며 『동아일보』 조직은 애당초부터 김성수-김연수와 그 후손 집단의 사조직"이라며 "사조직화나 비합리적 운영 등으로 치면 정의연보다 100배, 1,000배 더할 것"이라고 꼬집었다.

박노자는 "그들에게 중요한 것은 피해자들의 지원자(윤미향)에 대한 불만이 아니다"라며 "그들이 보기에는 '위안부' 인권 회복 운동 그 자체는 '미래 지향적인 한일 관계', 즉 중국을 암묵적으로 겨냥하는 자민당과의 파트너십 강화의 '장애물'에 불과하다"고 주장했다. 그는 "피해자(이용수 할머니)와 지원자(윤미향) 사이의 노골화된 갈등 국면을 이용해 저들은 그 '장애물'을 제거하려고 하는 것"이라며 "자유주의 진영은 공격에 대놓고 참여하진 않아도 공격을 말리려 하지 않는다. 그들은 아베를 싫어하더라도 아베가 일본 수상인 만큼 아베와의 '소통'을 해야 할 것이며 '관계 관리'를 해야 하는 입장이다. 그 입장에서는 일본의 '과거'를 캐내는 운동은 '불편'하기도 하다"고 주장했다.

이어 박노자는 "사회주의적, 평화주의적 진보 입장에서는 이 운동의 내재적 문제(피해자와 지원자의 소통 부족 등등)를 지적하면서도 모든 '의혹'에 대한 공정한 조사를 기대하면서도 일차적으로는 마녀사냥을 당하는 운동가들을 응원해야 한다"고 주장한 뒤 "한미일 삼각동맹은 미래 전쟁 가능성을 내포하는 한편, 정의연 운동은 일본뿐 아니라 세계 전체 전시 성폭력을 문제 삼은 기본적으로 반전 평화를 위한 운동"이라고 강조했다.

진중권은 박노자 발언 인용 기사를 공유하면서 "믿었던 사람들이 괴물이 되어가는 것을, 아니 어쩌면 오래전부터 스탈린주의 괴물이었다는 사실을 확인하는 것만큼 끔찍하게 우울한 일은 없을 것"이라고 비판했다. 그는 "대체 누구를 위한 운동인지. 할머니들은 일제에 젊음만 빼앗긴 게 아니라 일제에 젊음을 빼앗겼다고 말할 자격까지 윤미향에게 빼앗겨버렸다"며 "어느새 이 할머니가 아니라 윤미향이 운동 주인이 됐다. 그러니 운동을 지키려면 윤미향을 살리고 할머니 목소리를 잠재워야 한다는 판단"이라고 지적했다(『미디어오늘』, 2020년 5월 31일).

'스탈린주의 괴물'이라는 진중권의 독설은 과도했다고 생각해 동의하지 않지만, 나는 그 이전에 박노자의 주장에 동의할 수 없다. 나는 박노자의 거대담론적 해석에 일리가 있음을 인정하지만, 그걸 차원을 뒤섞어 앞세워선 안 된다고 생각한다. 박노자의 논리를 연장하자면, 문재인 정권 인사의 비리에 대한 비판은 모두 다 '문재인 정권 죽이기'라는 문빠의 논리로 귀결되고 만다. 실제로 문빠들은 그렇게 움직이고 있지 않은가?

박노자가 "자유주의 진영은 공격에 대놓고 참여하진 않아도 공격을 말리려 하지 않는다"며 사실상 민주당을 비판한 것에 대해선 어이가 없다. 그의 성에 차진 않았을망정 그건 사실과 많이 다르기 때문이다(제5장 「언제까지 '토착왜구'로 먹고살 생각인가?」 참고). 나는 이 점에선 박노자를 도무지 이해할 수 없다. 한국 교수 사회의 낙후된 부족주의 문화에 대해 그토록 정의롭고 날카로운 비판의 칼을 들이대온 박노자가 어쩌자고 사회 전체 차원의 더 낙후된 '토착왜구' 부족주의엔 관대한 걸 넘어서 더 부족근성을 발휘하라고 부채질 하는 건지 말이다. 한국-미국-일본 삼각동맹에 대한 박노자의 주장을 수용한다 하더라도 그걸 깨기 위해선 개인의 인권 유린도 눈감아주는 등 수단과 방법을 가리지 않아야 한다는 뜻인가?

박노자는 조국의 '장점'들을 열거하면서 "이런 교수가 대한민국에 얼마나 있을까"라고 반문했는데, 물론 그 선의와 취지는 충분히 이해한다. 내가 문제 삼고자 하는 건 권력에 대한 그의 이중 기준이다. 문재인 정권은 보잘것없는 '5년짜리 정권'에 불과하지만, 검찰은 무한 권력이기 때문에 '검찰 악마화'가 필요하다는 것인가? 그러나 윤석열이 장기 집권을 할 수 있는 건 아니잖은가? 아니 이미 그만두었고, 나중엔 무슨 일을 할망정 지금은 집에서 개와 고양이를 돌보고 있다지 않은가? 우두머리가 교체되었는데, 검찰 자체가 무한 권력이라면 정권은 왜 무한 권력이 아니라는 것인지 모르겠다. 집권 정당이 바뀌기 때문에? 검찰의 상층부도 그런 정도의 변화는 겪는 게 아닌가?

　박노자, 정말 왜 이러시는지 모르겠다. 한국에 있을 땐 안 그랬는데, 왜 오슬로로 간 뒤에 그러는 걸까? 너무 답답한 나머지 오슬로 탓을 해보기도 했다. 그곳에서 비교적 한적하게 지내면서 한국 사회에 대한 현실 감각을 좀 잃은 건 아닐까? 물론 거리 두기가 가능해서 좀더 객관적으로 크고 넓게 볼 수 있다는 장점은 있겠지만, 지나치게 크고 넓게만 보는 게 아닐까? 국내에도 박노자처럼 생각하는 사람이 적지 않긴 하지만, 이들이 예전에 비해 달라진 것인지는 모르겠다. 최근 박노자의 주장과 비슷한 주장이 또 제기되었는데, 이는 다음 글에서 살펴보면서 더 자세히 논의해보기로 하자.

진보 세력이
가루가 되도록
갈리는 이유

"오랜 군사독재와, 독재 유전자를 이어받은 권위주의 정권에 익숙한 한국 사회는 정치권력이 권력의 전부인 듯 착각하는 경향이 있다. 일부 진보적 지식인과 언론조차 빠져들 정도로 매우 강력한 관성을 지닌 인식의 오류다. 진보 세력이 가루가 되도록 갈리면서 방향 없이 무너지는 배경에는 이런 오류의 함정이 도사리고 있다고 나는 판단한다. 현재의 정치권력에 대한 현상적 안티테제만으로는 새로운 진보의 길을 열기 어렵다."

『한겨레』 문화부장 이재성이 「어떤 진보의 착각」(2021년 2월 16일)이라는 칼럼에서 한 말이다. 박노자처럼 아주 좋은 문제 제기를 해주셨다고 생각한다. 이미 앞의 글에서 간접적인 반론을 한 셈이지만, 여기선 이재성이 이와 같이 말한 주요 근거인 '지배계급 대 정치권력'의 이분화된 구도에 대해 이야기를 좀더 해보자. 이재성은 다음과 같은 질문을 던진다.

"지금 한국 사회를 실질적으로 지배하는 것은 4~5년마다 바뀌는 정치권력인가, 아니면 (미국에서 '밤의 대통령' 같은 존재였던 언론 재벌) 허스트처럼 '교체되지 않는 권력'인가. 정치권력은 나라의 예산과 국민의 삶에 영향을 미치는 정책을 결정하는 주요 권력이지만, 지배계급의 동의어는 아니다. 만일 정치권력이 자신들의 보호자가 아니라고 판단하면 '교체되지 않는 권력'은 맹렬한 저항 세력으로 돌변한다. 개혁을 시도하는 리버럴 정권이 깨지기 쉬운 '유리 권력'이 될 수밖에 없는 구조적 메커니즘이 우리 사회의 이면을 구성한다."

그러면서 이재성은 지배계급의 구체적 사례들을 예시한다.

"윤석열 검찰총장이 알현했다는 한국의 '밤의 대통령'(족벌 언론 사주)들, 그들과 혼맥·인맥으로 얽히고설킨 재벌들, 전관 비리(예우)를 고리로 이들과 결탁한 전·현직 판검사들은 이 나라의 지배 권력이 아닌가. 수많은 고위 공직자 출신들을 고문으로 거느리고 가진 자들의 편에서 나라를 주무르는, 최근엔 공수처장까지 배출한 김앤장은 어떤가."

이재성은 지배계급과 정치권력을 대비했지만, 그가 말하는 정치권력은 '문재인 정권'일 뿐 국민의힘과 같은 야당은 해당되지 않는다는 점을 분명히 해둘 필요가 있겠다. 나는 한국 사회를 실질적으로 지배하는 것은 정치권력이 아니라 지배계급이라고 본다는 점에선 이재성과 생각이 같다. 사실 이런 시각의 원조는 노무현이라는 점을 밝혀둘 필요가 있겠다. 2005년 노무현은 대기업 총수들과 첫 만남을 가진 이후, "권력은 시장으로 넘어갔다"고 말해 진보 진영에서 많은 비판을 받았지만, 이 말은 학술적으론 더할 나위 없이 정확한 진술이었다. 다만 시장을 정책의 대상으로 삼아야 하는 대통령이 그런 말을 하면 어떡하느냐는 비판이었을 뿐이다.

이재성은 "대공황 이래 최악의 경기 침체가 이어지는 지금이야말로 진보 정치가 저 낮은 곳의 시대정신과 만나 후진적 정치의 판을 바꿀 기회가 아닐까. 한국의 진보는 역사의 연주자가 될 수 있을까"라는 말로 칼럼을 끝맺었다. 나는 문재인 정권을 그런 기대를 거는 진보로 간주하는 한 그런 일은 결코 일어나지 않을 거라고 생각한다. 지배계급과 정치권력이 상호 배타적으로 구분되는 건 아니며, 한 걸음 더 나아가면 정치권력 역시 지배계급의 일원으로 편입된 지 오래이며, 문재인 정권 역시 다를 게 없다고 생각하기 때문이다. 너무 비관적인 생각이 아니냐고도 할 수 있겠지만, 내가 말하고자 하는 건 문재인 정권을 진보로 보는 동시에 비판을 자제해야 할 대상으로 보는 이재성의 생각에 동의하기 어렵다는 뜻이다.

나 역시 과거에 '밤의 대통령'이라는 표현을 쓴 적이 있지만, 종이신문 구독률이 한 자릿수로 떨어진 오늘날의 소셜미디어 시대에 그 표현이 여전히 유효한지는 의문이다. 재벌에 대한 감시견 역할을 해야 할 공정거래위원회는 그간 무슨 일을 해왔으며, 이곳은 문재인 정권의 힘이 미치지 못하는 곳인가? 전관예우는 정권의 힘으로 척결은 못할망정 어느 정도 억제는 할 수 있음에도 문재인 정권도 그걸 '정권 안보'용으로 이용하면서 여전히 기승을 부리고 있다는 건 전혀 듣지 못했을까? 김앤장이 공수처장을 배출했다지만, 문재인 정권이 김앤장 출신을 쓰지 않으면 김앤장이 정권을 무너뜨리겠다고 협박이라도 했단 말일까?

다른 칼럼들에서 진중권 등의 문재인 정권 비판에 대해 대단히 부정적인 반응을 보여온 이재성은 그걸 가리켜 '어떤 진보의 착각'이라고 하는 것 같은데, 다시 말하지만, 그런 진보의 수가 얼마나 되는지 따져볼 일이다. 나는 진보 세력이 가루가 되도록 갈리면서 방향 없이 무너지고 있다는 이재성의 진단을 과도한 엄살이라고 보지만, 그게 사실이라 하더라도 그 책임이 한 줌도 안 되는 비판자들에게 있다고 생각하지 않는다. 반대쪽 진보의 착각이 훨씬 더 대규모로 광범위하게 저질러지고 있을 가능성에 대해서도 한 번쯤 생각해보는 게 좋지 않을까? 나는 이재성이 2년 전에 쓴 「도덕성 백신 활용법」(2019년 2월 7일)이라는 칼럼에서 하신 다음 말씀에 적극 동의하기에 드리는 말이다.

"김현미 국토교통부 장관이 말했듯이 현 집권 세력한테 비판은 숙명이다. 더구나 스스로 택한 도덕성 선명 경쟁의 후과라면 감수할 수밖에 없다. 오히려 이런 비판들이 더 큰 비리와 부조리를 막을 수 있는 예방주사 노릇을 한다고 생각하는 게 좋다. 문제는 백신을 몸에 대한 공격으로 받아들여 과잉반응하는 것이다. 비유하자면, 백신 주사 자체를 거부하거나 지나치게 많은 항체를 만들어내어 몸을 파괴하고 있는 건 아닌지. 비판적 보도에 대해 우린 그런 디엔에이가 없다고 알레르기적 반응을 보이거나 보수의 비판이 두려워 정책적으로 끌려다니는 것이 여기 해당하지 않을까.……진짜 위기는 비판의 과잉이 아니라 개혁의 퇴보에서 온다.”

이재성도 인정하겠지만, 문재인 정권은 ‘낮은 곳의 시대정신’을 외면했다. 부동산 정책의 참사로 낮은 곳에 있는 사람들에게 회복하기 어려운 큰 고통을 가했으며, 중대재해법처럼 스스로 내걸었던 ‘사람이 먼저다’는 슬로건을 허황되게 만들었다. 이른바 ‘검찰 개혁’은 어떤가? 이재성은 2020년 12월 8일에 쓴 칼럼에서 “검찰 개혁이 밥 먹여주냐고 묻는 사람들은 군부독재 시절 민주주의가 밥 먹여주냐고 물었던 사람들의 후예나 다름없다고 생각한다”고만 외칠 뿐, 검찰 개혁의 과정과 품질에 대해선 말하지 않는다. “윤석열 총장은 지금까지 보여준 편파성만으로 이미 검찰 수장의 자격을 잃었다”는 주장은 존중하겠지만, 같은 논리를 대입시켜보자면 당시 추미애는 법무부 장관 자격이 있었다고 생각하는지 궁금하다. 그는 검찰 개혁이 사생결단식의 정권 안보 투쟁으로 변질되면서 ‘낮은 곳의 시대정신’을 외면하게 만든 결과를 초래했을 가능성에 대해선 아무런 관심이 없는 것 같다.

영국 사회학자 허버트 스펜서는 "나는 추상적인 것에 너무 빠져들었기 때문에 구체적인 인간에 대한 관찰이 서툴다"고 정직하게 고백한 바 있다. 나는 문재인 정권의 민생 실패가 '구체'와 '디테일'을 무시하는 진보의 오랜 습속에서 비롯되었다고 생각한다. 문재인 정권에 들어간 이후 기대를 걸었던 많은 사람을 실망시키긴 했지만, 김상조가 경제학자 시절에 외쳤던 메시지는 여전히 유효하다. 그는 "거대담론만으로 세상을 변화시킬 수 없다"면서 "한국 사회에서 부족한 것은 거대담론을 만들어내는 능력이 아니라 구체적인 정책을 만들고 집행하는 능력"이라고 했다.

장기적으로 보자면 정치권력이 지배계급에 대적할 수 없을 만큼 약자라는 사실은 굳이 강조할 필요가 없는 상식이다. 하지만 정치권력에는 여론의 지지를 받아 기존 구조를 바꾸는 법을 만들 수 있는 힘이 있다. 자본주의 체제를 유지하는 한 달라질 게 없다고 본다면, 그 기본 체제마저 바꿀 수도 있다. 중요한 건 그렇게 해나갈 수 있는 국민적 지지와 더불어 치밀한 전략·전술·영악한 정치력이다. 그러나 문재인 정권은 그런 치밀함과 영악함을 정권 안보에만 탕진함으로써 오히려 지지율을 까먹고 말았다. 앞으로 진보 세력이 진짜 가루가 되도록 갈릴 수도 있는 터전을 스스로 만들어준 것이다. 이재성의 명언으로 이 글의 마무리를 짓고 싶다. "진짜 위기는 비판의 과잉이 아니라 개혁의 퇴보에서 온다."

검찰의
'의인화'와 '개인화'가
증오를 키운다

2021년 3월 4일 드디어 윤석열이 검찰총장직을 사퇴했을 때 전 법무부 장관 조국은 즉각 자신의 페이스북에 윤석열을 '하이에나'에 비유한 칼럼을 인용해 우회적으로 비판했다. 어떤 칼럼인가? 인권연대 운영위원 이재성이 하루 전 인권연대 홈페이지에 올린 「사자와 하이에나와 검찰의 시간」이라는 칼럼이었다. 이 칼럼을 재미있게 읽었다. 이재성은 '현재 한겨레신문사에 재직 중'이라고 소개가 되었는데, 문화부장 이재성인지 아니면 동명이인인지는 모르겠다. 그건 전혀 중요하지 않다. 내가 이 칼럼을 재미와 더불어 의미있게 읽은 이유는 이른바 "의인화된 검찰"의 문제를 잘 보여주고 있기 때문이다.

　"의인화된 검찰"이라는 표현의 저작권자는 SBS 기자 임찬종이다. 그는 3월 1일에 쓴 「모비딕이 된 검찰」이라는 칼럼에서 "검찰檢察은 특정한 인물을 가리키는 단어가 아니다. 행정부 소속의 국가기관이자, 근대적 사법 시스템을 도입한 대부분의 국가에서 작동되고 있는 제도를 뜻하는 명사다. 그런데 지난 몇 년간 검찰 개혁을 외치던 사람 중 상당수는 검찰을 기관이나 제도가 아니라 특정한 유기체나 인격체라고 간주하는 것처럼 보인다"며 다음과 같이 말했다.

"이들이 보여주는 증오와 복수심, 그리고 공포 때문이다. 개인이 정상적인 기관이나 제도에 대해 맹렬한 복수심을 표출하는 경우는 거의 없다. 스스로를 공공의 적으로 여기지 않는 이상 국가기관이나 제도에 대해 공포를 느낄 이유도 없다. 하지만 어떤 이들의 말과 행동에서 드러나는 복수심과 공포는 이들이 검찰이라는 제도를 '의인화'해서 받아들이고 있는 것이 아닌가 하는 의심을 품게 한다."

임찬종은 얼마 전에 "의인화된 검찰"이라는 표현보다 더욱 적확한 메타포를 발견했다며 미국 소설가 허먼 멜빌의 『모비 딕』을 거론한다. "에이해브 선장의 다리를 가져간 이후 맹렬한 증오의 대상이 된 생물, 에이해브가 선원들을 이끌고 지구를 한 바퀴 돈 끝에 마주한 거대한 흰 고래 모비딕이 어떤 사람들이 생각하는 검찰의 모습에 더욱 가깝지 않을까 싶다."

그러면서 그는 『모비 딕』의 한 대목을 소개한다.

"거의 죽을 뻔했던 그 결투 이후 에이해브가 그 고래에 대해 격렬한 복수심을 품고 있었다는 것은 의심할 여지가 없다. 하지만 복수심보다 더 무서운 것은, 에이해브가 광적일 정도로 과민해져서 결국에는 자신의 육체적 고통만이 아니라 지적·정신적인 분노까지도 모두 흰 고래와 결부시켰다는 점이다. 흰 고래는 모든 사악한 존재의 편집광적 화신으로서 에이해브의 눈앞을 끊임없이 헤엄치게 되었다.”

아주 멋진 글이다. 그렇다. 의인화의 문제, 정말 심각하다. 언론학에서도 자주 거론되는 문제다. 언론은 사람들의 관심을 끌고 쉬운 이해를 돕기 위해 대부분의 뉴스를 '의인화personification'와 '개인화personalization'의 기법으로 처리한다. 국제 관계마저도 이런 식으로 다루기 때문에 독재국가들은 독재자의 이름과 얼굴로 대변된다. 이로 인한 문제는 매우 심각하다. 그런 독재자에 대한 증오와 혐오가 그 나라의 이름 없는 보통 사람들에게 전이될 수 있기 때문이다.

검찰은 어떨까? 2020년 12월 9일 법무부 장관 추미애가 국회 본회의장 언론 카메라 앞에서 이연주의 『내가 검찰을 떠난 이유』라는 책을 읽는 '쇼'를 펼친 적이 있다. 이에 대해 천안지청 검사 장진영은 검찰 내부 게시판에 이런 글을 올렸다.

“장관님은 평생을 묵묵히 자신의 업무에만 매진해온 대다수의 검찰 구성원들의 목소리나 충언은 철저히 외면한 채 금융경제범죄사범의 친필 편지나 19년 전 1년 검사 생활한 변호사가 쓴 책만 열심히 들여다보고 계시니 하루하루 묵묵히 제 일을 해내며 평범하게 살아가는 대다수 검찰 구성원들을 얼마나 제대로 이해하고 계실지 의문입니다."

나는 추미애 덕분에 문제의 책을 즉각 사서 읽었다. 공감할 수 있는 게 많긴 했지만, 내가 이 책을 읽고 느낀 게 바로 '검찰의 의인화'와 '검찰의 개인화'였다. 이 책에도 '하루하루 묵묵히 제 일을 해내며 평범하게 살아가는 대다수 검찰 구성원들'에 관한 이야기가 나오지만, "통제받지 않아 타락하고 부패한 검찰"이라는 이연주의 핵심 논지엔 아무런 영향을 미치지 못한다. 검찰을 윤석열로 보고 있기 때문이다.

3월 6일 『조선일보』는 「문 정권의 야바위 수법, 검 수사권 박탈법은 윤 제거용 쇼였다」라는 사설에서 이런 주장을 펼쳤다.

"민주당이 검찰 수사권 폐지를 위한 중대범죄수사청 설치법 발의를 4월 서울·부산시장 보궐선거 이후로 미루겠다고 했다. 당 관계자는 '현시점에서 급하게 추진할 필요는 없다'고 했다. 당초 3월 초 발의를 말하다가 연기하더니 아예 보선 이후로 미루겠다는 것이다. 검찰 수사권 폐지가 안 되면 나라가 망하기라도 할 듯 밀어붙이더니 언제 그랬느냐는 듯 입장을 바꿨다. 윤석열 검찰총장이 사퇴한 것 말고는 다른 이유를 찾을 수 없다. 박범계 법무부 장관도 어제 '검사들은 크게 걱정 안 해도 된다'고 했다. 이제는 이 법이 필요 없다는 것이다."

좀 성급하거니와 너무 나갔다는 느낌이 드는 사설이지만, 문재인 정권이 과연 윤석열 제거를 위해 '야바위 짓'을 한 것인지는 시간이 말해줄 것이다. 이 사설의 주장대로 "문 대통령과 정권이 그토록 원하던 충견 검찰"이 복귀한다면, 그게 '야바위 짓'이건 아니건 '검찰의 의인화'라고 하는 테제를 더욱 확실하게 입증해줄 것이다.

이제 이재성의 칼럼으로 들어가보자. 모르고 넘어갔을지도 모를 이런 좋은 글을 읽게 해준 조국에게 감사하지 않을 수 없다. 이재성은 "이제 와 돌이켜보면 윤석열 검찰은 하이에나였다. 뼈까지 으스러뜨리는 강력한 이빨(수사권)과 턱(기소권), 유죄 심증을 끝까지 밀어붙여 탈탈 터는 끈기, 일사불란한 조직력과 협동심을 자랑하는……, 하이에나였다"며 다음과 같이 말한다.

"특히 윤석열 개인의 행태는 하이에나와 더욱 흡사하다. 자기 새끼(한동훈)와 식구들에 대한 끔찍한 사랑(조직 이기주의), 스스로 자기 먹거리를 구하는 생태계의 규칙 따위 아랑곳하지 않는 무법자 행태(감찰 및 수사 방해), 대통령 후보 여론조사를 즐기며 검찰총장 자리를 지키고 있는 뻔뻔함, 나에 대해서는 관대하고 남에게는 가혹한 이중인격(내로남불) 등 생존을 위해 최적화한 하이에나를 보는 듯하다."

슬그머니 웃음이 나왔다. 문재인을 비롯해 문재인 정권 고위 인사들의 행태에도 그대로 적용될 수 있는 말 같아서다. 이들 역시 하이에나인가? 한국 엘리트 계급의 모든 문제를 검찰, 그것도 윤석열에게 몰아주려는 것 같다는 느낌이 든다. 『조선일보』가 썼던 '야바위'라는 말이 이 글에서도 등장하는 게 흥미롭다. 이재성은 "윤석열 검찰이 내세우는 '살아 있는 권력에 대한 수사'가 가소로운 이유는 기만적인 눈속임에 기초한 프레임이기 때문이다"며 다음과 같이 말한다.

"살아 있는 권력 수사에 대한 열망은, 권위주의 정부 시절 검찰이 눈에 뻔히 보이는 정권의 비리조차 봐주기로 일관해서 생겨난 여론인데, 검찰 개혁을 위해 권한을 내려놓는 리버럴 정권이 되면 없는 사건도 만들어내겠다는 투지로 과도한 수사를 벌인다. 이전 정부의 과오가 쌓여 높아진 요구를 리버럴 정부가 되면 거꾸로 조직 보위의 방패로 삼는다는 점에서 시차를 활용한 일종의 야바위 전략이라고 할 수 있다. 죽은 권력만을 물어뜯던 하이에나가 스스로 싸움을 포기한 사자에게 몰려들어 '우리도 살아 있는 권력을 공격할 수 있다'고 으스대는 꼴이다. 비루한 외모의 하이에나가 초원의 무법자가 될 수 있었던 비결은 강한 자에 약하고 약한 자에 강한 '강약약강'의 비굴한 처세에 있다."

"스스로 싸움을 포기한 사자"와 "강약약강"이라는 말이 재미있다. 문재인 정권을 선善과 정의正義의 화신으로 보면서 문재인 정권의 '약자 코스프레'를 믿는 건 그의 자유지만, 그걸 근거로 누군가를 비난하는 건 지나치다는 생각이 든다. 이재성은 대화의 가능성을 전면 부정하는 걸까? 자신과 생각이 다른 사람이

하는 말은 모두 궤변인가? 그는 "청와대와 법무부가 속도 조절론이라는 공을 쏘아올리자 친검 언론은 물론이고 진보인 척하는 정치인과 지식인들이 각종 궤변과 아전인수로 드리블을 이어가고 있다"고 했는데, 왜 이렇게 독선적인지 모르겠다.

이재성도 인정하겠지만, 검찰 개혁은 정답이 존재하는 수학 문제가 아니다. '진보' 역시 마찬가지다. 문재인 정권의 모든 정책을 지지하면 진보고, 지지하지 않으면 '진보 코스프레'라거나 '가짜 진보'라는 주장은 익명의 친문 네티즌들이나 댓글에서 하는 배설 행위이지, 그게 어찌 자신의 소중한 이름을 내건 논객이 할 말인가?

생각이 다른 사람들을 존중한다는 의미에서 '국민'이라는 단어를 쓸 때에도 주의하는 게 좋을 것 같다. 그는 "대한민국 국민은 역시 현명해서 윤석열 검찰의 속임수를 꿰뚫어보았고, 더욱 철저한 검찰 개혁을 주문하는 여론이 들끓었다"고 말씀하시는데, 이는 그간의 여론조사 결과들과는 전혀 다른 말씀이다. 문재인 정권식 검찰 개혁을 지지하지 않는 국민도 국민이라는 걸 유념하는 게 좋지 않을까?

이재성은 윤석열은 물론 금태섭까지 '검찰병 환자'로 비난하면서 "모든 판단 기준에 검찰을 중심에 놓거나, 검찰이 중심이었던 과거의 눈으로 세상을 보기 때문이다"고 했는데, 혹 자신이야말로 그런 건 아닌지 되돌아보는 게 좋겠다. 같은 이치로 부디 자신의 '검찰 의인화'와 '검찰 개인화'에 대해서도 성찰해보면 좋겠다.

왜 나는 윤석열로 대변되는 검찰의 권력 독점엔 분개했으면서도 '청와대 정부'라는 말을 들을 정도로 삼권분립을 크게 훼손한 청와대의 권력 독점에 대해선 아무런 문제의식이 없었을까? 왜 나는 검찰의 하이에나 짓에 대해 분노하면서도 문재인 정권 출범 직전까지 이루어졌던 그 짓에 대해선 오히려 잘하는 일이라고 박수만 쳤던 걸까? 왜 나는 인권운동가로서 그 과정에서 자살자 4명이 나온 것에 대해선 아무런 생각이 없었는데, 이젠 하이에나를 떠올리면서 분노하는 걸까?

나는 과거 검찰의 악행에 대한 분노가 없어서 이런 말을 하는 걸까? 그랬으면 차라리 속은 편하련만, 그게 아니니 답답하다. 중앙정보부에서 안기부를 거쳐 국정원에 이른 정보기관의 만행과 악행을 모르는가? 왜 그걸 없애지 않고 그대로 두는가? 그 밖에도 역대 많은 국가기관이 저지른 만행과 악행이 있건만, 문재인 정권의 그 누구도 그걸 다 없애자고 주장은 하지 않는다. 왜? 모두 다 문재인 정권이 확실하게 장악하고 있기 때문이다. 장악하지 못한 단 하나, 그게 바로 검찰, 아니 윤석열이었다.

나는 어떤 논의를 하건 이 문제에 대한 소통은 거의 불가능하다는 걸 모르진 않는다. 윤석열이 사퇴하던 날 일반 시민들 사이에서도 전국적으로 수많은 말싸움이 벌어졌을 게다. 윤석열에 대한 평가를 둘러싸고 말이다. 내 주변에서도 그런 일이 벌어졌는데, 사실상 답이 없는 싸움이다. 이럴 땐 아예 정치 이야기를 피하거나 예의를 지키는 게 유일한 해법이다. 신념화된 확신으로 단언하지 말고 "나는 이렇게 생각한다"는 식으로 말하는 게 좋다.

나는 생각이 다른 사람에게 소통의 가능성을 열어주는 게 상대방의 인권을 존중하는 첫걸음이라고 생각한다. 이재성이 몸담은 인권연대가 너무 크게만 생각하지 말고 부디 이런 미시적인 인권 감각에도 눈을 뜨면 좋겠다. 인권운동이 정파성에 휘둘리면 그건 정치 운동이지 인권운동이 아니다. 인권에 무슨 좌우, 진보·보수의 구분이 있어야 한단 말인가?

"과거는 절대 죽지 않는다. 심지어 아직 지나가지도 않았다." 미국 소설가 윌리엄 포크너의 말이다. 문재인 정권하의 한국 사회를 묘사할 수 있는 최상의 아포리즘이 아닌가 싶다. 지금 우리는 과거의 기억과 체질로 현재를 살아가는 사람들이 권력을 잡은 시대에 살고 있는바, 갈등과 혼란은 불가피하다. 반독재 투쟁 시절 박정희나 전두환에 대한 증오는 운동의 큰 동력이었다. 그런 의인화와 개인화는 불가피했겠지만, 그런 사고 패러다임을 2021년의 한국 사회에 끌어들이려는 건 다시 생각해볼 일이다.

'평등'을
희생으로 한
'적폐 청산'

19세기 오스트리아 빈에서 의사로 일했던 이그나즈 제멜바이스는 당시의 지배적인 의학 패러다임인 미아즈마 이론(병은 나쁜 공기를 통해 옮는다는 이론)에 역행해 의료진에게 철저한 손 씻기를 강조했다가 병원에서 해고되어 우울증에 빠졌다. 프랑스 세균학자 루이 파스퇴르의 연구로 바이러스와 박테리아가 질병의 원인이라는 패러다임이 통용되기까지는 그로부터 반세기의 세월이 더 걸렸다.

벨기에의 정신분석학자 파울 페르하에어는 『우리는 어떻게 괴물이 되어가는가』라는 책에서 이 유명한 에피소드를 소개하면서 이렇게 말한다.

"패러다임의 힘은 대단하다. 패러다임은 특정 집단(경제학자, 정신과 의사, 법학자 등)이 가진 강제적 확신의 총체이며, 해당 집단의 사고와 행동뿐 아니라 사회관계에서도 큰 영향을 미친다.

자기 집단과 다르게 생각하는 사람은 투쟁의 대상이다."

1987년에 발족한 '민주화를위한전국교수협의회'가 2019년 6월에 열린 중앙위원회에서 '민주평등사회를 위한 전국 교수연구자협의회(민교협)'로 이름을 바꾸고 새롭게 출발하기로 결의했을 때 새삼 '패러다임 전환'의 고통에 대해서 생각하지 않을 수 없었다. 민교협은 2021년을 맞아 '민교협 2.0 선언'을 공식 발표하고 혁신 작업에 착수했는데, 그 길이 험난할 것이라는 생각에 마음이 아팠다. 물론 나는 이 선언을 적극 지지하는 사람이기 때문이다.

'민교협 2.0 선언'의 핵심은 '민주화'라는 기존 목표에 '평등'을 더하면서 강조한 것이다. 누구나 다 환영할 것 같지만, 문제가 그리 간단치 않다. 당장 문재인 정권에 대한 평가라는 현실적 문제가 걸려 있기 때문이다. 문재인 정권은 '적폐 청산'을 내걸면서 민주화의 완성에 심혈을 기울였다지만, 평등 문제에선 보수와 비슷하거나 오히려 더 못한 점도 있는 무능을 드러내고 말았다. 이런 무능은 패러다임의 문제일 수도 있다는 점에 주목할 필요가 있겠다.

'민교협 2.0 선언'을 두 차례에 걸쳐 크게 다루어준 『한겨레』의 최원형 기자와 이재훈 사회정책팀장께 감사하면서, 『한겨레』의 인터뷰 기사를 참고해 말씀드려보겠다. 문재인 정권을 보는 시각의 차이는 민교협 내부에서도 나타났다. 2019년 조국 법무부 장관 임명 과정에서 불거진 '조국 사태'를 둘러싼 균열이 대표적 사례였다. 민교협 회원 가운데 '조국 세대'에 속하는 교수들은 검찰 개혁의 당위성을 앞세워 '조국 지지' 목소리를 내고 집단행동도 벌였지만, 이후 세대에서는 다른 반응을 보였다.

민교협 상임공동의장 김진석은 "조국 사태는 민교협 내부에 존재하는 이질성을 드러내는 한편, '87세대'가 가진 가치와 철학의 한계를 드러내 보인 사건으로 작용했다. 교수·지식인이 대단한 특권임에도 불구하고 그게 문제가 되는 것임을 느끼지 못할 정도로 무뎌진 것"이라고 했다. 민교협 학술교육위원장 천정환은 "조 교수가 특별히 불법적인 일을 저지르지 않았다 해도 그 가족이 드러내준 문제가 한국 교육과 사회 불평등의 핵심에 걸쳐 있고, 이것을 직시해야 한다"고 했다. 그는 부모의 인맥을 통해 스펙을 품앗이하며 학벌을 대물림하는 "지배 동맹이라는 구조적 부패"가 드러났는데, "검찰 개혁 때문에 그게 묻혀버리는 것이 충격"이라고 했다.

당연히 한국 사회의 지배 권력을 보는 시선도 다를 수밖에 없다. 87세대에 지배 권력은 국민의힘을 중심으로 한 수구 세력이지만, 포스트 87세대는 대체로 국민의힘과 민주당 세력이 서로 정권을 주고받으며 권력을 분점하고 있다고 여긴다. 이재훈은 포스트 87세대에 민주당은 이미 수구 세력만큼이나 기득권이라며 이렇게 말한다.

"수구 쪽으로 기울어진 기성 언론의 영향력은 예전 같지 않고, 유튜브 등 새로운 미디어에서 영향력 있는 인사들은 앞다퉈 민주당을 지지하고 있으며, 코어 지지층도 강력하다. 이를 바탕으로 국회 의석수마저 174석(58퍼센트)을 차지하고 있다. 그런데도 노동 시장의 이중구조는 점점 격차가 커지고 있고, 젠더 불평등 문제는 별반 나아질 기미가 없다."

왜 그렇게 되었을까? 문재인 정권은 평등을 희생으로 한 적폐 청산을 해왔다고 해도 과언이 아니다. 물론 문재인 정권은 적폐 청산과 평등 두 가지를 동시에 추구했다고 말하고 싶겠지만, 평등은 부동산 정책의 대실패로 무너지고 말았다는 걸 어찌 부정할 수 있겠는가? 적폐 청산 패러다임에선 "적에게 밀리면 안 된다"는 비장한 결의가 다른 모든 고려 사항을 지배하기 때문에 자신들의 실수를 절대 인정하지 않음으로써 자기 교정의 기회를 스스로 박탈한다. "그렇게 하면 안 된다"는 이의 제기가 처음부터 쏟아져 나왔지만, 적폐 청산의 마인드는 다른 의견조차 적폐로 간주했다. 부동산 정책마저 적폐 청산의 일환으로 추진되었기 때문에 실패했다는 걸 모르는 건 문재인 정권뿐일 게다. 열성 지지자들 중엔 모르는 사람들도 있지만, "그래도 괜찮다"고 생각하는 사람도 많다.

최원형의 기사는 이 선언의 내용을 인터뷰를 곁들여 소개했을 뿐임에도 '인터넷 한겨레'엔 악플이 주렁주렁 달렸다. 『한겨레』절독' 운운하는 헛소리들은 빼고, 나름의 비난 이유를 밝힌 댓글 하나만 감상해보자. "『한겨레』야 니들이 말하는 사회 부조리가 척결되었느냐? 부조리도 척결해야 할 순서가 있다. 가장 패악질을 벌이는 검찰 수구 언론 수구 정치 집단 이런 것 놓아두고 단순히 조국 엘리트주의만 비판하느냐."

조국 엘리트주의를 비판한 게 아니라 평등의 문제를 제기한 것이다. 이 댓글을 쓴 독자가 그걸 모를 리 없다. 최대한 선의로 해석하자면, 이 독자는 적폐 청산이 우선이라는 주장을 하고 있는 것처럼 보인다. 문제는 이런 분들이 적폐는 수구 세력만의 것이고 문재인 정권 사람들이 '신적폐'의 주범이 될 수 있다는 건 전혀 인정하지 않거나 이마저 우선순위를 내세워 '수구 세력 타도'에 집중해야 한다는 논리를 펴고 있다는 점이다.

잔인할 정도로 순진한 생각이지만, 이들은 '잔인'보다는 '순진'에 방점을 두고 자신의 도덕덕 우월감을 끊임없이 재충전하는 놀라운 생명력을 과시하고 있다. 이런 사람들의 생각을 현실로 전환시킨 문재인 정권에 대해 여론이 싸늘해지면 뭔가 느끼는 게 있어야 할 텐데 이들은 죽으나 사나 '닥치고 공격'이다. 그런 여론마저 적폐로 간주해 청산해야 한다고 생각하는 건 아닌지 모르겠다.

어찌되었건, 민교협 내부의 균열을 세대 문제로 환원할 수는 없는 일이지만, 세대 차이가 적잖이 존재한다는 건 분명해 보인다. 누구나 다 한 번쯤 경험했겠지만, 세대 차이에서 비롯된 문제는 소통과 설득의 영역 밖에 있다. 오죽하면 물리학자 막스 플랑크는 패러다임 전환에 제대로 대처하려면 새로운 세대의 과학자들이 필요하다는 의미에서 "과학은 장례를 치르면서 앞으로 나아간다"고 했겠는가? 정치 역시 다를 게 없다. 이런 넘기 어려운 차이를 인정한다면, 피차 생각을 달리하는 사람들에게 좀 너그러워질 수 있지 않을까?

세대와 무관하게 미디어의 선택적 노출과 학습에 의해 특정 패러다임을 고수하는 사람들도 소통의 관점에선 "확신은 잔인한 사고방식"일 수 있다는 점에 유념하면 좋겠다. 알베르트 아인슈타인은 "우리가 직면한 중대한 문제들은 우리가 그 문제들을 발생시킨 그 당시에 갖고 있던 사고방식을 가지고는 해결할 수가 없다"고 했는데, 우리 모두 확신에서 좀 자유로워지는 게 어떨까? 상호 소통은 어렵다 하더라도 증오의 강도는 크게 낮춰보자는 뜻으로 드리는 말씀이다.

집단에 대한
소속감이 강할수록
폭력적이고
적대적이다

제2장

"

인간들 사이에서
숭배의 목적은 곧 권력이다.

"

● 토머스 홉스(영국 사상가)

'우주 최강 미남 문재인'과
호남인

2021년 2월 5일 전남 신안군에서 열린 해상풍력단지 투자 협약식에 문재인이 참석했다. 전남도청 직원들이 들고 있던 플래카드 문구를 보자. "문재인 보유국", "우윳빛깔 문재인", "문재인 대통령님이 계셔서 우리는 행복합니다", "왜 이제 오셨어요ㅠㅠ", "대통령님 사랑합니다" 등등. 손팻말 문구는 더 뜨거웠다. "우주 최강 미남 문재인", "그거 알아요? 저 굴 좋아하는 거, 문재인 얼굴", "문재인 너는 사슴, 내 마음을 녹용", "문재인 별로, 내 마음의 별로" 등등.

전 서울시장 오세훈은 "북한과 같은 독재국가에서나 볼 수 있을 법한 낯이 뜨거워지는 찬양"이라며 과잉 의전이라고 비판했다. 네티즌들도 비판에 가세했다. "우주 미남이라니 외계인이냐", "소위 대깨문이라는 대통령 팬클럽인 줄 알았는데 공무원이 그랬다니 충격이다", "코로나로 힘든 시민들의 눈치를 보는 척이라도 해야 하는 것 아니냐", "김정은을 맞이하는 북한 주민을 보는 것 같다" 등등.

이 환영 행사가 '과잉 의전' 논란으로 번지자 전남도청 측은 "직원들이 자발적으로 한 것"이라고 해명했다. 맞다. 그랬을 거다. "논란이 될 일이 아니었는데 일부 언론이 논란을 만든 것"이라며, "왜 가십거리에 집중하느냐"는 항변도 나왔다. 꽤 동의한다. 나도 그냥 웃어 넘겼다. 다만 뭔가 하나 마음에 걸리는 게 있었다. 나는 좀 다른 관점에서 이 '사건'을 보고 싶다. 호남인의 지극한 문재인 사랑을 어떻게 볼 것이냐는 이야기를 좀 해보겠다는 것이다.

2020년 7월 여론조사 전문기관 엠브레인퍼블릭·케이스탯리서치·코리아리서치인터내셔널·한국리서치 등 4곳의 합동 여론조사 결과에 따르면 문재인 지지율은 51퍼센트였는데, 호남의 지지율은 86퍼센트로 나타나 많은 사람을 놀라게 했다. 5월 초 92퍼센트 지지율(전국 71퍼센트)에 비하면 좀 내려간 것이긴 하지만, 이 결과를 알린 기사들엔 전국 지지율과의 격차가 더 커진 탓인지 호남을 비난하는 악플이 주렁주렁 달렸다. 비교적 양호한 수준의 합리적 비판을 하나만 소개하자면 다음과 같은 내용이었다.

"딱히 지역에 대한 편견은 없는데 정치 지지하는 열기만 보면 호남은 잉글랜드 입장에서 아일랜드 같은 집단인 것 같아요.

옳고 그름 관계없이 그냥 지지하는 것이 영남보단 응집력이 대단합니다. 지역 입장에서 좋겠지만 국가 측면에선 정의가 올바르게 세워지는 데 방해 요소임."

그러나 이 네티즌이 보기에 조금이나마 다행스러운 결과가 이후 조사들에서 나오기 시작했다. 비록 여론조사 기관들의 조사 방법에 따라 크게 다르고 오르락내리락 하는 결과를 보이긴 했지만 말이다. 문재인의 호남 지지율은 8월 갤럽 조사에서 69퍼센트(전국 39퍼센트), 12월 리얼미터 조사에서 51.1퍼센트(전국 39.2퍼센트), 12월 데이터리서치 조사에서 69.8퍼센트(전국 36.6퍼센트), 2021년 2월 한길리서치 조사에서 78.4퍼센트(전국 44.9퍼센트)를 기록했다.

이 결과만 놓고 보더라도 문재인 지지의 지역적 최강은 호남인 게 분명하다. 이걸 문제라고 보는 사람도 많겠지만, 내가 보기에 진짜 문제는 호남 지역 내에 작동하는 '침묵의 나선' 현상이다. 독일 학자 엘리자베트 노엘레-노이만이 1974년에 발표한 '침묵의 나선 이론the spiral of silence theory'이 작동하고 있다는 것이다.

노엘레-노이만은 우리 인간에겐 눈(시각), 귀(소리), 혀(맛), 코(냄새), 피부(접촉) 이외에 '제6의 감각기관'이 있다고 주장한다. 그건 사회가 일반적으로 생각하고 느끼는 것에 대해 믿을 만한 정보를 제공하는 감각으로, 사람들이 사회적 분위기의 모든 이동을 감지하는 안테나를 갖고 있는 것과 같다는 것이다. 그는 "환경을 관찰하는 데 소모되는 노력은 확실히 누구로부터 배척받거나 혼자 남게 되는 것에 비하면 아무것도 아니다"며 다음과 같이 말한다.

"사람들은 소외당하는 것을 영원히 두려워하며 산다. 그리고 어떤 의견이 커지고 어떤 의견이 줄어드는지를 알기 위해 환경을 주의 깊게 관찰한다. 만약 자기의 생각이 지배적인 의견이라는 것을 알게 되면 공개적으로 자유롭게 의견을 표출하고, 자신의 견해가 지지 기반을 잃고 있다고 판단되면 의견을 감추고 조용해지게 된다. 한 집단은 자신 있게 의견을 표출하는 반면 다른 집단은 입을 다물기 때문에 전자는 공적으로 강하게 나타나고 후자는 숫자보다 약해지게 된다. 이것은 다른 사람에게 스스로를 표현하게 하거나 침묵하게 만들며, 나선형의 과정이 나타나게 된다."

그러니까 노엘레-노이만은 사람들이 갖고 있는 '고립의 두려움' 때문에 '침묵의 소용돌이'가 발생할 수 있다고 주장하는 것이다. '침묵의 소용돌이' 또는 '침묵의 나선'은 사람들이 소수에 속한다고 생각할 때 그들의 의견을 감추어야 한다고 느끼는 점차적인 압력을 뜻한다. 즉, 자기의 의견이 확산되고 다른 사람에 의해 받아들여지고 있다고 느끼는 사람들은 공개적으로 자신 있게 그 의견을 말하는 반면 자신의 의견이 터전을 잃고 있다고 느끼는 개인들은 더 유보적인 태도를 취하고자 할 것이라는 이야기다.

이제 호남으로 가보자. 어떤 분은 내게 "문재인 대통령 불쌍해서 어쩐다냐? 저렇게 까대기만 해대니……"라고 탄식하는 선량한 호남인들이 '문빠'나 '대깨문'이냐고 추궁했다. 어려운 질문이다. '문빠'의 정의를 정확히 내리지 않은 채 두루뭉술하게 '열성 지지자들'이라고 한 내게도 책임이 있는 것 같다. '극렬 지지자들'이나 '종교적 지지자들'이라고 표현하면 결례가 될까 봐 완곡어법으로 그리 말한 선의를 이해해주시기 바란다. 이심전심以心傳心 이해할 걸로 믿었는데, 그게 아니라니 좀더 구체적으로, 기술적으로 말씀드려보겠다.

"문재인 대통령 불쌍해서 어쩐다냐? 저렇게 까대기만 해대니……"라고 탄식하는 분이 홀로 조용히 그런다면, 그분은 문빠가 아니다. 하지만 마침 그 자리에 있던 다른 사람이 "문재인 대통령이 뭐가 불쌍해요? 잘못한 일도 많은데다 그걸 전혀 인정하지 않고 고집만 피우니 비판이 많이 나올 수밖에요. 대통령이 원래 비판받는 자리인데, 불쌍하다면 대통령이라는 자리가 불쌍한 거죠"라고 반론을 펴는 것에 대해 그분이 어떻게 반응하느냐에 따라 다른 평가가 가능해진다. 흥분한 나머지 펄펄 뛰면서 차분한 대화를 어렵게 만들 정도라면 그 선량한 호남인은 문빠라는 게 나의 생각이다. 즉, 내 기준은 소통 가능성이다.

나는 나의 문제인 정권 비판 글에 비판적인 댓글을 다는 분들을 모두 문빠로 보진 않는다. 내가 배울 만한 비판도 있으며, 다음 글을 쓸 때에 반드시 그걸 반영한다. 그런데 합리적 소통을 불가능하게 만들 정도로 기본적인 팩트에 큰 문제가 있는데다 음모론적 상상력을 가미한 종교적 신념을 보이면서 인신공격을 곁들이는 비난에선 배울 게 없다. "내가 나쁜 놈"이라는 자각을 하길 기대해서 그렇게 하겠지만, 그런 기대는 갖지 않는 게 좋을 것 같다.

생각해보면 정말 이상한 일이다. 호남인이라면 누구나 다 인정하겠지만, 호남인들 가운데 '민주당 1당 독재'의 폐해에 대해 개탄하지 않는 사람이 거의 없다. 물론 민주당 관련 일로 먹고살거나 그렇게 사는 분의 가족이나 친지를 빼고 말이다. '1당 독재'의 힘을 믿고 민주당이 지역에서 얼마나 오만방자하게 구는지에 관한 이야기는 귀가 닳도록 들은 게 아닌가? 그런데 희한하고도 놀라운 건 지역 내 정치적 다양성에 대해선 더할 나위 없이 인색하고, 다른 정치적 견해에 대해 적대적이기까지 하다는 사실이다. 도대체 이게 웬 조화일까?

물론 우리는 그 이유를 모르진 않는다. 호남 지역 내에선 민주당 욕을 아무리 해도 다른 대체 세력이 그 자리를 차지할 수 없는 반면, 중앙 정권에 대해선 반대편 세력에 정권이 넘어갈 가능성 때문에 알게 모르게 "우리 정권 지켜야 한다"는 정서가 작용하기 때문일 게다.

문제는 호남인의 100퍼센트가 문재인이나 민주당을 지지하진 않는다는 점이다. 앞서 열거한 여론조사 결과들을 종합해보자면 30퍼센트 정도는 문재인이나 민주당에 대해 어느 정도 거리를 두고 있으며, 다른 70퍼센트의 지지 정도가 같은 것도 아니다. 정치적 상황에 따라 지지도가 50퍼센트 수준으로 내려갈 수도 있다는 건 호남 밖에서 보는 것과 달리 호남 유권자들도 꽤 이질적이라는 걸 말해준다. "문재인 대통령 불쌍해서 어쩐다냐? 저렇게 까대기만 해대니……"라고 탄식하는 사람이 호남인의 다수는 아닐 수도 있다는 것이다.

호남인들은 과거의 호남 소외에 대해 잘 알고 있거니와 그것에 대해 분노했다. 그렇다면 같은 이치로 지역 내에서 정치적 다수파가 소외시킨 사람들은 없는지 생각해보아야 하는 게 아닐까? 바로 여기서 '침묵의 나선' 현상이 문제가 된다. 다수파는 '7대 3'의 상황을 '10대 0'의 상황으로 보는 심리적 상태에 빠진 것인지 사람들이 꽤 모여 있는 자리에서도 자신의 정치적 주장을 하는 데에 거리낌이 없다. 내가 수도 없이 목격한 사실이다. 이런 사람이 서울에 가서도 그렇게 할 수 있을까? 절대 그렇게 못할 게다. 그런데 왜 지역에선 그런 무례한 일을 할까? 생각을 달리하는 사람들에 대한 배려를 해야 하는 것 아닌가? 이건 이념이나 정치적 성향을 떠나서 지켜야 할 기본적인 에티켓 아닌가?

　이런 질문들이 여전히 이해가 안 간다면, 이런 말씀을 드려
보고 싶다. 내가 개인적으로 여러 차례 청취한 증언이다. 행정고
시나 사법고시 출신 공직자가 많은 조직에선 수적으로 서울대
학교 출신이 절대 우위를 점하고 있다. 어느 고시 출신 공직자가
일을 아주 스마트하게 잘한다. 그는 서울대학교 출신이 아니다.
그런데 서울대학교를 나온, 높은 자리에 있는 분이 그에게 칭찬
을 해주면서 당연히 서울대학교 출신일 걸로 간주하는 발언을
한다. 칭찬을 받는 사람의 기분이 어떨까? 내가 직접 들은 말 중
의 하나는 "더럽다"였다.

　전북의 사례도 감상해보자. 지금은 고교 평준화로 약해지긴
했지만, 한동안 지방에선 지역의 최고 명문 고등학교 출신들이
지역 내 각 분야의 고위직을 거의 독점하다시피 했다. 전북의 최
고 명문고는 단연 전주고등학교다. 전주고등학교를 나오지 않은
어떤 사람이 탁월한 역량을 보일 경우, 자주 듣는 말 중의 하나
가 대뜸 나오는 "몇 회냐?"라는 질문이다. 즉, 그 사람이 당연히
전주고등학교를 나왔을 것이라고 생각하는 사람이 그만큼 많다
는 뜻이다. 이런 간접 칭찬을 받는 사람의 기분이 어떨까? 내가
직접 들은 말 중의 하나 역시 "더럽다"였다.

　이게 가볍게 웃어 넘겨도 좋을 이야기가 아니다. '우주 최강
미남 문재인'을 외친 전남도청 공무원들의 팬질은 웃어 넘겨도

좋을 일이긴 하지만, 이들 역시 모든 도민을 존중해야 하는 공무원 신분임에도 공식 행사에서 30퍼센트의 기분을 상하게 만들 수 있는 무례를 저질렀다는 혐의에서 자유로울 수는 없다. 앞으로 그러시면 안 된다. 열렬한 팬심 자체야 아름다운 일일망정 그걸 발휘하는 건 개인적으로 친문 사이트에 들어가서 원 없이 하시기 바란다. 나는 모든 호남인께 말씀드리고 싶다. 30퍼센트의 호남인을 생각하자고. 설사 그 비중이 10퍼센트일지라도, 과거 호남이 당했던 소외의 서러움을 지역에서 반복하지는 말자고.

문재인의
'가부장제 페미니즘'

19세기 마르크스주의자들은 가부장제는 소멸할 것이라고 예언했지만, 성급한 낙관론이었다. 미국의 여성학자이자 경제학자인 하이디 하트만은 그들이 가부장제의 힘과 유연성을 과소평가했다고 지적했는데, '가부장제의 유연성'이란 말이 가슴에 와닿는다. 완고한 가부장제 의식을 갖고 있으면서도 페미니즘을 포용하는 척하는 지도자와 정치인이 오늘날에도 적잖이 존재한다는 게 그걸 잘 말해준다.

"저는 페미니스트 대통령이 되겠습니다. '사람이 먼저'인 세상은 바로 성 평등한 세상입니다." 대선 3개월 전인 2017년 2월에 나온 민주당 대선 후보 문재인의 선언이다. 집권 이후 그는 '페미니스트 대통령'으로 불리면서 특히 여성들의 압도적인 지지를 누렸다. 그러나 민주당 지방자치단체장들의 성추행·성폭행 사건이 터지면서 문재인표 페미니즘이 검증의 시험대 위에 오르자 이상한 일이 벌어지기 시작했다.

"페미니스트를 자처했던 문재인 대통령은 공개 입장을 표명하지 않았다. 국회 개원 연설에서 박원순 전 시장의 사망 사건, 고소인, 광범위한 젠더 이슈에 대해서 언급하지 않았다."

2020년 7월 16일 미국 CNN 기사의 일부다. CNN은 문재인이 안희정 전 충남지사, 오거돈 전 부산시장, 박원순 전 서울시장의 피소에 대해 침묵했다고 지적하면서, 국민적 분노를 불러일으켰다고 말했다.

그간 이런 비판적 여론을 수도 없이 접했을 청와대 대변인이 가만히 있을 순 없었을 게다. 7월 23일 청와대 대변인 강민석은 『한국일보』와 통화하면서 "피해자 입장에 공감하며 위로의 말을 전한다"고 했다. 그러나 그는 그날 오후 곧바로 기자들과 만나 "진상 규명 작업이 끝나야 공식 입장 표명이 있을 것"이라고 물러났다. 이는 문재인의 뜻으로 간주되었고, 정의당은 이런 대통령의 태도를 "외면과 회피"라고 비판했다.

7월 29일 『경향신문』 사회부 데스크 백승찬은 "대통령이 침묵하는 사이, 공공기관장, 현직 검사, 여당 의원 등은 피해자와 그 조력자들을 의심하고 조롱하고 비난한다"고 개탄했다. 같은 날 『중앙일보』 수석논설위원 고대훈은 「문 대통령의 비정한 침묵」이라는 칼럼에서 "문 대통령의 침묵은 선택적이다"며 다음과 같이 비판했다.

"적과 동지, 네 편과 내 편에 따라 결정된다. 지난해 3월 이른바 '적폐'들을 겨냥한 장자연·김학의 사건의 재수사를 지시하던 때는 다들 보란 듯이 소리쳤다. '사회 특권층에서 일어난 사건의 진실을 규명하지 못한다면 정의로운 사회를 말할 수 없다'고 일갈했다. 그런데 어찌 된 일인지 지난 9일 박원순 서울시장의 죽음 이후 2주가 지나도록 아무런 말이 없다. 가해자를 동정하는 듯한 대통령의 침묵은 무언無言의 신호를 보내고 있다."

그런 신호의 힘이 컸다는 건 우리 모두 잘 알고 있는 사실이다. 민주당 지지자들의 피해자에 대한 집요한 2차 가해 공세는 문재인의 침묵과 방관을 먹고 자라난 독초毒草임을 어찌 부정할 수 있으랴. 문재인표 페미니즘을 어떻게 보아야 할까? 이게 내내 나의 관심사였다. 2018년 『오빠가 허락한 페미니즘: 한국 여성의 인권 투쟁사』라는 페미니즘 책까지 출간했던 나로선 강한 지적 호기심을 갖지 않을 수 없었다. 문재인도 나이 든 오빠로서 자신이 허락한 페미니즘만 용납하겠다는 것인지, 그게 궁금했던 것이다.

나는 그간 문재인이 페미니스트이긴 하지만, 그걸 압도하는 부족주의 정서를 갖고 있다고 생각했다. 그러다가 '정인이 사건'으로 불린 아동 학대 살인 사건에 대한 문재인의 발언을 듣고선 그게 아니라는 의문을 갖기 시작했다. 문재인은 2021년 1월 4일 이 사건을 언급하면서 "입양의 전 절차에 '아동의 이익이 최우선 되어야 한다'(입양특례법 4조)는 원칙이 철저하게 구현될 수 있도록 해달라"고 보건복지부 등 관련 부서에 지시했다는데, 이게 웬 말인가 싶었다. 이 사건의 본질은 '아동 학대임'에도 왜 '입양'으로 프레임을 바꿔치기하려 한 것일까?

2018~2019년 아동 학대로 숨진 아이 70명 중 입양 부모에 의한 경우는 1명뿐이었으니, 입양 부모들이 "잠재적 아동 학대 범죄자 취급을 받았다"며 울분을 터뜨린 건 당연한 일이었다. 단순한 실언이었을까? 아니면 일각에서 지적하는 것처럼 공감 능력에 근본적으로 문제가 있는 걸까? 그 말이 실언이 아니었음은 2주 후인 1월 18일 '신년 기자회견'에서 드러나고 말았다. 문재인은 '정인이 사건' 대책을 설명하면서 "입양 자체는 위축시키지 않고 입양 아동을 보호할 수 있어야 한다"며 "입양을 취소하거나, 입양 아동을 바꿀 수 있도록 하는 대책이 필요하다"고 말해 많은 사람에게 자신의 귀를 의심하지 않을 수 없는 충격을 안겨주었다.

'입양 아동을 바꿀 수 있도록 하는 대책'이라니, 어떻게 그런 생각이 가능하단 말인가? 나는 의문을 넘어 문재인은 페미니스트일 수 없다는 확신을 갖게 되었다. 문재인이 입양에 부정적인 운동권 여성계의 이야기만 듣다 보니 나온 말이라는 해석이 나오기도 했지만, 누구의 말을 들었건 명색이 인권 변호사로서 넘어선 안 될 선을 넘은 게 달라지진 않는다. 그는 한국의 많은 진보적 남성이 그렇듯이 어떤 면에선 진보적일망정 여성과 가족을 보는 기본 시각은 가부장제에 찌든 수구적 남자일 뿐이라는 게 내가 내린 결론이었다. 그러고 보니 예전엔 무심코 넘겼던 해프닝들이 다시 떠오르기 시작했다.

문재인은 2016년 5월 18일 서울 강남역을 방문해 '묻지 마 살인 사건' 피해자 A씨를 추모한 후 자신의 트위터에 "강남역 10번 출구 벽면은 포스트잇으로 가득했습니다. '다음 생엔 부디 같이 남자로 태어나요.' 슬프고 미안합니다"라고 써 논란을 빚었다. 문재인 측은 "해당 문구는 추모 현장에 온 한 여성이 작성한 것으로, 여성 혐오가 살인으로까지 이어지는 현실을 통탄하는 의미"라며 "문 전 대표는 여성이 '남자로 태어나자'는 글을 쓰는 현실에 대한 안타까움을 표시한 것"이라고 해명했지만, 이런 해명이 불필요하게끔 메시지를 전할 수는 없었던 걸까?

2012년 대선 시 문재인 후보의 선거 유세차에선 박근혜를 겨냥한 이런 주장이 외쳐졌다. "퇴근하는 남편을 기다리며 된장찌개를 끓여보지 않고 보통 여성의 삶을 이해할 수 있습니까?" 페미니스트 권김현영은 "페미니즘 없이 민주주의 없다"는 강연 (2018년 3월 7일)에서 이 '된장찌개론'을 소개한 후 대선 당시 부각된 문재인의 이미지에 대해 이렇게 말했다.

"문재인 후보의 강점으로 자상하고 믿음직한 아버지의 모습을 앞세웁니다. 이상적인 가족의 모습을 보여주기 위해 부인이

다리미질을 하는 모습 같은 것이 공보물에 들어갔습니다. 특전사 출신의 용맹스러움, 자상하고 평범한 아버지, 사람들과 눈을 맞추는 따뜻한 모습들. 얼마나 보기가 좋습니까."

그렇다. 이른바 '정상 가족'의 이미지와 남자다운 용맹성은 아직은 절대 다수의 유권자에게 먹힐 수 있는 문재인의 강점이었다. 특히 특전사 출신이라는 건 오랫동안 문재인 정치 마케팅의 주요 포인트였다. 지난 2010년 부산에서 열린 한 행사를 보자. "(사회자) 여러분, 문 실장님 섬세하게 생기셨죠? (청중들 "네"로 화답) 요샛말로 훈남이죠. 놀라지 마십시오. 이분 공수부대 특전사 출신입니다. 김포에 근무하셨죠? (문재인) 제1공수 특전여단, 하하하.(웃음) 여단장 전두환, 대대장 장세동이었습니다."

2011년 보수 논객 고성국도 "문 이사장은 약점이 거의 없다. 심지어 특전사 공수부대 출신이어서 보수 세력이 '색깔론' 공격을 펼치기조차 쉽지 않다"며 "직접 정치에 나선다면 충성도·확산성이 모두 높은 지지층을 끌어들일 잠재력이 크다"고 했다. 같은 해 봉하마을에서 열린 '김제동 토크콘서트'에서도 특전사에서 주특기가 뭐였냐는 김제동의 질문에 문재인은 이렇게 답했다.

"기본적으로 산악 점프 전문 부대였고, 대외적인 주특기는 폭파였어요. 고교 시절에 정학도 받고 대학 와서는 구속, 제적되면서 문제가 많았는데 군대에서는 상복이 터졌어요. 군대 가니까 이런저런 상을 주면서, 사람들이 공수부대 체질이라며 말뚝 박으라더군요."

이후 지지자들의 댓글에서도 '특전사 출신'은 빠지지 않고 등장하는 문재인 찬양의 주요 메뉴가 되었다. 비록 2012년 대선에선 패배했을망정, 문재인의 '정상 가족' 이미지와 남자다운 용맹성 이미지는 다음 대선에서 빛을 발했고 집권 후엔 폭발적인 인기의 동력이 되었음은 우리 모두 잘 알고 있는 사실이 아닌가? 다만 문제는 그게 이미지일 뿐만 아니라 문재인의 가부장적 실체이기도 하다는 점일 게다. 2017년 4월 25일 대선 4차 토론회에서 "동성애에 반대한다"고 밝힌 것도 같은 맥락에서 이해할 수 있겠다.

문재인이 대통령이 된 후에도 그런 이미지 공세는 계속되었다. 권김현영은 "청와대가 버려야 할 것은 가부장적 낭만 가족에 대한 환상"임에도 어째 일이 반대로 가는 것 같다고 했다. 그는 "곶감을 말리는 영부인, 출근하는 남편을 배웅하는 영부인, 손님상을 정성스럽게 차리는 영부인……, 이 모습을 너무나 흐뭇하게 바라보는 사람은 누구일까요?"라고 물으면서 이렇게 말했다.

"박근혜 시대의 안티테제로서 가부장적 낭만 가족이 등장하는 것은 분명한 사회적 퇴행입니다. 게다가 그 광경을 기획한 이가 세 권 이상의 책을 통해 한국의 여성 혐오 문화의 정수를 보여준 2급 행정관 탁현민이라면 더욱 기막힐 노릇이지요."

그럼에도, 문재인 스스로 '페미니스트 대통령'을 자처하고 있는바, 페미니스트가 아니라고 말하는 건 불경스럽게 보일 수 있겠다. 그래서 '선택적 페미니스트'라는 말이 나오기도 했지만, 나는 '가부장적 페미니스트'라고 부르는 게 더 낫지 않을까 싶다. 가부장제와 페미니즘은 상극인지라 일종의 모순어법이긴 하지만, 문재인이 그 어떤 문제와 한계에도 페미니즘의 진전을 위해 노력하는 걸 기대해보자는 뜻이다.

　　여성 장관 30퍼센트는 문재인의 공약이었다. 한때 30퍼센트를 넘긴 적도 있었지만 현재 여성 장관은 부처 장관 18명 중 3명(16.7퍼센트)에 불과하다. 너무 실망스러웠던 여성 장관들도 있어 여성 장관의 수가 뭐가 그리 중요하냐고 할 수도 있겠지만, 실망스럽기로 말하자면 남녀 차이는 없었다는 걸 분명히 해둘 필요가 있겠다. 장관직이 선거용 스펙의 도구로 활용되는 '밥그릇'에 불과할지라도 남녀 간 밥그릇의 공정 배분도 '페미니스트 대통령'의 역할이 아니겠는가?

도무지 알 수 없는
문재인의
마음

"도무지 알 수 없는 한 가지 / 사람을 사랑하게 되는 일 / 참 쓸쓸한 일인 것 같아." 가수 양희은이 〈사랑 그 쓸쓸함에 대하여〉라는 노래에서 토로한 자전적 고백이다. 그 누구건 사랑을 한 번쯤 해본 사람이라면 이해할 수 있는 말이 아닐까? 사랑을 하면 할수록 쓸쓸해지고 외로워지는 마음, 그 정체는 과연 무엇일까? 분리될 수 없는 하나가 되고 싶지만, 언제든 분리될 수 있다는 가능성에 대한 불안은 아닐까?

'도무지 알 수 없는 한 가지'는 남녀 관계에서만 나타나는 건 아니다. 우리는 정치나 정치인에 대해 많이 알건 적게 알건 각자 나름의 이해하는 방식을 갖고 있다. 대통령에 대해선 더 말할 것도 없다. 물론 그 이해가 옳으냐 그르냐 하는 건 별개의 문제다. 그런데 수년간 보아온 대통령에 대해 잘 이해하고 있다고 생각하면서도 '도무지 알 수 없는 한 가지'가 있다고 한다면 그 얼마나 답답한 일일까?

"청와대 특별감찰관이 4년째 공석인 이유는 설명 불가다." 홍익대학교 경제학부 교수 전성인이 2021년 2월 22일 『경향신문』에 기고한 칼럼에서 한 말이다. 반가웠다. 나만 그렇게 생각하는 건 아니라는 걸 확인했을 뿐만 아니라 바로 그 점이 내가 문재인에 대해 '도무지 알 수 없는 한 가지'였기 때문이다. 모두 다 알다시피, 특별감찰관은 대통령 친·인척과 청와대 고위 참모들의 비위를 감시하는 일을 한다. 적폐 청산을 외치면서 '한 번도 경험하지 못한 나라'를 만들겠다고 큰소리친 문재인 정권이 왜 그러지? 도무지 이해할 수 없는 일이었다.

내내 청와대가 깨끗했으면 모르겠는데 그것도 아니었다. 여러 비리 의혹 사건이 터질 때마다 "이젠 특별감찰관을 임명하겠지"라고 기대했지만, 그 기대는 매번 어긋났다. 2018년 12월 청와대 대변인 김의겸은 "문재인 정부 DNA에는 민간 사찰이 없다"는 명언을 남겼는데, 혹 그런 오만한 자신감 때문이었을까? 문재인 정부 DNA에는 대통령 친·인척과 청와대 고위 참모들의 비위는 없는데, 감히 감찰을 한다는 것 자체가 문재인 정부에 대한 모욕이라고 생각했던 걸까?

감히 그렇게까지 말할 수는 없었나 보다. 문재인 정권이 특별감찰관 자리를 내내 비워두면서 뒤늦게나마 핑계로 내세운 건 바로 고위공직자범죄수사처(공수처)였으니 말이다. 2019년

3월 청와대 민정수석 비서관 조국은 유튜브 채널 '유시민의 알릴레오-조국을 지켜라' 편에 출연해 "특별감찰관은 두 가지 문제가 있다. 첫째는 대상이 청와대 내 실장, 수석비서관 등으로 좁혀져 있다. 둘째, 수사권이 없다. 감찰에서 뭐가 나오면 다시 검찰로 넘겨야 한다. 공수처가 만들어지면 특별감찰관은 자연스럽게 흡수·통합될 수밖에 없다"고 주장했다.

공수처의 수사 기능과 특별감찰관의 감찰 기능이 다르다는 점에서 말도 안 되는 말이었다. 설령 그의 주장이 옳다 하더라도 지금 당장 할 수 있는 일을 언제 생길지도 모르는 공수처 평계를 대고 미룬다는 건 더욱 말이 안 되는 일이었다. 문재인은 2019년 10월 국회 시정 연설에서 공수처가 있었다면 '국정 농단 사건'은 없었을 것이라고 말했는데, 왜 특별감찰관이 있었다면 '청와대 비리 사건'은 크게 줄일 수 있었을 것이라는 생각은 하지 않았던 걸까?

이렇듯 도무지 이해할 수 없는 고집을 피워대니 다음과 같은 의심이 나오는 건 문재인 정권 스스로 자초한 일이 아닌가?

"문재인 대통령은 법에 규정된 청와대 내부 특별감찰관을 임명하지 않은 채 방치하고 있다.……공석을 방치해 사무실 유지 등에 매년 수십억 세금만 들어가고 있다. 왜 공석을 방치하는지 궁금했는데 최근 잇단 청와대의 불법과 비리를 보면서 그 이유를 알게 됐다. 특별감찰관이 있으면 이런 비리를 저지르기 힘들

고, 자칫 외부에 폭로될 수 있기 때문이다."(『조선일보』 2019년 12월 23일 사설)

　나중엔 갈등을 빚어 초대 특별감찰관 이석수를 사실상 내쫓았을망정 박근혜 정권도 두었던 특별감찰관을 왜 문재인 정권은 그리도 한사코 거부하는 것인지 도무지 그 이유를 알기 어렵다. 박근혜 정권 때에 있었던 제도는 무조건 폐기하는 게 적폐 청산이라는 건가? 하지만 박근혜 정권을 압박해 특별감찰관 법안을 발의하고 성사시킨 주체는 당시 야당이던 민주당이 아니었던가? 이 법안의 최초 발의자는 친문 핵심 의원 박범계·전해철 등이었으며, 나중에 "감찰 대상의 범위 확대가 필요하다"며 특별감찰관 법을 강화하는 개정안을 냈을 때의 당 대표는 문재인이 아니었던가?

　왜 이런 유치한 내로남불을 저질러야 하는가? 야당이 반대하는 공수처법 통과를 위한 '입법 카드'로 써먹겠다는 생각이었다면, 그건 더욱 유치하거니와 부도덕하지 않은가? 아니면 정말 특별감찰관이 있으면 "비리를 저지르기 힘들고, 자칫 외부에 폭로될 수 있기 때문"이었을까? 차마 그 말은 할 수 없어서 공수처법 핑계를 대면서 특별관찰관을 무력화한 건가? 문재인 정권은 힘으로 밀어붙여 2021년 1월 드디어 공수처를 탄생시켰지만, 여전히 특별감찰관을 외면한 걸 보면 달리 생각하기가 어려워진다.

2021년 2월 중순에 터진 청와대 민정수석 신현수의 '사표 사건' 시에도 특별감찰관 문제가 등장했다. 신현수가 문재인에게 "특별감찰관을 빨리 지명해야 한다"는 입장을 전달했지만 받아들여지지 않았다는 것이다. 그것 참 희한한 일이다. 다른 건 제쳐놓더라도 대통령의 자녀들을 둘러싼 논란이 벌어진 게 그간 몇 번인가? 모든 논란을 야당과 보수 언론의 정치 공세로 일축할 수도 있겠지만, 특별감찰관이 있었다면 그런 논란의 상당 부분도 방지할 수 있었던 게 아닌가? 피곤하거니와 지겹지도 않는가?

박근혜 정권에서 이석수가 쫓겨난 건 청와대 민정수석 우병우와 미르·케이 스포츠재단을 감찰했기 때문이다. 박근혜가 제정신 차리고 뒤늦게나마 이때부터라도 과오를 인정하면서 모든 걸 바로잡았더라면 그는 탄핵을 당하지 않았을 것이고, 오늘의 문재인 정권도 탄생할 수 없었을 것이다. 박근혜로선 땅을 치면서 후회할 일이었다. 우리는 역사에서 무엇을 배워야 하는가?

공수처는 아직 개점 휴업 상태다. 공수처가 제대로 작동하려면 얼마나 더 기다려야 할까? 공수처 작동 후 특별감찰관이 할 수 있는 일을 제대로 하지 못한다면, 누가 책임을 질 것인가? 한 편의 코미디를 보는 것 같다. 임기 말에나 제대로 작동할 제도를 핑계로 임기 초부터 부정부패 예방에 큰 도움이 될 기존 기구를 폐기 처분해버린 문재인 정권의 행태가 말이다.

왜 그랬을까? 이런저런 짐작은 해보지만, 여전히 설명 불가다. 누구나 다 인정하겠지만, 이건 오롯이 문재인의 문제다. 독일 시인 요한 볼프강 괴테는 "다른 사람들을 이해하기란 참으로 어렵다. 안다고 생각했는데도 모를 때가 더 많은 것이 사람이다"고 했다는데, 이 말을 위안 삼아야 하는 걸까? 아니면 미국 시인 헨리 워즈워스 롱펠로의 시에 나오는 작은 곱슬머리 소녀 이야기를 떠올려야 하는 걸까? "소녀는 착할 때 아주아주 착했지만, 나쁠 때는 정말 못 말렸다."

문재인 정권의 '컨트롤 타워'가 된 문빠

문재인의 열성 지지자들을 가리키는 '문빠'는 좋은 의미로 쓰이진 않는다. 그래서인지 일부 문빠들은 자신이 문빠가 아님을 밝히면서, 심지어는 문빠를 비판해가면서 문재인 사랑을 실천하는 주장을 하는 일까지 벌어진다. 죄송하지만, 나는 이런 글을 볼 때마다 웃는다. 그렇게 하는 분들이 일반적인 문빠에 비해 더 극렬하고 극단적인 모습을 보이기 때문이다. 심지어 '문빠의 지존'급에 해당하는 일부 유명 인사들까지 그런다. 긍정적으로 보아야 할지 부정적으로 보아야 할지 헷갈린다.

문재인을 지지하는 전남대학교 철학과 교수 박구용은 『문파, 새로운 주권자의 이상한 출현』이라는 책에서 '문파'라는 단어를 쓸 것을 제안하면서 문파를 적극 옹호했다. 나는 이 제안을 호의적으로 받아들여 한동안 '문빠' 대신 '문파'라는 단어를 썼지만, 아무 소용이 없었다. 비난이 쏟아지는 건 똑같았다는 뜻이다. 내가 이미 좀 알려진 적敵으로 간주되기 때문이 아닌가 하는 생각이 들었다. 그래서 어차피 똑같이 욕먹을 바엔 원활한 소통을 위해 널리 알려진 '문빠'를 쓰기로 했고, 이 책 전체에 걸쳐 그리했음을 이해해주시기 바란다.

나는 문빠들과 소통을 해보고 싶다. 허황된 꿈이라고 미리 내치진 말아주시기 바란다. 나는 문빠가 많은 호남에 살고 있기 때문에 문빠와의 소통에 비교적 유리한 처지에 있다고 생각한다. 문재인을 열렬히 지지하는 어떤 호남인은 호남에 문빠가 많다는 내 말을 '호남 모독'이라고 주장했는데, 나로선 황당하다. 그게 사실이 아니란 말인가? 아마도 그분 역시 문빠에 대한 세간의 비판적 시각에 휘둘린 게 아닌가 싶다.

외람되지만, 나는 문빠가 어떤 분들인지 비교적 잘 안다는 뜻으로 한 말이니 오해를 거두어주시기 바란다. 물론 문빠들 중엔 호남을 혐오하는 이들도 있지만, 나는 그 문제는 굳이 내가 나설 것 없이 호남 문빠들이 스스로 정리해주길 바란다. 내가 일상적 삶에서 겪은 바로는 문빠는 대부분 착하고 정의롭고 개혁적인 분들이다. 하지만 나와 정치적 대화는 안 통한다. 문재인 정권이 성공하기를 바라는 마음과 검찰 개혁을 비롯해 주요 현안들에 대한 원론적인 생각은 같지만, 구체적 각론으로 들어가면 문빠와 나는 각자 딴 나라 세상에 살고 있는 사람들처럼 갈라진다.

늘 그 이유가 뭘까 생각한다. 문빠는 개혁과 문재인 정권을 동일시하는 반면, 나는 그럴 수 없다는 입장이다. 문빠는 현실적으로 문재인 정권이 잘되어야 개혁도 가능하니 문재인 정권에 문제가 좀 있더라도 비판보다는 지지에 충실해야 한다고 생각하는 반면, 나는 문재인 정권이 잘못된 길로 나아가고 있다면 그런 지지는 오히려 독약이 된다고 생각한다. 문제는 '잘못된 길'의 여부와 그 정도를 판단하는 것인데, 바로 여기서 나와 문빠의 생각이 크게 다른 것이다.

그런 생각의 다름 때문에 늘 문빠들에게서 비판을 받고 있다. 나는 『한겨레』에 기고를 하고 있는데, '인터넷 한겨레'에 달린 댓글들은 비판 일색이다. 『한겨레』 절독' 운운하는 댓글을 볼 땐 『한겨레』에 미안할 정도다. 그럼에도 댓글에서 배우는 게 많다. 앞으로 많은 가르침을 주시기 바란다. 듣기에 불편할 이야기를 직설적으로 하더라도 자신의 진심을 온전히 드러내는 게 소통에 더 도움이 된다는 관점에서 너그럽게 이해해주시기 바란다.

나는 매일 『경향신문』과 『한겨레』의 주요 기사에 달린 댓글들을 꼼꼼히 읽는다. 처음부터 그랬던 건 아니다. 『쇼핑은 투표보다 중요하다: 정치적 소비자 운동을 위하여』라는 책을 쓰다가 언론 불매운동을 다루면서 갖게 된 관심이자 버릇이다. 누구나 잘 아시겠지만, 두 신문의 인터넷 기사엔 자신이 애독자임을 주장하면서 '절독'을 위협하는 댓글들이 자주 달린다. 몹쓸 기사라면 그렇게 할 수도 있겠지만, 내가 그간 자세히 살펴본 수백 건의 기사 중 그런 경우는 단 한 번도 없었다. 자신의 구미에 맞지 않는 내용이 있으면 '절독'을 위협하거나 '기레기'라고 욕하는 게 무슨 유행병처럼 되어버리고 말았다. 한마디로 이야기해서 두 신문은 무조건 문재인 정권의 편을 드는 '어용 언론'이 되어야 한다는 요구를 그렇게 표현하는 것이다.

그런 요구는 언론 자유를 인정하지 않는 전체주의적 사고라는 걸 몰라서 그러는 걸까? 나는 절대 그렇지 않다고 본다. 나는 익명성 때문이라고 본다. 자신이 어떤 사람인지를 완전히 드러낸 상황에선 그런 요구를 할 리 없다. 두고두고 자식들에게 웃음거리나 흉이 될 말을 왜 하겠는가? '어용 언론'은 문재인이 '무오류의 존재'라는 걸 전제로 하는 것인데, 우리가 정녕 "우리 이니는 항상 옳다"고 외치며 살아야 하겠는가?

노무현 서거와 관련해 과거 두 신문에 실린 노무현에 대한 비판적 기사를 문제 삼는 분도 많다. 두 번 다시 당하지 않겠다는 굳은 결의하에 '어용 언론'을 요구하는 것이라는 이야기다. 하지만 나는 노무현을 지키지 못한 자신의 죄책감을 누군가에게 덮어씌우는 '희생양 찾기'라고 생각한다. 펄쩍 뛰지 마시고, 내 이야기를 좀 들어보시기 바란다.

2000년대 중반으로 돌아가보자. 임기 3년 반이 지난 시점인

2006년 8월 노무현의 지지도는 14퍼센트대로 추락했다. 이 시기의 전임 대통령들과 비교할 때 10퍼센트포인트 이상 낮은 것이었다. 노무현 정권은 이후 계속 내리막길을 걸었고, 그 결과는 2007년 12월 제17대 대선에서 이명박의 압승(이명박 48.7퍼센트, 정동영 26.1퍼센트, 이회창 15.1퍼센트)이라는 비극적인 결과로 나타나고 말았다.

'어용 언론'을 요구하는 분들은 그런 결과에 대해 언론과 지식인의 책임을 묻지만, 이는 민중을 졸卒로 보는 오만한 생각이다. 언론과 지식인이 무어 그리 대단한 힘을 가졌다고 감히 민중의 생각을 좌지우지할 수 있었겠는가? 2004년 3월 광기 어린 '노무현 탄핵'을 뒤집은 '촛불의 힘', 2004년 4월 제17대 총선에서 나타난 열린우리당의 압승은 어떻게 설명하려고 그러는가? '박근혜 탄핵'과 '문재인 대통령 당선', 2020년 4월 총선에서 여권의 절대적 압승을 설명할 때엔 언론과 지식인의 역할을 전혀 언급하지 않은 분들이 왜 안 좋은 일만 생기면 언론과 지식인 탓을 하는가? 너무 유치하지 않은가?

노무현 정권 시기에 나온 진보 언론의 비판도 이성적으로 냉정하게 읽어보면 전혀 다른 해석이 가능해진다. 앞서 언급한 비극적인 결과에 이르지 않게끔 성찰하라는 요구였다. 성찰을 하지 않아 비극적 결과를 초래했다면, 성찰을 하지 않은 쪽이 비판을 받아야지 왜 성찰을 요구한 쪽이 비판을 받아야 하는가? 세상에 이런 적반하장이 어디에 있단 말인가? 어떤 담론을 그게 나오게 된 역사적 상황의 맥락을 통째로 제거한 채로 전혀 다른 상황에 소환해 비난의 대상으로 삼는 건 너무 비겁하지 않은가?

한국 사회의 공론장이 보수 우위이니 진보는 어용 역할에 충실해야 한다는 이른바 '기울어진 운동장'론도 이제 제발 그만하면 좋겠다. 이른바 '조중동의 시대'는 끝났다고 호기롭게 외치던 분들이 왜 그렇게 편협한지 안타깝다. 그렇게 운동장이 기울어 있다면, 지난 총선에서 민주당이 절대적 압승을 거둔 건 어떻게 가능했단 말인가?

문빠가 어떤 생각을 갖고 있건 문재인 정권이 계속 잘나간다면 문제될 게 없을지도 모르겠지만, 그게 그렇질 않다는 걸 잘 아시리라 믿는다. 2020년 12월 26일 『경향신문』 기자 박용하가 쓴 「지지층만 바라보고 '검찰 개혁' 구호만 외쳐온 여권의 패착」이라는 '인터넷 경향신문' 기사에 달린 다음 '베스트 댓글'을 감상해보자.

"문재인 대통령님. 어떻게 주변 관리를 이렇게 하셨습니까. 정권 초기 모든 것에서 완벽했던 정부가 조국 이후로 어떻게 이렇게 망가집니까. 내 편 챙기다가 정권 다 말아먹고, 내 편 아니면 다 적폐로 돌리고, 국민들 갈라치고, 추미애 같은 사람 내세워서 뭘 어쩌겠다고 기용해서 이 사달을 만듭니까. 내년 7월이면 나갈 총장 그렇게 몰아붙여야 했습니까? 자기 정치하는 추미애에게 속도 조절을 요구하거나 말 안 들으면 경고하셨어야죠. 이 중요한 시기에 법무부 장관이 모든 이슈 독점하게 놔두고 그나마 정권 운영 동력이었던 방역도 구멍 나고, 부동산 말아먹고, 외교도 특별한 성과가 없고, 정치는 실종되고 이게 뭡니까 대체."

이 댓글과 비슷한 말을 하는 분들이 내 주변의 문빠들 사이에서도 늘고 있다. 그런데 문재인의 문제가 단지 '주변 관리' 수준의 것인지는 좀 생각해볼 필요가 있겠다. 원인 진단이 정확해야 해법 모색도 가능하지 않겠는가? 나는 문재인을 생각할 때마다 미국 작가 존 스타인벡의 말이 떠오른다.

"우리는 대통령에게 도저히 한 사람이 해낼 수 없는 일과, 도저히 한 사람이 감당할 수 없는 책임과, 도저히 한 사람이 견뎌낼 수 없는 압박을 주고 있다."

성패와 관계없이, 그런 일, 책임, 압박을 즐기는 사람들이 있다. 일부 사람들은 그걸 '권력의지'라고 부른다. 정확한 건 아니지만, 달리 좋은 표현이 떠오르질 않으니 이 말을 써보기로 하자. 모두 다 인정하겠지만, 문재인은 권력의지가 전혀 없었던 사람이다. 노무현과의 인간관계, 여기서 비롯된 공적 문제의식이라는 '운명'으로 대통령직에 차출당한 분이다. 사람의 성격은 잘 바뀌지 않는 법이다. 김종인 회고록『영원한 권력은 없다』엔 다음과 같은 이야기가 나온다. 2016년 문재인이 김종인 영입을 위해 삼고초려三顧草廬를 하던 때의 이야기다.

"문재인은 수줍은 사람이었다. 밤중에 연달아 세 번이나 찾아왔는데 혼자 오는 법이 없었다. 배석자가 주로 이야기하고 문재인은 거의 말을 하지 않다가 '도와주십시오'라는 말만 거듭했다.……다음 날이 할아버지 기일이라 산소에 가야 했다. 새벽 2시가 되도록 그렇게 자리를 버티고 있기에 그런 사정을 이야기했더니 '날이 밝을 때까지 여기에 있다가 함께 산소에 가겠다'라고 말하기에 웃을 수밖에 없었다. 집념이라고 해야 할지, 고집이라고 해야 할지. 다음 날 밤 10시가 되니 또다시 와서 같은 이야기를 반복했고, 일주일 후에 만나자고 했더니 그다음 날 또 와서는 역시 같은 이야기를 반복했다."

매우 수줍어하는 성격을 가진 문재인은 대통령이 된 후에도 혼밥을 즐겨한다는 말이 나올 정도로 정치를 멀리해왔다. '고집' 또는 '집념'이 그의 강점인지는 모르겠지만, 문제는 바로 이게 또 소통을 방해한다는 점이다. 야권에서 문재인을 공격할 때에 즐겨 쓰는 레퍼토리 가운데 하나는 '책임 회피'다. 그 진실이 무엇이건 문재인의 소극성으로 인해 그렇게 보이는 건 분명한 사실이다. 그렇게 볼 수 있는 사례들만으로 내가 이 지면을 다 채울 수 있을 정도로 이상한 일이 많았다. 야권은 '비겁하다'고 공격하지만, 내가 볼 때엔 비겁해서가 아니라 문재인의 지나칠 정도로 소극적인 스타일로 인해 빚어진 문제인 것 같다.

문재인은 '의전 정치'를 제외하고 믿기지 않을 정도로 소극적인 대통령이다. 이는 문재인 정권에 '컨트롤 타워의 부재'라는 심각한 문제를 낳았다. 사실상 문빠가 '컨트롤 타워'의 역할을 해왔다고 해도 과언이 아니다. 그간 여권 정치인들은 무슨 일이 있을 때마다 수천 통의 메시지로 자신들을 압박하는 문빠의 눈에 들기 위해 강성 발언 경쟁을 벌여왔고, 그렇게 형성된 여권 분위기가 일련의 정치적 판단과 정책을 결정했다는 점에서 그렇다.

심지어 일부 여당 의원들이 앞다퉈 '윤석열 탄핵'을 주장하면서 "지지자들의 목소리에 응답할 의무가 있다"거나 "지지층의 분노야말로 가장 두려워해야 할 역풍"이라고 말할 정도였다. 문빠에 대한 아부 경쟁이 아닐까? 대통령 지지율이 30퍼센트대, 민주당 지지율이 20퍼센트대로 떨어져도 오직 문빠만을 바라보고 가야 한다니, 이렇게까지 무책임하게 굴어도 괜찮은 걸까?

문빠 개개인은 훌륭한 사람들일망정, 책임을 질 수 없는 익명의 감성 집단이 지배하는 국정 운영은 매우 위험할 수밖에 없다. 지금 우리는 그런 결과를 목도하고 있다는 게 나의 생각이다. 어떻게 해야 할까? 문빠가 문재인 정권에 행사하는 영향력을 중단하거나 아니면 생각을 바꿔야 한다. 문빠는 각자 선 자리에서 체감하는 작은 민생 문제들을 개혁 의제로 제안하고 관철하는 노력을 하는 방식으로 문재인 정권을 열심히 도와야 한다. 낮은 자세로 '밑에서 위로' 가야 한다. 빛은 안 나고 열정을 불태울 길도 없는 그런 작은 일만 하라는 것이냐고 펄펄 뛸 분이 많을 게다. 내가 주제넘은 '훈장질'을 한다는 비난은 달게 받겠지만, 지금까지 해왔던 방식으론 안 된다는 주장이 일말의 진실을 담고 있을 수 있다는 가능성에 조금은 열린 자세를 가져주길 바랄 뿐이다.

문빠가
아산의 반찬가게 주인을 괴롭힌
이유

2020년 2월 9일 문재인이 충남 아산 온양전통시장 내의 반찬가게에서 주인과 대화를 나누었다. 문재인이 "(경기가) 좀 어떠세요"라고 묻자 주인은 "(요즘 경기가) 거지같아요. 너무 장사 안 돼요"라고 답했다. 문빠들은 "대통령에 대한 최소한의 예의조차 없다", "주인장 마음씨가 고약하다"는 등 인신공격성 댓글을 달고 반찬가게 상호와 주소, 주인의 휴대전화 번호까지 공개하는 신상털이로 불매운동까지 벌였다. 반찬가게 주인은 가게로 찾아와 욕하는 문빠들 때문에 공포에 떨었다고 했다.

청와대 반응이 걸작이었다. 2월 19일 청와대 대변인 강민석은 춘추관 브리핑에서 "문 대통령은 '그분이 공격받는 것이 안타깝다'고 하셨다"고 말했다. 또한 당시 분위기와 관련해 문재인은 "전혀 악의가 없었다. 오히려 당시 (대화할 때) 분위기가 좋았다"고 했다는 것도 소개했다. 또 "거지같다"는 표현에 대해서도 문재인은 "장사가 안 된다는 걸 요즘 사람들이 쉽게 하는 표현으로 받아들였다. 오히려 서민적이고 소탈한 표현"이라고 했다고 전했다.

여기까진 그림이 좋았다. 문제는 그다음이었다. 문재인의 이날 발언이 "극렬 지지층에 자제를 요청한 것인가"라는 질문에 대해 청와대 핵심 관계자는 "대통령이 하신 말씀은 반찬가게 사장이 곤경에 처해서 안타깝다고 한 것"이라며 "이른바 '문파'들에 대해 하신 말씀이 아니다"라고 했다. 이 관계자는 또 "대통령뿐 아니라 누구에게도 거지같다는 표현은 바람직하다고 할 수는 없다"며 "지지층이나 이 부분에 대한 건 아니고 그런 오해를 풀어드리려고 하는 것"이라고 말했다(『중앙일보』, 2020년 2월 19일).

흥미롭지 않은가? 반찬가게 주인이 곤경에 처해서 안타깝지만, 그 곤경은 오해에서 비롯된 것이기에 그것만 풀면 그만이지, 그 곤경을 만들어낸 주범들은 아무 잘못이 없다는 이야기 아닌가? 잘못이 좀 있다 한들 감히 그들에게 자제를 요청한다든가 하는 일은 있을 수 없다는 이야기 아닌가? 이 사건과 비슷한 문빠들의 공격은 수없이 많았지만, 문재인은 문빠들의 그런 행태에 대해 내내 침묵했고, 그건 "경쟁을 더 흥미롭게 만들어주는 양념 같은 것"이라는 초기 예찬론을 사실상 일관되게 유지했다.

나는 문빠를 비판하기에 앞서 이 현상을 이해해보고 싶었다. 내가 이해를 위한 키워드로 선택한 건 '소속감'이었다. 지크문트 프로이트의 말을 좀 빌려보자. 그는 "자기애적 만족은 문명의 혜택을 누리는 특권층만이 아니라 억압받는 계층도 나누어 가질 수 있다"며 "다른 문화권에 속하는 사람을 경멸할 수 있는 권리는 그들이 자기 문화권 안에서 당하는 부당한 대우를 보상해주기 때문이다"고 말한다. 그들은 "나는 부채와 병역에 시달리는 불쌍한 평민이지만, 그래도 어엿한 로마 시민으로서 다른 민족들을 지배하고 그들의 법률을 강요하는 일에 참여하고 있다"라는 식으로 생각한다는 것이다.

물론 문빠는 결코 '억압받는 계층'이 아니다. 그러나 심리적으론 다를 수 있다. 문빠들의 담론에선 늘 수구 기득권 세력을 청산해야 할 대상으로 간주하는 선악 대결 구도가 발견된다. 그들이 보는 수구 기득권 세력의 힘은 어마어마하다. 반면 자신들은 끊임없이 공격받고, 억압당하고 있으며, 고립되어 있다고 믿는다. 이런 '피포위 의식siege mentality'은 문빠의 정신적 지도자들이 즐겨 쓰는 레퍼토리이기도 하다.

'피포위 의식'에 사로잡힌 그들은 남들이 보기엔 '약자 코스프레'라고 볼 수 있는 엄살을 떨지만, 도덕적 우월감의 기세는 하늘을 찌른다. 자칭 '깨어 있는 시민', 즉 '깨시민'임을 자부한다. 수구 기득권 세력과 더불어 이 세력에 기생해보려는 부역자들을 처단하겠다는 결의와 사기가 워낙 강하기 때문에 문재인 정권의 실정으로 인한 부동산 가격 폭등의 피해자가 되어도 "우리 이니는 항상 옳다"라는 주문을 외우기에 바쁘다.

실제로 그들은 행복하다. 깨시민에 속한다는 자부심이 모든 심적 갈등을 해결해준다. 소외도 없고 고독도 없다. 영국 정치학자 몬트세라트 귀베르나우가 "소속감은 소외와 고독감에 가장 강한 해독제를 제공한다"고 한 게 괜한 말이 아닌 셈이다. 그런데 그의 다음 말이 마음에 걸린다. "현대의 일부 개인들은 소속되고 싶다는 충동 때문에 중독, 지도자에 대한 복종, 강박적 순응 등 새로운 형태의 의존에 빠져든다."

캐나다 출신의 역사학자 마이클 이그나티에프도 "집단에 대한 소속감이 강할수록, 이방인에 대한 감정은 더 폭력적이고 적대적이다. 폭력 없이 강렬한 소속감을 유지하기는 힘들다. 강렬한 소속감은 개인의 양심을 주형鑄型하기 때문이다"고 말한다. 미국 사회복지학자 브레네 브라운도 비슷한 말을 한다. "험담하기와 괴롭히기 등 고통스러운 따돌림이 생겨나는 이유는 증오나 사악함 때문이 아니다. 바로 '소속감의 욕구' 때문이다."

사실 청소년들 사이에서 벌어진 수많은 '왕따' 사건의 한결같은 결론도 바로 그것이다. 자신이 소속된 집단에서 인정을 받으려면 그 어떤 일이건 같이 따라서 해야 한다는 압력, 이게 바로 왕따의 주범이다. 왕따를 저지른 학생들 중에 착한 모범생이 적잖이 있는 것도 바로 그런 이유 때문이다. 직장에서 일어나는 험담도 그 험담을 나누는 동료와의 유대감을 형성하는 게 주요 목적이다. 일부 연구에 따르면, 서양의 청소년들은 또래 집단에서 인정받기 위해 마약에 빠지기도 한다.

　나는 아산의 반찬가게 주인을 괴롭힌 문빠들이 악인惡人은 아닐 것이라고 믿는다. 느슨한 형태의 공동체일망정 자신들이 삶의 보람과 의미를 찾는 문빠 집단 내부에서 '인정투쟁'과 더불어 그런 투쟁을 통해 확인하는 소속감의 마력魔力에 취해 잠시 정신이 외출한 것이라고 믿고 싶다. 형식과 내용은 다를망정, 우리 모두 자신에겐 그런 경험이 없었는지 가슴에 손을 얹고 생각해보는 것도 좋겠다. 단지 소속감이나 유대감의 욕구 때문에 누군가에게 부당한 고통을 주어도 괜찮은 건지 말이다.

'팬덤 민주주의'를
넘어서

그게 그렇게까지 싸울 일이었는가? 누구나 한 번쯤은 이런 생각을 해보았겠지만, 싸울 땐 그런 의심을 하는 게 불가능하다. 말이나 글로 하는 수준의 싸움일망정, 싸움은 터널에 갇히는 현상이기 때문이다. 심리학자들은 터널 속으로 들어갔을 때 터널 안만 보이고 터널 밖은 보이지 않는 것처럼 주변을 보지 못한 채 시야가 극도로 좁아지는 현상을 가리켜 '터널 시야tunnel vision'라는 말을 만들어냈다. 그 누구건 어떤 일을 놓고 누군가와 싸우게 되면 터널 시야를 가질 수밖에 없다. 그건 싸움의 주제에 대해 성실하게 임하는 것을 뜻하기 때문에 당연한 일이다.

문제는 싸움이 지속되면서 발생한다. 처음엔 어떤 일에 대한 생각 차이 때문에 싸우지만, 나중엔 그 차이라는 게 별 의미가 없어진다. 그 차이는 의인화의 과정을 거치면서 상대방에 대한 반감이나 증오로 변질되기 때문이다. 터널에 갇혀 있는 사람에게 바깥세상이 보일 리 만무하니, 그런 반감과 증오에 대한 성찰은 시간이 흘러 터널을 빠져나왔을 때에나 가능하다.

선거는 본질적으로 '터널 시야'의 게임이다. 경쟁자들과의 공통점은 감추고 차이점만을 부각하는 게임이다. 공통점이 90퍼센트고 차이점은 10퍼센트에 불과할지라도, 그 10퍼센트를 부풀려 자신의 상대적 우월성이나 비교 우위를 강조해야만 한다. 유권자들의 감성에 호소하는 '증오 마케팅'은 필수다. 언론은 그런 '증오 마케팅'을 미주알고주알 전달해주는 일에 충실함으로써 그 10퍼센트의 차이에 큰 의미를 부여한다.

정책이 서로 비슷해지면 싸울 일이 줄어들 것 같지만, 오히려 정반대다. 미국 사회학자로 영국에서 활동하고 있는 리처드 세넷은 영국의 여야 정당들이 주요 정책에서 내용이 대단히 유사한 표준 플랫폼을 공유하는 이른바 '플랫폼 정치'를 하고 있다고 말한다. 그는 그런 상황에선 필연적으로 서로의 차이를 부각할 수 있는 수사법을 구사하는 '상징 부풀리기'가 이루어지는 가운데 정치는 프로이트가 말한 '사소한 차이에 대한 집착'으로 전락할 수밖에 없다고 주장한다.

하긴 그렇다. '싸움 없는 선거'는 생각할 수 없으므로 후보와 정당들은 사소한 차이를 큰 것인 양 부풀리는 싸움을 하며, 그들 간의 차이가 사소할수록 싸움은 더 격렬해지고 증오는 더 깊어진다. 그래야만 자신들의 존재 근거는 물론 존재감을 확인·확보

할 수 있기 때문이다. 물론 이런 싸움은 일부 유권자들에게도 전염되기 마련이다.

2017년 『경향신문』은 이른바 '대선과몰입증후군'의 소지가 다분한 유권자가 많다는 기사를 게재했다. 자신의 지지 후보를 남들이 비판하는 게 싫어 모임에 나가는 것을 끊은 사람, 지지 후보에게 안 좋은 일이 생기면 우울감이 생기고 지인들과도 갈등을 빚는 사람, 지지 후보가 부당한 공격을 받으면 스트레스가 생겨 술로 풀어야 하는 사람, 지지 후보가 고생하는 것을 보면 짠한 마음에 눈물이 날 때도 있다는 사람, 지지 후보의 차이 때문에 여자 친구와 사사건건 부딪혀 헤어지는 것마저 고려하고 있다는 사람 등 열정이 흘러넘치는 유권자들의 다양한 사정을 소개한 기사였다.

"너는 누구에게 한 번이라도 뜨거운 사람이었느냐?"고 묻는 시인 안도현의 열정 예찬론의 관점에선 모두 다 이해할 수 있는 일이긴 하다. 하지만 꼭 그렇게 서로 상처를 주거나 받는 열정이어야만 하는가? 문재인에 대한 안도현의 뜨거운 정치적 열정도 "너는 누구에게 한 번이라도 뜨거운 사람이었느냐?"는 멋진 아포리즘의 빛을 바래게 하지 않았는가?

『시민 쿠데타: 우리가 뽑은 대표는 왜 늘 우리를 배신하는가?』라는 책을 읽다가 아래 문장에 밑줄을 그었다. "시민의 권력이 두 선거철 사이에 놓인 시간 속에서도 지속적이고 연속적으로 힘을 발휘할 수 있게 하는 도구와 장치를 상상하는 방향으로 창조성을 자극하고 격려, 고무할 때이다." 열정을 선거철에 특정 후보에게만 바칠 게 아니라 두 선거철 사이의 훨씬 더 많은 기간에 이슈와 정책에도 나누어주면 안 될까?

물론 쉽지 않은 일이다. 우리는 사람에겐 열정을 바쳐도 '도구와 장치', 즉 제도와 법엔 열정을 보이지 않기 때문이다. 그래서 선거 후에도 승리를 한 후보에 대한 '무조건 찬성' 아니면 '무조건 반대'의 전선이 지속되어 모두 다 실패하는 비극이 빚어지기도 했다. 국민 통합이나 화합은 정치인을 자신의 분신이나 우상처럼 대하는 '팬덤 민주주의'를 넘어서는 것에서부터 시작해야 하는 게 아닐까?

독일 교육학자 베티나 프리체는 10대 팝 팬들을 연구하고 나서 이런 결론을 내렸다. "소녀들은 '보이 그룹'을 숭배하면서 실제 남녀 관계의 위험이 없는 첫사랑의 강렬한 감정을 경험한다." 정치 팬덤은 어떨까? 나는 이렇게 바꿔 말하고 싶다. "빠들은 특정 지도자를 숭배하면서 정치적 투쟁의 위험이 없는 안전한 권력 감정을 만끽한다."

쉽게 말해서, 정치적 빠들은 일견 순수해 보이지만, 나름의 권력 노름을 하고 있다는 이야기다. 이는 이들이 숭배의 환희에 만족하지 않고 자신의 우상에 대해 다른 생각을 갖고 있는 사람들에 대해 거친 공격을 하는 전투성을 보이는 것에서 잘 드러난다. 차라리 "우리 오빠들 출국 정보 2만 원, 포토 박스 35만 원에 팝니다"라고 외치는 팬들이 더 순수해 보인다. 정치적 숭배는 일종의 유사 종교 행위로 이해하면 간단히 풀리는 일이긴 하지만, 민생에 큰 영향을 미치는 정치가 그런 용도로 소모된다는 건 우리 모두를 위해 불행한 일이다.

집단에 대한
충성도가
리더십보다
중요하다

제3장

"

부족주의는 사람들로 하여금

자기 집단이 헌신하는 목표에 유리한 방식으로

세상을 보게 만들어서 현실을 대대적으로 왜곡할 수 있다.

또 집단 정체성은 순응의 압력을 일으켜

사람들이 혼자서는 상상해본 적도 없는 일들을 하게 만든다.

"

● 에이미 추아(미국 예일대학 로스쿨 교수)

부족국가
대한민국

나의 희로애락을 함께 나눌 수 있는 가장 든든한 사람들은 누굴까? 아마도 대부분의 사람에겐 가족, 친척, 친구일 게다. 친구엔 동네(고향) 친구와 학교 친구가 있다. 혹 이름을 꼽아본다면 거의 대부분 혈연, 지연, 학연으로 맺어진 사람들일 게다. 이런 연고는 개인적으론 행복의 근원이지만, 우리는 사회적으론 연고주의에 대해 좋게 이야기하지 않는다. 이른바 '공사公私 구분의 원칙' 때문이다.

어느 공직자가 큰 어려움에 처한 친구에게 자기 돈을 주는 건 아름다운 일이겠지만, 자신의 권력을 이용해 금전적 특혜를 주는 건 범죄행위다. 돈뿐이겠는가? 친구에게 줄 수 있는 도움의 유형은 다양하다. 어떤 도움이건 공사를 엄격히 구분해서 주어야 한다는 게 우리 사회의 합의지만, 그런 합의가 잘 지켜지고 있는 것 같진 않다. 연고주의를 넘어서 아예 '부족주의'가 기승을 부리고 있으니 말이다.

원시시대의 부족사회에선 연고를 따질 필요가 없었다. 부족이 곧 한 덩어리의 연고 집단이었으니까. 한 부족이 다른 부족들과의 전쟁이나 갈등에서 살아남기 위해선 자신의 부족에 대한 맹목적 충성이 필요했다. 세상이 발달하면서 부족사회나 부족국가는 사라졌지만, 그런 '부족 본능'은 살아남았다. 그래서 사람들은 새로운 부족을 만들어 공동의 이익을 도모하는 마피아 집단 비슷하게 살아가고 있는 게 현실이다.

부족주의는 부정적 의미로 쓰이는 게 일반적이지만, 그 장점을 옹호하는 이들도 있다. 우리에 비해 개인주의가 발달했던 서양에서 그런 목소리가 나오고 있다. 개인주의의 한계와 폐해에 질린 탓일까? 프랑스 사회학자 미셸 마페졸리는『부족의 시대』라는 책에서 "부족주의는 경험적으로 어떤 장소에 대한 소속감, 그리고 어떤 집단에 대한 소속감이 중요하다는 점을 상기시켜준다"고 말한다. 미국 철학자 스티븐 아스마는『편애하는 인간』이란 책에서 자신의 부족에 대한 "편애가 인간의 행복을 상당히 증진시킨다"는 점을 강조한다.

나는 아스마의 책을 읽다가 "좌파는 편애가 없어지지 않으면 '열린사회'는 이뤄질 수 없다고 생각한다. 이는 잘못된 생각이다"고 단언하는 대목에서 쓴웃음을 짓지 않을 수 없었다. 서양의 부족주의엔 좌우 차이가 좀 있는지 몰라도 한국은 전혀 그렇지 않기 때문이다. 한국에서 편애와 연고주의를 포함하는 부족주의는 이념의 좌우를 초월하는 최상위 개념이다.

그렇게 된 역사가 결코 짧지 않다. 오죽하면 고당古堂 조만식은 "고향을 묻지 맙시다"는 운동을 벌였을까? 일제 치하에서 나라 잃은 것도 서러운데 조선인들끼리 지역주의로 나뉘어 싸우는 꼴이 한심해 일침을 놓느라 한 말씀이다. 우리 역사 교과서들은 일제강점기를 일제의 가혹한 탄압과 우리의 독립투쟁 위주로 기술하면서 지역주의 이야기는 전혀 하지 않고 있지만, 우리가 상상하는 이상으로 당시에도 지역주의 갈등이 심각했다. 심지어 독립 운동가들까지도 지역주의에서 자유롭지 못했으니 더말해 무엇하겠는가?

좀 해묵은 통계이긴 하지만, 2006년 한국개발연구원KDI의 '사회적 자본 실태 종합 조사' 보고서에 따르면, 우리나라 국민들의 사회적 관계망 가입 비율은 동창회가 50.4퍼센트로 가장높고, 종교단체 24.7퍼센트, 종친회 22.0퍼센트, 향우회 16.8퍼센트 등이 뒤를 이었다. 반면 공익성이 짙은 단체들의 가입률은 2퍼센트대에 머물렀다. 한국의 부족주의 토대가 탄탄하다는 걸로 이해하면 되겠다. 그런데 이 조사 결과에서 흥미로운 건 소득과 학력이 높을수록 연줄을 중시한다는 사실이다. 그러니 엘리트 집단일수록 부족주의 성향도 강하다는 건 당연한 일이라 하겠다. 아니 한국 엘리트의 본질적 속성은 부족주의라고 해도 과언이 아니다.

　'공정'을 목숨처럼 알아야 할 공정거래위원회는 매년 10여 명을 대기업에 재취업시켜주면서 '억대 연봉 지침'까지 기업에 정해준 것으로 밝혀져 세상을 놀라게 만든 적도 있다. '행정고시 출신 퇴직자'는 2억 5,000만 원 안팎, '비행정고시 출신 퇴직자'는 1억 5,000만 원 안팎이었다고 한다. 우리는 수십 년째 대표적인 부족주의 관행이라고 할 수 있는 '전관예우'나 '관피아(관료+마피아)'의 심각한 문제에 대한 비판의 목소리를 듣고 있지만, 그게 사라졌다거나 개선되었다는 이야기는 듣지 못했다. 참으로 희한한 일 아닌가? 세 번째의 진보 정권을 맞이했지만, 진보나 보수나 그 점에선 한통속이라는 게 흥미롭지 않은가? 물론 이유는 간단하다. 최악의 부족주의는 정치에서 나타나고 있기 때문이다. 똥 묻은 개가 어찌 겨 묻은 개를 나무랄 수 있겠는가? 이 정도면 대한민국은 '부족국가'라고 불러야 마땅하지 않겠는가?

　한국의 부족주의에 좌우 차이가 있다면, 그건 이해관계 충실도 수준이다. 보수가 비교적 이해관계에 더 민감하다. 보수 부족주의의 전성시대는 박근혜와의 관계를 중심으로 '친박'의 정도를 따지며 온갖 유형의 부족이 난무했던 2015년이다. 진박(진짜 친박), 가박(가짜 친박), 용박(박근혜를 이용만 하는 친박), 원박(원조 친박), 범박(범친박), 신박(신친박), 복박(돌아온 친박), 홀박(홀대받는 친박), 멀박(멀어진 친박), 짤박(잘린 친박) 등 끝 모를 박타령이 울려 퍼졌다. 거칠게 말하자면, 그런 박타령은 보수의 제 무덤을 파는 격이었던지라, 이후 어떤 일이 벌어졌는지는 우리 모두 다 알고 있는 바와 같다.

험난한 반독재 투쟁의 과정에서 성장한 진보는 좀 다른 유형의 부족주의에 빠져들었다. 끈끈한 동지애가 없었다면 결코 해낼 수 없는 투쟁의 과정에서 탄압이 모질고 동지애가 강해질수록 우리 편과 반대편의 경계를 선명하게 나누는 선악 이분법에 빠져들 수밖에 없었다. 문재인 정권의 주체이자 핵심 세력은 바로 그런 민주화 운동가들이다. 독재 정권 시절 그들의 투쟁에 박수를 보내면서도 용기가 없어서 나서지 못했던 사람들은 나름의 '역사적 부채 의식'을 갖고 있기에 그들이 권력을 잡아 국정 운영을 하는 것에 대해 뜨거운 지지를 보냈다. 한국인들은 '공정 유전자'가 강한 사람들이니까 말이다.

그런데 이게 웬일인가? 국정 운영을 반독재 투쟁하듯이 하면서 '운동권 부족주의'를 유감없이 드러내 보이는 게 아닌가? 반독재 투쟁은 일종의 전쟁이었는데, 전쟁에서 절대적으로 필요한 건 아군에 대한 '충성'이다. 전쟁 전문가들이 집단에 대한 충성도, 이데올로기, 리더십의 효과를 비교 분석해 내린 결론에 따르면, "집단에 대한 충성도가 이데올로기보다 두 배 더 중요하고, 리더십보다 여섯 배 더 중요하다"(에릭 펠턴의 『위험한 충성』).

반독재 투쟁 당시 운동 집단에 대한 충성은 아름다운 미덕이었겠지만, 민주화된 세상에선 전혀 그렇지 않다는 게 문제였다. 보기에 흉한 부족주의 스캔들이 많았지만, 가장 대표적인 게 바로 '윤미향 사건'과 '박원순 사건'이었다. 이 두 사람은 그야말로 진보의 가치를 위해 오랜 세월 헌신하면서 광범위한 인적 네트워크를 통해 적잖은 업적을 이루었다. 그래서 이 사람들과 직간접적인 인간관계를 맺었던 지지자들이 느낀 충격이 그만큼 컸을 게다. 그러나 충격이 크다는 게 곧장 부족주의의 면죄부가 될 수는 없는 일이다. 이 두 사건과 관련해 수많은 진보 인사가 양산해낸 발언들 중엔 개탄을 자아내게 하는 것이 많았다.

비판보다는 이해를 해보고 싶었다. 내가 살펴본 몇 사람은 '박원순 사건'에 대해 느낀 심한 우울감을 토로했다. 개인적인 관계가 깊었던 이들은 어쩌면 자신의 일부가 무너져내린 듯한 고통을 느꼈을지도 모르겠다. 예전 같으면 그런 우울과 고통을 개인적으로 삭일 시간이 있었을 텐데, 때는 바야흐로 'SNS의 시대'인지라 자신의 우울하고 고통스러운 감정을 곧장 비판자들에 대한 반감의 형식으로 표출한 게 아닌가 하는 생각이 들었다.

이 사건은 피소 사실 유출과 관련해 '여성단체 사건'으로 비화되었다. 어느 '여성단체 막내 활동가'는 민주당 의원 남인순이 몸담았거니와 피소 사실 유출의 통로가 된 한국여성단체연합 건물 앞에 이런 내용의 대자보를 붙였다. "여성단체는 정치적인 이익에 눈이 멀어 박원순 서울시장 사건에 있어 가해자와의 함께하기를 택했다." 2030 여성이 주축이 된 한국여성정치네트워크는 "이번 사건으로 십 수년간 여성단체 대표 경력으로 민주당 비례선거에 영입되어 국회의원 배지를 달고, 그렇게 형성된 인맥이 여성주의 사회 견인을 위한 정치적 과제 수행의 임무보다 인맥 진영 구축에 이용된 결과를 확인했다"고 비판했다.

도대체 이게 어찌 된 일일까? 페미니즘의 선구자들마저 '정치적 부족주의의 노예'가 되었다는 뜻일까? 정치적 부족주의를 위해선 페미니즘의 가치를 저버릴 수도 있다는 건가? 수 십년간 피땀 흘려 쌓아올린 그 공적 금자탑을 부족주의 정서 하나로 그렇게 쉽게 날려버려도 괜찮은 건가? 부족주의가 정말 무섭고 징그럽다는 생각마저 든다.

때는 바야흐로 진보 부족주의의 전성시대다. 몇 년 전 보수 부족주의의 전성시대와 다른 점이 있다면, 명분과 당위의 포장을 더 앞세우고 더 광범위한 영역에 걸쳐 부족 전쟁이 일어나고 있다는 점일 게다. 많은 사람이 '맹목적 지지'를 실천하는 부족주의의 수렁으로 깊이 빠져드는 걸 보면, 앞서 소개한 마페졸리와 아스마가 괜한 말을 한 건 아닌 것 같다. 이 험난한 세상을 살아가는 데엔 어떤 집단에 대한 소속감이 중요하며, 그런 소속감을 기반으로 한 편애가 행복을 증진시킨다는 말을 믿어야 할까?

믿더라도 '공사 구분의 원칙'은 따져보아야 하는 게 아닌가? 사실 공직을 맡는 건 두려운 일이다. 아니 그렇게 여겨져야만 한다. 자신의 부족주의 DNA에 결사적으로 저항해야만 하기 때문이다. 그러나 공적 영역에서조차 부족주의 정서에 투항하는 것이 자신의 신분 상승과 출세에 도움이 되는 걸 어이하랴. 좀더 나은 부족에 속하기 위한 치열한 경쟁이 오늘의 한국을 만든 건지는 모르겠지만, 이제 그런 '개천에서 용 나는' 모델은 지긋지긋하다. 하지만 그런 부족주의를 증오해야 할 보통 사람들마저 엘리트 부족 전쟁에 참전해 싸우고 있으니, '부족국가 대한민국'을 긍정하는 게 우리 모두의 행복일까? 부족 사랑, 하더라도 좀 적당히 하자.

부족의,
부족에 의한,
부족을 위한 진보

"문명의 역사는 부족적 민족주의를 점차로 더 폭넓은 이해관계에 복속시켜온 연대기다." 캐나다 총리 피에르 트뤼도가 1977년에 한 말이다. 퀘벡 분리주의에 맞서 연방주의를 강조했던 그의 생각이 잘 드러난 말이다. 그가 '정념의 우위에 서는 이성'을 자신의 정치적 좌우명으로 삼은 것도 바로 그런 생각 때문이었다.

그런데 역사란 게 참으로 묘한 것이어서 일직선으로 전진하진 않는 법이다. 대체적으로 보아선 트뤼도의 말이 옳을망정 역사는 일시적으로나마 후퇴하기도 하고 내내 전진하더라도 갈팡질팡하는 모습을 보이기도 한다. 대중문화에서 자주 나타나는 '복고 열풍'이 역사에서도 나타난다는 건 이미 충분히 입증된 사실이다. 지금 한국 사회를 지배하고 있는 '정치적 부족주의'도 그런 관점에서 이해하는 게 좋을 것 같다. 마음의 평온을 위해서라도 말이다.

정치적 부족주의란 무엇인가? 다른 나라들에서 정치적 부족주의는 대부분 인종과 민족 중심으로 나타나고 있지만, 사회문화적 동질성이 강한 한국에선 좀 다른 양상을 보인다. 에이미 추아의『정치적 부족주의』라는 책도 인종과 민족 중심인지라 한국 문제를 다루는 데엔 얻을 게 별로 없지만, 정치적 부족주의를 경계해야 한다는 점에선 유익하다. 추아는 "사람들은 자신이 속한 부족이 고유하고 자랑스러워할 만한 무언가를 가졌다고 믿고 싶어 한다"고 했는데, 친문 지지자들에게서 시작되어 이젠 그들의 눈에 들려고 애쓰는 여당 정치인들도 덩달아 외치는 "대한민국은 문재인 보유국"이란 말도 그런 관점에서 이해할 수 있겠다.

한국의 정치적 부족주의를 쉽고 간단하게 정의하자면, 내로남불을 밥 먹듯이 저지르는 정치적 이념이다. 나름의 노선과 원칙이 없는 건 아니지만, 이보다 중요한 것은 자신의 정치적 부족 또는 패거리의 이익이다. 그래서 똑같은 일을 하더라도 자신이 하면 로맨스지만 반대편이 하면 불륜이라고 주장할 수 있는 정신 상태가 가능해진다.

2021년 1월 25일 공개된 전 정의당 대표 김종철의 성추행 사건을 보자.『경향신문』이 잘 지적했듯이, 정의당의 대처는 '가해자 두둔'과 '2차 가해' 등 기성 정당들의 성폭력 처리 '공식'을 깨고 '피해 주장', '가해자의 인정·사과', '정당의 조사 및 징계 착수' 등 일련의 과정이 2차 가해 없이 신속히 이루어진 모범 사례였다. 다른 정당들의 후안무치한 대응과의 대비 효과 때문이었는지 내 주변에서도 오히려 정의당을 긍정 평가한 이가 많았다.

정작 문제는 민주당의 논평이었다. 민주당 수석대변인 최인호는 "충격을 넘어 경악을 금치 못할 일"이라며 "정의당은 무관용 원칙으로 조치를 취해야 하며, 또 다른 피해가 발생하지 않도록 해야 할 것"이라고 말했다. 박원순 성폭력 의혹이 불거진 뒤 한동안 피해자를 '피해 호소인'으로 지칭해 '2차 가해'의 한 원인을 제공한 것은 물론 당 차원의 진상 조사에도 나서지 않았던 민주당이 그런 말을 하다니, 이게 웬일일까?

『한겨레』는 사설을 통해 "유체이탈도 이런 유체이탈이 없다"고 했고, 민주당 의원 권인숙은 "민주당도 같은 문제와 과제를 안고 있는데, 이에 대해 충격과 경악이라며 남이 겪은 문제인 듯 타자화하는 태도가 어떻게 가능한지 모르겠다"며 "너무도 부끄럽고 참담하다"고 했다. 수석대변인의 실언이었을까? 아니다. 결코 그렇지 않다. 민주당이 그간 쭉 보여온 집단적 민낯 그 자체일 뿐 결코 개인의 문제가 아니다. 민주당이 중독된 정치적 부족주의를 잘 보여주는 역사적 '명언'의 탄생으로 보는 게 옳으리라.

2015년 당시 새정치민주연합의 당원이었던 변호사 금태섭은 『이기는 야당을 갖고 싶다』라는 책에서 "(새정치민주연합엔)

기득권을 지키기 위해서 잘못이 있더라도 숨겨주고 서로 보호해주는 폐습이 만연해 있다"고 했다. 그런데 이 폐습은 집권 후에 훨씬 더 악화된 형태로 나타났다. 더 큰 문제는 그게 왜 문제가 된다는 건지 문재인 정권이 전혀 모르고 있다는 사실이다. 2021년 1월 문재인이 국회에 제출한 박범계 법무부 장관 후보자 인사 청문 요청 사유서는 "2002년 노무현 후보 지지를 선언하며 판사를 사직하고 대선 캠프에 참여해 참여정부의 출범에 기여했다"고 했다. 정치적 부족주의의 극치를 보여주는 발상이 아니고 무엇이랴.

실제로 문재인의 인사는 전반적으로 부족주의의 전범을 보여주고 있다. 문재인은 말도 많고 탈도 많았던 황희를 문화체육관광부 장관에 임명함으로써 야당의 동의 없이 장관급 인사 임명을 강행한, 29번째 '야당 패싱'이라는 대기록을 세웠다. 이명박 정권 17건, 박근혜 정권 10건을 합친 규모를 넘어섰으니 축하할 일인가?『한겨레』가 그 29명의 명단을 나열한 기사를 내보냈다. 내심 모처럼 정말 잘한 일이라고 생각했는데, '인터넷 한겨레'에 달린 댓글들을 보았더니 다음과 같은 반론 댓글이 꽤 있었다.

"야당의 의견을 들을 필요 없다. 흡혈귀처럼 눈알을 시뻘겋게 해서 어떻게 해서든지 트집만 잡으려고 하는 개소리를 들을 필요가 있나?" "대통령의 인사권 행사를 29번이나 발목잡기 하고, 대통령이 국가와 국민들을 위해 좋은 정책을 집행하려고 해도 무조건 반대질이나 해대는 야당의 이적 행위에 가까운 억지 주장을 응원하려는 거냐? 엉?" "그쪽으로 아예 줄을 서든가 커밍아웃하길. 『한겨레』의 운명줄이 점점 죄어오는구만. 이런 기자들이 글을 쓰니 『한겨레』의 목숨이 경각에……."

불행 중 다행히도 이런 이성적인 댓글도 있었다. "나는 현 정권을 지지했고 잘되기를 바라는 사람이지만 문재인 대통령의 야당 패싱 정도가 정말 심한 것 같습니다. 아예 야당의 청문회 참여 행위 자체를 인정치 않는 오만함이 느껴집니다. 있는 것 없는 것 무조건 들추고 사사건건 반대한 행태로 인해 이런 결과를 자초한 야당의 잘못도 있지만 아무리 그렇다 해도 이건 아니지 싶습니다. 심하네요."

문재인 정권이 새로운 경지를 개척해 보여준 정치적 부족주의는 자신들은 '선한 권력'이라는 착각에 기반해 있다. 그래서 개혁을 위해선 내로남불과 유체이탈은 불가피하며 때론 바람직하다고 믿는다. 여기에 이런 집단 정서를 뒷받침하는 열성 지지자들의 강철 같은 신념과 행동이 도사리고 있다. 이들이 진보임을 자처한다면, 그건 '부족의, 부족에 의한, 부족을 위한 진보'라고 할 수 있겠지만, 엄밀히 말해 그건 진보가 아니다. '밥그릇 공동체'에 가까운 '가짜 진보'다. 부족주의는 부족의 이익을 도모하는 이익 투쟁을 내포하고 있기 때문이다.

부족주의는 이젠 문재인 정권의 대표적인 특징처럼 되어버린 내로남불과 동전의 양면 관계다. 부족의 명운을 건 부족 전쟁에서 역지사지易地思之는 고려의 대상이 전혀 아니다. 오직 승리만이 선이요 정의다. 그렇게 살겠다는 걸 말릴 수는 없는 노릇이지만, 문제는 그런 부족주의에 자꾸 진보와 개혁이라는 포장을 씌우는 데에 있다. "부족주의가 뭐가 문제야?"라고 반론을 펴면 논쟁이 가능하겠지만, "우리를 비판하는 건 반진보, 반개혁 작태"라고 우기면 두 손 들 수밖에 없다. 그래, 내가 졌다. 나를 때려라.

부족주의엔
역지사지가
없다

"우리나라 정치는 시아파와 수니파의 대결 같다. 옆에서 보기에는 다 같은 이슬람이고 그게 그건데, 자신들은 엄청나게 다른 것이라고 주장한다."

검사 김웅이 『검사내전』이란 책에서 한 말이다. 김웅은 지금은 국민의힘 의원이기에 이 말의 설득력은 반 토막이 나고 말았다. 반대편 말은 무조건 반대로 해석하거나 아예 듣지 않으려고 하는 게 오늘날의 풍토가 되어버렸기 때문이다. 그럼에도 이 책은 문재인 정권이 검찰 개혁(또는 다른 정치적 목적)을 위해 시도한 '검찰의 악마화'가 전체 검사들의 실상과는 다른 면도 많다는 걸 잘 보여준다는 점에서 다시 읽어볼 만한 가치가 있다.

물론 민주당과 국민의힘의 차이는 시아파와 수니파의 차이 이상이지만, 나는 김웅의 메시지를 '부족주의의 노예가 된 한국 정치'를 고발하는 걸로 읽었다. 여전히 부족주의 개념이 낯선 분은 일단 '부족'을 '패거리'로 이해해도 무방하겠다. 한국의 정당들은 공적 집단을 표방하지만, 실은 사적 집단에 가깝다는 뜻이다. 미국 생물학자 에드워드 윌슨의 말마따나 "우리 인간은 수십만 년의 세월 동안 친족과 친구의 작은 원 속에서 단기적이고 구체적인 이익에만 집중한 사람들이 더 오래 살아남고 더 성공적으로 자식을 번식시켰기 때문"에, 바짝 정신을 차리지 않으면 무의식적으로 부족주의에 휩쓸릴 가능성이 높다.

나는 부족주의가 문재인 정권의 전반적인 행태를 이해할 수 있는 주요 키워드라고 생각한다. 원시시대의 부족 감정으로 21세기 시대의 정치와 국정 운영을 해보겠다니, 그게 과연 성공할 수 있는 일인지 모르겠다. 문재인 정권이 목숨을 걸다시피 한 검찰 개혁만 해도 그렇다. 검찰 개혁을 뜨겁게 지지하는 보통 사람들이 가장 혐오하는 게 바로 검찰의 부족주의가 아니었던가? 검찰 내부의 비리는 부족주의로 덮어버리고, 일부 검사들이 검찰 안팎에 각자 자기 나름의 부족을 만들어 그 부족의 이익을 도모하는 짓을 해왔던 게 보통 사람들이 가장 실감했던 검찰 개혁 당위성의 주요 근거가 아니었던가? 그런데 검찰의 그런 부족주의 못지않은 부족주의에 찌든 사람들이 검찰을 향해 그런 부족주의를 깨야 한다고 호통을 친다면, 이거야말로 내로남불의 극치가 아니고 무엇이겠는가?

더욱 맹랑한 건 이런 사례가 무수히 많다는 사실이다. 문재인 정권 사람들은 예전에 했던 말과는 정반대의 언행을 하는 걸 밥 먹듯이 해댄다. 예컨대, 자신들이 야당일 땐 공익 제보를 극찬해놓고선 집권 후엔 공익 제보자를 탄압하는 데에 아무런 거리낌이 없다.

모든 기준은 오직 자기 부족의 이해관계다. 자기 부족에 유리하면 극찬, 불리하면 탄압하는 공식의 실천을 일사불란하게 해낸다. 보고 배운 게 그것뿐인지 열성 지지자들도 하는 행태가 똑같다. 이들이 박원순 사건의 피해자에 대해 벌인 2차 가해는 잔인한 수준이었다. 피해자는 입장문을 통해 "신상털이와 마녀사냥은 날마다 심해졌다"며 "주어진 자리에서 최선을 다해 살아보려던 제가 왜 이렇게 숨어서 숨죽이고 살아야 하는지 잘 모르겠다"고 했다. 피해자 어머니는 "우리 딸 앞에서 지난 6개월간 숨도 제대로 못 쉬었습니다. 가슴이 답답하고 터져버릴 것 같아 대성통곡이라도 하고 싶지만, 나는 우리 딸 앞에서 절대로 내색하지 못했습니다. 내가 힘들다고 하면 같이 죽자고 하기 때문입니다"라고 했다.

그러나 일부 문빠들은 그런 호소에도 아랑곳하지 않았다. 침팬지 전문가 제인 구달의 말이 맞는 것 같다. 침팬지 무리가 다른 무리를 공격할 때는 영토를 침범당하거나 위협을 당해서가 아니라 그 무리가 약하기 때문이라는 이야기인데, 이걸 비열하다고 해야 할지 본성에 충실하다고 해야 할지 난감하다.

이런 문빠들을 독려하겠다는 뜻이었는지는 몰라도 여당은 한동안 피해자에 대한 직접 가해에 뛰어들었고, 그간 내내 페미니즘을 팔던 문재인은 고구마 같은 침묵으로 간접 가해자가 되고 말았다. 이를 무슨 신호로 여긴 건지는 몰라도 어느 진보 시민단체는 "고故 박원순 전 서울시장을 고소한 피해자를 무고 및 미필적 고의에 의한 살인죄로 고발하겠다"고 주장하기까지 했다. 이걸 보도한 기사에 달린 댓글 하나는 이들을 향해 이런 질문을 던졌다. "마누라나 여동생, 딸이 그런 성추행을 당했다면 성추행범을 그대로 둘 자들인가?"

정치적 부족주의는 역지사지 능력을 죽여버리기에 그런 질문을 던져도 아무 소용이 없다. 오직 지금 이 순간, 자신의 정치적 부족에 유리한지 불리한지만을 따져서 사납게 반응할 뿐이다. "그 사람의 입장에 서보기 전에는 그를 비판하지 마라"는 서양 속담이 있다지만, 부족주의에서 이런 속담의 정신을 실천하는 건 배신행위다. 무조건 상대를 죽여야 내가 산다고 믿기 때문이다. 이들에게 나름의 문명화된 이론이 있다면, 그건 바로 자신들은 선이요 정의이기 때문에 무슨 짓을 해도 괜찮다는 집단적 자기기만이다. 독일 철학자 프리드리히 빌헬름 니체는 "광기란 개인에게는 예외가 되지만 집단에는 규칙이 될 수 있다"고 했는데, 이 말을 믿어야 할까?

부족주의라고 했지만, 사실 진짜 부족주의도 아니다. 이익공동체 성격이 두드러져 상황이 바뀌면 분열과 배신이 대규모로 일어날 그런 기회주의적 부족주의다. 지금 이 순간의 이익을 도모하기 위한 일시적 부족주의다. 역설적이지만 오히려 이게 희망이기도 하다. '부족국가 대한민국'이 영원하지는 않으리라는 희망으로 살아가야지 어쩌겠는가?

변창흠의
부족주의

2016년 5월 28일 서울 지하철 2호선 구의역 내선 순환 승강장에서 스크린도어를 혼자 수리하던 외주업체 직원(간접고용 비정규직)인 김 군이 출발하던 전동열차에 치어 사망했다. 이 청년의 유품이 되어버린 먹지 못한 가방 속 컵라면과 스크린도어 수리 작업은 2인 1조로 진행해야 한다는 안전 수칙이 지켜지지 않았던 열악한 작업 환경은 많은 사람을 슬프게 한 동시에 분노하게 만들었다. 비정규직 수리 노동자의 월급은 144만 원인 반면 상대적으로 손쉬운 일만 맡는 서울메트로 정규직은 400만 원 안팎의 고임금을 받는다는 사실이 알려지면서, 이른바 '1등 국민, 2등 국민'론이 나오기도 했다.

이 사고와 관련, 2020년 12월 국토교통부 장관 후보자 변창흠의 '망언 파동'이 있었다. 변창흠이 2016년 서울주택도시공사 사장 시절 "업체 직원이 실수로 죽은 것"이라며 "사실 아무것도 아닌데 걔(김 군)만 조금만 신경 썼었으면 아무 일도 없는 것처럼 될 수 있었는데 이만큼 된 것"이라고 말한 사실이 알려져 논란이 되었던 사건이다. 그는 "정말 아무것도 아닌 일 때문에 사람이 죽은 것이고, 이게 시정 전체를 흔들었다"고도 했다. 장관이 되어 열심히 일하고 있는 분의 지나간 이야기를 다시 들추어내는 게 미안하지만, 그럴 만한 사회적 가치가 있음을 이해해주시기 바란다.

당시 언론의 비판이 빗발쳤음은 두말할 나위가 없다. 『경향신문』은 "청년 노동자와 인간 생명에 대한 최소한의 존중과 공감을 찾기 힘든 언행"이라고 했고, 『한국일보』는 "과거 세월호 참사를 교통사고에 비교하던 일부 인사들의 막말과 다를 바 없다"고 했다. 『중앙일보』는 "언급하기도 민망할 만큼 최소한의 인간적 예의도 갖추지 못한 행태"라고 했고, 『조선일보』는 "장관으로서의 자질과 능력을 떠나 인성 자체를 의심케 한다"고 했다.

변창흠은 "건설과 국토 관련 일만 하다 보니 교통을 잘 몰랐다"고 해명했지만, 이걸 해명이라고 볼 수는 없는 것이었다. 나는 당시 문제의 발언을 접하는 순간 다른 사람들보다 더 놀랐다. 그간 내가 글을 통해 만나온 변창흠은 부동산 문제에 관한 한 진보적 지식인이었기 때문이다. 예컨대, 그는 오래전부터 부동산 시세 차익을 사회적으로 환수해야 한다고 주장해왔는데, 이런 생각이 진보가 아니라면 무엇이 진보이겠는가? 한 사람이 부동산 문제엔 진보, 노동 문제엔 보수, 아니 극우가 되는 게 가능한 일인가? 이 수수께끼를 풀기 위해 관련 기사들을 열심히 찾아 읽었는데, 그 과정에서 의문이 조금씩 풀리기 시작했다.

언론은 교수 출신인 변창흠을 전형적인 폴리페서라며 부정적인 어조로 보도했지만, 폴리페서에 대한 논란은 미루어두고 그의 주요 행적만 좀 살펴보기로 하자. 그는 2006년 서울시장 선거 때 당시 여당이던 열린우리당 강금실 후보 지지 선언을 했으며, 2011년 박원순 서울시장 선거 때는 '정책 자문단' 소속으로 선거 캠프에 참여했고, 박원순 당선 이후에는 서울시의 도시·주택 정책에 깊이 관여했다. 박원순 서울시장 2기 때인 2014년부터 3년 동안 서울주택도시공사 사장을 지냈다.

변창흠은 2012년 대선 때 문재인 후보 지지 선언에 참여했으며, 2017년 문재인 대통령 당선 이후에는 대통령 직속 지역발전위원회 등에 참여했고, 잠시 대학으로 돌아왔던 2018년에는 세종대학교에서 공공정책대학원장, 정책과학대학원장, 행정대학원장, 언론홍보대학원장, 도시부동산대학원장 등 5개 대학원장을 겸직했다. 그는 과거 대선 캠프 참여 등을 이유로 '낙하산, 코드 인사' 논란이 제기된 가운데 2019년 4월부터 한국토지주택공사 사장으로 활동하면서 2020년 8월 국회 국토교통위원회에 출석해 "최근 세 정부(이명박·박근혜·문재인) 주택 정책의 순위를 매기면 문재인 정부가 제일 낫다"고 주장했다.

이런 일련의 행적은 무엇을 말하는가? 앞서 말씀드린 수수 께끼에 대해 내가 찾은 답은 정치적 부족주의였다. 그가 교수였 고 계속 교수직에 머무를 생각이었다면, 그는 서울 구의역 스크 린도어 사고에 대해 결코 그렇게 말하지 않았을 것이다. 서울시 는 부족 집단이 아니건만, 그는 많은 정치인이 그렇듯 공적 사건 마저 자신의 정치적 부족에 대한 유불리를 따져서 판단하는 부 족주의의 전사가 되어 있었다는 게 내가 내린 결론이다. 정치적 부족주의, 무섭지 않은가? 자신의 평소 이념과 소신이라면 절대 하지 않았을 것이고 할 수도 없는 말을 자신이 소속된 정치적 부 족의 이익을 위해선 얼마든지 할 수 있다는 게 두렵지 않은가?

부족주의는 습관이나 체질로 굳어지는가? 3월 2일 한국토지 주택공사LH 직원들의 신도시 땅 투기 의혹 사건이 터지면서 변 창흠의 부족주의는 또 다른 논란을 불러일으켰다. 국민적 분노 가 하늘을 찌르는 상황에서 그는 "LH 직원들은 신도시 개발이 안 될 줄 알고 샀을 겁니다"라고 옹호성 발언을 함으로써 여당 에서도 질책을 받았다. 그의 LH 사장 시절 직원들의 비위가 급 증했음에도 솜방망이 처벌을 했다는 게 알려지면서 왜 교수 출 신이 비리에 그렇게 너그러운가 하는 의문을 불러일으켰다.

교수 출신 고위 공직자가 지속적으로 지식인처럼 행세할 수 는 없는 일이다. 어느 정도 이상론을 접고 현실과의 타협이 필요 하다. 예컨대, 세계적인 종속이론가 페르난두 엔히크 카르도주가 1994년 브라질 대선에 출마하면서 보수 정당과의 연합을 발표할 때 "과거에 내가 쓴 글은 모두 잊어달라"고 주문한 것도 그런 관점에서 이해할 수 있겠다. 그러나 사실 왜곡이나 거짓을 포함한 부족주의는 전혀 다른 문제다. 지금 한국 사회에 절실히 필요한 건 개인적 탐욕의 도구로 전락한 부족주의와의 투쟁이 아닐까?

밥그릇을
나누어 먹지 않는
통합은 불가능하다

"분열의 시대다. 선동가가 득세한다. 정치도 분노와 증오를 먹고
산다. 통합은 인기가 없다. 슬프지만 현실이다." 2021년 2월 11일
『한겨레』선임기자 성한용이 칼럼을 끝맺으면서 한 말이다. 옳
은 말씀이다. 통합은 인기가 없을뿐더러 원칙적으로 반대하는
목소리도 있다. 늘 국민 통합을 외치는 목소리는 높지만, 갈등
의 필연성과 다원주의라는 민주주의의 기본 원리를 들어 그런
외침을 마땅치 않게 보는 사람들도 있다는 것이다. 박정희가 독
재를 '한국적 민주주의'로 포장하는 몹쓸 짓을 저지르는 바람에
한국적 특수성을 경멸하면서 서구적 보편주의에 경도된 사람이
많아진 것은 이해할 수 있는 일이지만, 통합을 민주주의에 반하
는 것으로 볼 필요는 없을 것 같다.

　사실 문제는 통합 그 자체라기보다는 통합의 내용과 방식이
다. 그간 통합은 주로 기만적인 정치적 선전 구호로 동원되는 개

념에 불과했다. 2012년 대선에서 '100퍼센트 대한민국'이니 '국민 대통합'이니 하는 아름다운 말을 외쳤던 후보가 대통령이 된 후에 어떤 일을 했던지를 상기해보라. 2017년 대통령 취임사에서 '분열과 갈등의 정치'를 바꾸고 "저를 지지하지 않았던 국민 한 분 한 분도 저의 국민이고, 우리의 국민으로 섬기겠습니다"라고 했던 대통령이 이후 어떤 일을 했던지를 상기해보라.

하지만 언론과 유권자들도 나누어 져야 할 책임이 있다. 통합을 지도자나 정치인의 의지에만 맡긴 채 통합의 구체적 내용과 방법을 따져묻지 않은 책임이다. 문제의 핵심은 승자 독식주의에 있다. 승자가 모든 걸 독식하는 체제에선 통합이 원초적으로 불가능하다. 패배하면 모든 걸 잃는 상황에선 수단과 방법의 정당성을 살펴보거나 나라와 국민을 생각할 겨를이 없다. 목숨 걸고 죽을 때까지 싸워야만 한다.

어떤 이들은 미국의 승자 독식주의가 더 심하다며, 우리의 승자 독식주의를 과장하지 말자는 주장을 편다. 동의하기 어렵다. 미국은 연방 국가다. 아니 그걸 따질 필요도 없이, 우리에겐 권력의 위세에 '스스로 알아서 기는' 독특한 쏠림 문화가 있다는 걸 지적하는 것으로 족할 것 같다. 스스로 알아서 기는 데엔 그만한 합리적 이유가 있다. 권력의 부당한 행사에 저항하면 권력의 잔인한 보복이 이루어진다. 언론은 이런 보복에 별 관심이 없다. 나중에 모든 실상이 밝혀진 후에도 저항을 택한 '의인'들에 대해선 그 어떤 보상도 없다. 이는 법과 제도의 문제이기도 하지만, 각자도생하기에 바쁜 한국 사회의 독특한 습속의 문제다.

그런 습속엔 부족주의적 '조폭 의리'도 포함되어 있다. 윗사람이 무슨 짓을 하건 아랫사람은 윗사람의 명령에 무조건 복종해야 한다고 믿는다. 생각하는 게 크게 달라 복종하지 않고 이탈하면 '배신자'라고 낙인을 찍는다. 설사 못된 윗사람이야 그렇게 생각한다 하더라도, 언론은 왜 그런 엉터리 주장의 확성기 노릇을 하면서 그 사람을 배신자로 몰아가는 공범이 되는가? 언론이나 많은 국민도 그런 '조폭 의리'에 오염되어 있기 때문이다.

한국의 승자 독식주의는 그런 사회문화적인 이유들로 인해 증폭될 수밖에 없다. 그런 이유를 들어 기존 대통령제의 폐기를 주장하는 개헌파들도 있지만, 꼭 개헌이 아니더라도 할 수 있는 일은 많다. 대통령에서부터 각급 지방자치단체장에 이르기까지 행정 권력이 침범할 수 없는 중립 영역을 법으로 제도화해 넓혀 나가면 된다. 이걸 공약으로 내걸게 만들어야 한다. 즉, 집권 후 논공행상의 전리품으로 간주되어온 인사권의 상당 부분을 중립적인 시민사회에 넘김으로써 승자 독식 전쟁의 수단이 된 정치와 선거의 공공성을 다소나마 회복해보자는 것이다. 시위마저 조작하기 위해 특정 관변단체에 돈을 집중적으로 몰아주는 일이 상식으로 통용되는 한 그 어떤 명분을 내걸 건 정치와 선거는 '밥그릇 쟁취'를 위한 사생결단의 전쟁이 될 수밖에 없다.

그러나 그 어떤 정치 세력도 그렇게 하지 않으려고 한다. 반대편 정치 세력이 집권했던 기간에 쌓인 문제들을 청산해야 한다는 이유 때문이다. 아무리 좋은 뜻일망정, 그로 인해 승자 독식은 강화되고, 반대편은 이를 갈면서 정치를 '밥그릇 수복'과 재청산의 기회를 얻는 투쟁으로 환원시킨다. '밥그릇'은 먹고사는 문제다. 그 어떤 명분을 내걸 건 모든 정치투쟁의 심연에 자리 잡은 근본 동기다. 그걸 중요하게 여겨야 공공적이고 생산적인 갈등을 전제로 한 통합의 길도 열린다. 나누어 먹지 않는 통합은 불가능하다.

　정치는 전부는 아닐망정 상당 부분 밥그릇 싸움이다. 편을 갈라 밥그릇 싸움을 하는데, 밥그릇 때문에 싸운다고 할 수는 없는 일 아닌가? 그래서 반대편을 증오할 만한 그럴듯한 이유와 명분을 만들어 싸우는 것이다. 밥그릇 싸움이라고 하면 천박한 표현으로 생각하는 경향이 있는데, 그건 큰 오해다. 위선이요 기만이다. 진실을 보자.

　정권을 잡으면 억대 연봉에 기사 달린 승용차가 주어지는 일자리 수백 개를 논공행상의 전리품으로 활용할 수 있다. 공공기관·정부 산하 기관 임원이 바로 그런 자리의 주요 텃밭이다. 정권 출범 2개월 만인 2017년 7월 민주당은 부국장급 이상 당직자들에게 "공공기관이나 정부 산하기관으로 갈 의향이 있는 분은 내일 낮 12시까지 회신 바랍니다"는 내용의 문자 메시지를 보냈다. 또한 민주당은 2020년 총선에서 비례대표 후순위로 밀려 국회 입성에 실패한 일부 인사들에게도 같은 내용의 조사를 하면서 3지망까지 적어 내라고 했다고 하니, 그 지극한 밥그릇 배려에 감동하지 않을 도리가 없다.

국민의힘이 2020년 공공기관·정부 산하 기관의 전체 임원 2,727명을 전수 조사한 결과 문재인 정권의 캠코더 인사로 의심되는 사례가 17.1퍼센트(466명)로 나타났다. 이는 좀더 검증을 해보아야겠지만, 전국적으로 따지면 수천 개의 고급 일자리가 전리품으로 활용될 수 있으며, 이게 바로 선거의 마력이라는 건 상식 아닌가?

그 마력을 구체화하는 과정에서 자주 범죄행위가 저질러지기도 한다. 이명박근혜 정권에 이어 문재인 정권에서도 터진 '블랙리스트 사건'이 그걸 잘 말해준다. 특히 환경부 직원들이 청와대 추천 인사에게 공공기관의 내부 업무 보고 자료를 보내주었고 환경부 인사팀 직원들은 자기소개서와 직무수행계획서를 대신 써주기도 했다는 데에 이르러선 두 손 들지 않을 수 없다. 재판부는 "공정한 심사를 기대했던 지원자 130여 명에게 허탈감을 안겨줬다며 비난 가능성이 매우 큰 범행"이라고 했는데, 이 정도론 약하다. 청와대가 '밥그릇 범죄 소굴' 역할을 했다는 게 아닌가?

주변의 따가운 시선을 무릅쓰고 정치에 뛰어드는 이유도 상당 부분 이런 '밥그릇 전쟁'과 관련이 있다는 건 두말할 나위가 없다. 그런 전리품을 바라는 고위 공직 후보들은 자신의 영향권 하에 수백에서 수천 명에 이르는 확실한 지지자를 거느리고 있다. 이런 유권자들의 총합을 내면 수백만 명에 이를지도 모른다.

어디 그뿐인가? 여권의 자치단체장들은 자신의 선거 캠프 출신 인사들에게 일자리를 제공한다. 야권의 자치단체장들은 검찰과 경찰의 눈이 무서워 자제하는 편이지만, 여권의 자치단체장들은 비교적 겁이 없다. 그래서 수십 명대에서 100명대에 이르는 대규모 부정 채용을 저질렀다는 의혹을 받는 이들도 있다. 아무리 여권이라 하더라도 부정 채용 때문에 탈락한 이가 많은데 이들이 가만있겠는가? 이들의 고발로 이루어진 수사가 제대로 될지는 의문이지만, 이런 부정 채용자들, 부정 채용에 기대를 거는 사람들, 이들의 가족과 친지를 합하면, 선거는 '밥그릇 싸움 축제'일 뿐이라는 주장에 이의를 제기하기가 어려워진다. 이처럼 확실한 이해관계를 갖고 있는 사람들은 '콘크리트 지지층' 중에서도 '고강도 콘크리트 지지'를 한다. 권력이 무슨 짓을 저질러도 지지를 철회하지 않는다.

이런 메커니즘을 처음부터 인정하고 들어가면서 주요 사회적 의제로 삼아야 권력자와 고위 공직자들이 국민 세금 무서운 줄 알고, 위선·독선·오만을 저지르지 않고, 반대편에 대한 과장된 비난과 증오를 줄일 수 있고, 정치 언어의 위선적 거품을 걷

어넘으로써 실사구시實事求是 정치를 하는 데 큰 도움이 된다. 그러니 우리 모두 밥그릇을 존중하자. 그럴 때에 비로소 '블랙리스트 사건'과 같은 범죄도 사라진다. 아니면 정권 바뀌면 모든 고위 공직자들이 사표를 내게끔 아예 법을 바꾸든가 해야지 언제까지 이런 추잡한 블랙리스트 사냥을 해야 한단 말인가?

잘못을
인정하지
않는 것이
잘못이다

·

제4장

"
우리는 '타인은 단순하게 나쁜 사람이고,
나는 복잡하게 좋은 사람'이라고 믿는다.
"
● 신형철(문학평론가)

윤석열이 '악마'이길 비는 사람들

우리 국민은 지난 1년 넘게 검찰 개혁을 둘러싼 치열한 싸움을 관전해왔다. '추미애 대 윤석열' 또는 '문재인 대 윤석열'의 구도로 전개되어온 이 싸움은 지난 3월 4일 윤석열이 결국 검찰총장직에서 사퇴함으로써 일단락되었지만, 진짜 싸움은 이제부터라고 보는 사람이 많다.

그간 이 싸움을 심각하게 지켜본 분들께는 죄송하지만, 나는 한 편의 코미디를 보는 줄 알았다. 블랙 코미디다. 어떤 일에 몰입하다 보면 큰 그림을 놓치는 경우가 있다. 이른바 '낯설게 보기'나 '거리두기'를 통해 이 싸움의 큰 줄거리를 복기해보면 세상에 이런 블랙 코미디가 없다는 게 내 생각이다. 혹 불쾌하시더라도 내가 그렇게 생각하는 이유를 들어봐주시기 바란다. 어느쪽을 지지하건, 이 싸움의 본질에 대한 오해를 해소함으로써 국민적 화합에 조금이나마 도움이 될 수 있는 이야기이니 말이다.

이미 이전 책들에서 밝혔지만, 나는 조국에 대해 "너무 안됐다"고 생각하는 사람이다. 그가 내로남불 발언을 너무 많이 하는 것에 대해선 "왜 저럴까"라며 신기해하면서 비판적 생각을 갖고 있긴 하지만, 이른바 '조국 사태'와 관련해선 그를 직접 비판한 적도 없고 비판할 생각도 없다. 내가 이 사태를 보는 시각은 기본적으로 양극단 사이의 어느 중간 지점에 있지, '10대 0'이나 '0대 10'이라는 식으로 어느 한쪽이 무조건 옳다고 생각하진 않는다. 그래서 나는 담담하게 거리두기를 한 채로 그 싸움을 지켜봐왔는데, 내가 가장 놀란 건 문재인 정권 사람들과 문빠의 윤석열에 대한 적대와 증오의 살벌함이었다.

나는 나에 대한 악플도 공부를 한다는 자세로 담담하게 감상하는 편인데, 가장 격렬한 적대와 증오가 드러난 건 늘 윤석열 관련 글들이었다. 어떤 네티즌은 자신의 동지인 문빠의 허술한 논리 구조까지 비판하면서 자신은 그런 문빠를 초월한 이성과 논리의 대변인이나 되는 것처럼 굴더니, 윤석열을 내내 '망나니'라고 부르면서 흥분해대는 게 아닌가? 너무도 어이없어 웃고 말았지만, 자신의 이름을 내건 문재인 정권 사람들도 별로 다를 게 없었다.

"한 줌도 안 되는 부패한 무리의 더러운 공작", "일부 똘마니들을 규합해 장관을 성토", "조폭 검사들의 쿠데타", "공수처 수사 대상 1호", "마치 악마에게 영혼을 판 파우스트처럼", "'윤서

방파'의 몰락은 시간문제", "동네 양아치들 상대하며 배웠는지 '낯짝'이 철판", "윤석열은 대역죄인, 하룻강아지 범 무서운 줄 몰라", "그게 깡패지 검사냐" 등.

이 화려한 막말들은 윤석열을 겨냥한 여권 의원들의 말씀이다. 문빠들이 토해낸 댓글들엔 차마 이 지면에 소개할 수 없을 정도로 극렬한 욕설이 많았다. 이 정도면 '윤석열 악마화'라고 해도 과언이 아닐 게다. 이게 얼마나 웃기는 일이었는지를 이해하기 위해 잠시 시간여행을 떠나보자.

문재인이 윤석열에게 검찰총장 임명장을 주면서 "권력의 눈치를 보지 말고 살아 있는 권력에 엄정한 법 집행"을 당부한 건 2019년 7월 25일이었다. 민주당은 윤석열 인사 청문회 당시 "검찰을 이끌 적임자", "권력 눈치를 보지 않는 검사"라고 칭찬을 아끼지 않았다. 변곡점은 법무부 장관 후보자 조국에 대한 인사 청문회를 앞두고 조국에 대한 검찰의 압수수색이 전격 이루어진 8월 27일 오후였다. 문재인 정권 사람들은 이를 '검찰 쿠데타'로 규정했고, 그 이후 벌어진 일은 우리 모두 잘 알고 있다.

쿠데타는 정권을 잡기 위해 하는 일인데, '검찰 쿠데타'는 무엇을 노린 걸까? 검찰 개혁에 저항하기 위해서였나? 그렇다면 문재인 정권은 '인사 실패' 아니 '인사 참사'를 저질렀다는 걸 실토한 게 아닌가? 혹 윤석열에게 엉뚱한 기대를 했던 건 아닐까? 윤석열 임명 당시 문재인 정권 지지자들이 "개자당(현재 국민의힘) 너네들, 다 죽었다"고 환호했던 걸 상기해보시라. 과장되고 그릇된 환호일망정 그게 문재인 정권의 진심이 아니었는가?

문재인 정권은 처음에 윤석열에게 따라붙었던 '칼잡이'라는 별명을 반겼을 게다. 오로지 '앞으로 진격'밖에 모르는 칼잡이라니, 어찌 반기지 않을 수 있었겠는가? 당시 포스텍 교수 송호근이 「최종 병기, 그가 왔다」(『중앙일보』, 2019년 6월 24일)는 칼럼에서 지적했듯이, 윤석열은 "국정 농단, 사법 농단 잔재 세력의 완전 소탕"을 해낼 수 있는 "적폐 청산의 최종 병기"로 선택된 게 아니었느냐는 말이다. 그러나 문재인 정권은 하나는 알고 둘은 몰랐다.

1여 년 전인 2020년 2월 24일 『한국일보』 기획취재부장 강철원이 「윤석열 스타일은 바뀌지 않는다」는 인상적인 칼럼을 썼다. 검찰 안팎에 널리 알려진 '윤석열 스타일'은 "그럴듯한 대의명분을 설정한 뒤 결론을 정해놓고 수사한다", "원하는 결과가 나올 때까지 무지막지하게 수사한다", "목표에만 집착해 절차를 무시하고 인권을 등한시한다", "수사의 고수들이 깨닫는 절제의 미덕을 찾아볼 수 없다" 등이었다고 한다.

세평이라는 게 누구한테 묻느냐에 따라 크게 달라지기 때문에 위험할 수 있다. 그대로 다 믿을 건 아니다. 이런 세평에 대해 윤석열이 억울하다며 이의를 제기할 수 있겠지만, 내가 여기서 말하고자 하는 건 문재인 정권도 그런 세평을 알고 있었을 것이라는 점이다. 강철원이 칼럼을 통해 하고자 한 말도 이런 것이다.

"윤석열 스타일은 바뀌지 않았다. 그는 청와대와 민주당을 속이지도 않았다. 조국과 유재수를 수사하고 울산시장 선거 개입 사건을 들춰낸 건 자기 스타일대로 간 것이다. 스타일을 지적하지 않고 사람을 믿은 정권이 순진했을 뿐이다."

순진했다기보다는 오히려 불순했다고 보는 게 더 옳을 것 같다. 문재인 정권은 그런 스타일이 적폐 청산엔 더 도움이 된다고 생각했을 거라는 점에서 말이다. 제 꾀에 제가 넘어간 셈이다. 불순함을 그 정도에서 끝내고, 합리적인 출구 전략을 찾았더라면 좋았을 텐데 문재인 정권은 그렇게 하지 않았다. 검찰의 칼끝이 '구적폐'뿐만 아니라 문재인 정권의 '신적폐'를 향하자 이성을 잃은 건지도 모르겠다. 그래서 '윤석열 악마화'라는 더욱 불순한 전략을 택하고 말았다. 어느 여당 의원이 "대통령을 지키는 게 민주주의를 지키는 것"이라는 해괴한 주장까지 한 것도 그런 맥락에서 이해할 수 있겠다.

문재인 정권 사람들이 윤석열에 대한 배신감과 더불어 자신들의 어리석음에 대한 분노가 치밀어 올랐으리라는 건 쉽게 짐작할 수 있다. 감히 인사권자인 문재인의 어리석음을 탓할 순 없으니, 자신들이 바보가 아니라는 걸 입증하기 위해선 '희대의 악마'라는 프레임이 필요했을 게다. '희대의 악마'는 그 누구도 예상할 수 없는 불가항력이라는 걸 강조할 수 있는 좋은 카드이니 말이다.

그들의 소원대로 차라리 윤석열이 악마라면 모든 게 해결되겠지만, 윤석열에게 아무리 많은 문제가 있어도 그는 결코 악마가 아님을 어이하랴. 그들의 윤석열에 대한 적대와 증오는 그가 제발 악마이기를 비는 기도, 아니 기우제처럼 여겨졌다. 나는 이들의 행태가 이념이나 정치적 성향, 당파성의 문제가 아니라 성격과 품성의 문제가 아닌가 하는 생각이 들었다. 물론 사적인 인간관계도 적잖이 작용한 이들도 있으리라.

특히 극소수나마 법학전문대학원(로스쿨) 교수들까지 나서서 거칠고 살벌한 언어를 구사하는 것엔 두려운 생각마저 들었다. 법적 갈등이 벌어지면 보통 사람들은 상식적으로 판단한다. 대부분은 문제가 없지만 어떤 경우엔 상식으로 풀 수 없는 문제들이 나타나기도 한다. 그럴 때 필요한 게 로스쿨 교수들의 전문적 지식과 설명이 아닐까? 보통 사람들이 흥분하더라도 차분하게 법적 논리를 설명해주어야 하는 게 아닌가?

나의 그런 소박한 기대를 저버린 로스쿨 교수가 몇 분 있었는데, 특히 고려대학교 로스쿨 교수 김기창의 활약이 돋보였다. 조국의 서울대학교 법대 1년 선배로 2017년 대선 당시 문재인 대통령 지지 선언을 했던 그는 2019년 9월 16일 자신의 페이스북과 라디오 인터뷰 등에서 "정경심 교수의 PC 하드디스크 교체 논란은 '증거인멸'이 아닌 '자기방어'로 봐야 한다"는 주장을 폈다. "증거인멸이 아니라 증거를 지키기 위한 것"이라는 유시민의 '명언'이 나온 건 9월 24일이었는데, 이보다 8일 전 권위 있는 로스쿨 교수가 그런 말씀을 하신 것이다. 오죽하면 같은 대학 경영대 교수 이한상이 페이스북에 "상식과 정의는 달나라로 갔다"고 공개 비판했겠는가?

김기창은 10월 2일엔 "윤석열, 한동훈, 고형곤……당신들은 비겁하고 비굴하기 짝이 없는 깡패들에 불과하다"며 "당신들의 저열한 조작 수법은 이미 백일하에 드러나고 있다. 조만간 그 책임을 지게 될 것"이라고 했다. 그는 "저는 아무 진영에도 속해 있지 않다"며 "조 장관이 아닌 누구의 가족이라도 이런 식으로까지 패륜적으로 국가권력에 의해 린치당하는 광경을 그냥 두고 볼 수는 없다"고 했다. 나름 정의로운 분노의 표출이었겠지만, 아무 진영에도 속해 있지 않다는 그가 검찰의 박근혜 국정농단 수사 과정에서 자살자가 4명이나 나온 것에 대해선 어떻게 생각하는지 궁금하다.

2020년 1월 14일 법무연수원 교수 김웅이 검찰 내부망인 '이프로스'에 수사권 조정 법안 통과 과정을 가리켜 "저는 이 거대한 사기극에 항의하기 위해 사직한다"는 글을 올리자, 김기창의 분노는 하늘을 찌를 기세였다. 그는 "본인께서 검사직에 있는 동안 윤석열과 동료 검사들이 4개월 넘게 저지르고 있는 '망나니짓'에 대해서는 입도 뻥긋 못한 XX가 씨XX 소리는 아니지"

라고 욕설까지 내뱉었다. 꼭 이렇게까지 흥분했어야 하는 건가?

문재인이 대통령 취임사에서 '한 번도 경험하지 못한 나라'를 만들겠다고 했을 때, 지지자들은 이 말을 긍정적인 의미로 해석했을 게다. 어떤 화려한 그림을 그려보았는지는 모르겠지만, 왜 '한 번도 경험하지 못한 검찰총장'의 등장에 대해선 눈곱만큼의 상상력이나마 발휘해보지 않은 걸까? 즉, 윤석열이 '검찰 쿠데타'와 '패륜'을 획책한 악마가 아니라 사람에게 충성하지 않으면서 나름의 원칙에 충실한, 매우 독특한 기질과 성향을 가진 사람일 수 있다는 가능성은 왜 생각해보지 않았느냐는 것이다.

윤석열의 독특한 기질과 성향이 옳다거나 바람직하다는 이야기를 하는 게 아니다. 나는 민주당 의원 조응천이 애초에 지적했듯이, 그가 검찰총장에 적격이었느냐에 대해 회의적이다. 특수부의 고압적 수사 관행이나 체질도 개혁 대상이라고 보기 때문이다. 내가 문제 삼는 건 오히려 그걸 이용하려고 들었던 문재인 정권이 자업자득自業自得의 결과가 나타나자 일순간에 안면 몰수하고 자신들이 선과 정의의 사도인 양 구는 위선과 기만이다. 지금 나는 문재인 정권 사람들이 '악마' 이외의 가능성에 대한 생각을 원초적으로 차단하면서 적대와 증오만 드러낸 것에 오류는 없었겠느냐는 이야기를 하고 있는 것이다.

'윤석열 악마화' 또한 하나는 알고 둘은 모르는 단견이었다. 문재인 정권은 무리한 '윤석열 죽이기'의 과정에서 자신들의 민낯을 고스란히 드러내고 말았으니 말이다. 내로남불을 밥 먹듯이 저지르면서 위선과 기만으로 여겨질 수 있는 모습을 질리도록 보여주고 말았다. 다수 국민은 문재인 정권의 그런 치졸한 모습에 염증과 환멸을 느꼈던 게 아닐까?

문재인은 2021년 1월 신년 기자회견에서 "윤 총장은 문재인 정부의 검찰총장"이라며 "국민을 염려시키는 갈등은 다시는 없을 것으로 기대한다"고 했다. 청와대 민정수석에 최초의 검찰 출신이자 노무현 청와대에서 문재인과 같이 일했던 신현수를 임명한 건 그런 변화의 뜻으로 풀이되었다. 그러나 2월 7일 신임 법무부 장관 박범계의 고위급 검찰 인사는 '추미애 시즌 2'를 지속시켜 나가겠다는 의지가 충만함을 잘 보여주었다. 추미애와의 차이가 있다면, 뭔가 달라질 것처럼 바람을 잡는 '얄팍한 쇼맨십'이 곁들여진 정도에 불과했다. 그런 쇼맨십의 도구로 농락당할 바보가 어디에 있겠는가? 그래서 2월 중순에 터진 게 바로 '신현수 사표 사건'이다.

노무현 청와대에서 문재인과 함께 일했던 전 정무수석 유인태는 "문 대통령이 일을 처리하는 방식에 큰 문제가 있고, 이번에는 특히 큰 실수를 한 것으로 보인다"며 "1년 넘게 '추·윤 갈등'을 방치해놓고 뭔가 달라지겠다고 선언한 건데, 이럴 거면 뭐 하러 멀쩡한 신 수석을 임명했느냐. 결국 문 대통령에게 치명상이 될 가능성이 있다"고 했다. 어떤 상처를 입건 그건 문재인의 자업자득임은 두말할 나위가 없다.

6년여 전 박근혜 정권의 청와대 민정수석 김영한이 국회 운영위원회에 출석하라는 비서실장 김기춘의 지시를 거부하고 사표를 냈을 때 당시 새정치민주연합 의원이던 문재인은 이런 말씀을 하셨다. "지금 청와대에는 위아래도 없고, 공선사후公先私後의 기본 개념도 없다. 콩가루 집안이란 말이 있지만, 국가 운영의 심장부가 어떻게 이처럼 비극의 만화경萬華鏡일 수 있는가." 문재인의 청와대는 과연 '콩가루 집안'이나 '비극의 만화경'이라는 질타에서 자유로울 수 있을까?

이 사건은 법무부가 2월 22일 검찰 중간 간부급 인사에서 이른바 '핀셋 찍어내기'를 자제하고 문재인 정권의 실세들이 나서서 '신현수 설득' 총력전을 벌인 덕분에 일단락되었다가 여론이 잠잠해진 3월 4일 신현수의 사퇴로 마무리되었다. 아직 마무리되지 않은 건 사퇴한 윤석열의 정치 참여 여부다. 그가 대선 출마를 시도한다면, 우리는 문재인 정권이 연출하는 '윤석열 악마화 시즌 2'를 보게 될 것이다. 물론 나는 '윤석열 악마화 시즌 2'에도 결코 박수를 보낼 수 없다. 문재인 정권 사람들의 독선적인 선악 이분법 플레이와 후안무치한 내로남불이 지긋지긋하기 때문이다.

나는 윤석열의 대선 출마에 부정적인 입장이지만, 굳이 그런 글을 쓸 생각은 없다. 문재인 정권이 사실상 대선 출마하라고 그의 등을 떠밀었다고 보기 때문이다. 사람은 명예로 먹고사는 법인데 멀쩡한 사람을 그렇게 악마화했으니, 윤석열은 "나라가 이렇게 가선 큰일 난다"거나 "내가 아무리 부족해도 문재인보다 못할까"라는 생각을 해보지 않았을까? 성한용을 비롯한 『한겨레』 논객들은 "윤석열 총장, 정치하지 마시라"(2021년 3월 9일 칼럼)고 열변을 토하고 있지만, 문재인 정권이 윤석열의 등을 떠밀 때에 "문재인 대통령, 그러지 마시라"고 외쳤더라면 더욱 좋았을 게다.

성한용은 "'천하의 윤석열 검사'가 거악 척결이라는 풍운의 꿈을 안고 검사가 된 수많은 후배 검사들을 쪽 팔리게 해서야 되겠는가"라는 말로 칼럼을 끝맺었는데, 이 말은 하지 않는 게 훨씬 더 좋았을 것 같다. 그가 검사들의 '거악 척결이라는 풍운의 꿈'을 진정 믿는다면, 진작 문재인 정권의 '검찰 악마화'에 들고 일어섰어야 했다. 단지 윤석열을 때리기 위해 마음에도 없는 그런 말을 했다면 문재인 정권의 저급한 권모술수와 다를 게 무엇이 있겠는가?

'윤석열 악마화'와
'김명수 천사화'

"물먹고 변방에서 소일하던 윤 검사를 파격적으로 발탁한 분이 대통령이다. 윤 총장이 다른 사람에게는 몰라도 대통령께는 진심으로 감사해야 하고, 인간적인 도리도 다해야 한다."

민주당 의원 김병기의 말씀이다. 다른 민주당 의원들은 속만 끓이면서 윤석열에 대한 적대와 증오로 가득 찬 독설만 내뿜었을 뿐인데, 김병기가 그런 가식적인 명분을 내던지고 솔직하게 나선 게 인상적이다. 말이야 바른 말이지만, 같은 부족이라고 여겨 은혜를 베풀었는데 몹쓸 배신을 저지르다니, 그걸 어찌 용납할 수 있었겠는가?

그런데 우리는 여기서 윤석열처럼 파격적인 발탁 과정을 거쳤음에도 이후 행태는 대조적인, 아닌 반대편의 극단에 선 한 인물을 만나게 된다. 바로 대법원장 김명수다. 윤석열은 고검장을 건너뛰고 총장으로 직행한 첫 사례였던 반면 김명수는 1968년

조진만 대법원장 이후 50년 만에 나온 비非대법관 출신 대법원장이었다. 김명수는 전임자인 양승태보다 사법연수원 기수로 13기 후배로 춘천지방법원장에서 대법원장으로 수직 상승했던 바, 연배와 경력에서 그야말로 파격적인 임명이었다. 다시 말해 윤석열에게는 '적폐 청산'의 공로가 있었다면, 김명수에게는 진보 성향 판사 모임 우리법연구회 회장과 국제인권법연구회 초대 회장을 지낸 공로가 있었다.

파격 발탁은 상호 독립적이어야 할 관계마저 서열 체제로 만드는 걸까? 2018년 사법부 70주년 기념식 때 문재인이 사법 농단 의혹을 거론하며 "만약 잘못이 있다면 사법부 스스로 바로잡아야 합니다"라고 사법부를 비판하자, 김명수는 "통렬히 반성하고 다시 한번 깊은 사과의 말씀을 드립니다"라고 맞장구를 쳐서 구설수에 올랐다. 이거야 마땅히 해야 할 올바른 사과로 볼 수도 있는 일이었지만, 문제는 삼권분립에 대한 그의 평소 인식과 실력이었다.

김명수는 대법원장 취임 때 "법관의 독립을 침해하려는 어떠한 시도도 온몸으로 막아내고, 사법부의 독립을 확고히 하겠다"고 선언했으며, 2021년 초 시무식 때도 "재판 독립을 침해하는 부당한 외부의 공격에 의연하고 단호하게 대처해나가겠다"고 했다. 마음에도 없는 의전용 발언을 했던 걸까? 그간 여권은 여권에 불리한 법원 판결이 나올 때마다 사법부와 삼권분립의 원칙을 모독하고 조롱하는 발언을 양산해왔다. 그럴 때마다 야권과 보수 언론은 "왜 김명수는 침묵하느냐"고 아우성쳤지만, 그는 내내 침묵과 방관으로 버텨왔으니 말이다. 아니 그가 침묵과 방관만 한 건 아니다. 김명수는 자신이 이끈 우리법연구회와 국제인권법연구회 출신들을 중용하는 '코드 인사'를 적극적으로 했다는 비판을 받기도 했으니 말이다.

우리법연구회와 국제인권법연구회는 부족주의와 무관할까? 그런 것 같지는 않다. 퇴임을 앞둔 부산지법 부장판사 김태규는 국제인권법연구회의 정파성을 지적하면서 "우리법연구회는 2010년 '법원 내 하나회'라는 논란 끝에 해체됐다"며 "선례가 있으니 그러한 의심에 놓인 인권법연구회는 해체될 필요가 있다"고 했다. 아무리 아름답고 정의로운 명분을 내건 모임일지라도 그것이 사조직인 한 부족주의에서 자유로울 수는 없는 법이다. 김명수는 그런 문제에 대한 책임에서 자유로울 수 없다. 2017년 9월 대법원장 임명 동의안 표결을 앞두고 부장판사 임성근 등을 야당 의원 로비에 동원한 것도 판사들에게 엉뚱한 일을 하도록 시킨 '직권 남용' 의혹을 받는 부족주의 행태임은 두말할 나위가 없다.

그러다가 판사 임성근에 대한 국회 탄핵과 관련해 임성근과 김명수 사이에 '거짓말' 공방이 일어났다. 1여 년 전(2020년 5월 22일) 담낭 절제 등 건강상의 이유로 사표를 내러 김명수를 찾아갔던 임성근은 자신의 사표 제출을 김명수가 탄핵을 이유로 거부했다고 말했는데, 김명수는 국회에 제출한 답변 등에서 이 말을 정면으로 부정했다. 그러자 2월 4일 임성근이 당시 김명수와 나눈 대화 녹취를 공개하는 이른바 '2·4 사태'가 터지고 말았다. 대법원장이 거짓말을 했으며 여당의 눈치를 보는 태도를 보였다는 사실이 만천하에 공개된 것이다. 김명수의 관련 발언은 다음과 같다.

"이제 사표 수리 제출 그러한 법률적인 것은 차치하고 나로서는 여러 영향이랄까 뭐 그걸 생각해야 하잖아. 그중에는 정치적인 상황도 살펴야 되고.……더 툭 까놓고 얘기하면 지금 뭐 탄핵하자고 저렇게 설치고 있는데, 내가 사표 수리했다 하면 국회에서 무슨 얘기를 듣겠냐 말이야.……탄핵이라는 제도 있지. 나도 현실성이 있다고 생각하거나 탄핵이 되어야 한다는 그런 생각을 갖고 있지 않은데. 일단은 정치적인 그런 것은 또 상황은 다른 문제니까. 탄핵이라는 얘기를 꺼내지도 못하게 오늘 그냥 수리해버리면 탄핵 얘기를 못 하잖아. 그런 비난을 받는 것은 굉장히 적절하지 않아."

세상이 발칵 뒤집혔음은 우리 모두 알고 있는 바와 같다. 야당은 "거짓의 명수", "법복 걸친 정치꾼"이라며 김명수의 퇴진을 요구하고 나섰지만, 여당은 옹호 일색이었고, 일부 의원들은 '윤석열 악마화'와는 정반대로 '김명수 천사화'를 시도하기에 이르렀다.

민주당 의원 전재수는 김명수가 임성근의 사표 수리를 거부한 것과 관련해 "징계하기 전에 사표를 내 책임을 회피하는 공직 사회의 오래된 관행을 대법원장이 막은 것"이라고 했다. 이어 김명수가 임성근에게 국회의 탄핵 주장 때문에 사표 수리를 하기 어렵다고 한 녹취록 발언에 대해 "국회의 위상, 삼권분립을 존중해주는 발언이었다"고 했다. 그러면서 "대법원장과의 대화를 몰래 녹음하고 녹취록을 공개한 임 판사는 인성이나 인격도 탄핵감"이라고 했다. 같은 당 의원 박주민도 "김 대법원장이 사표를 바로 수리하면 입법부를 무시한 처신이 될 수도 있었다"고 했다.

2월 8일 당 최고위원회의 등에서도 "김 대법원장이 (임성근 부장판사의) 사표를 수리했다면 민의를 거스르고 사법부 권위를 스스로 훼손시키는 일이 됐을 것", "사표 수리는 대법원장이 해서는 안 되는 일"이라는 등의 주장이 쏟아졌고, "(사법부) 독립성을 무기 삼아 특권을 유지하려는 건 탐욕"이란 엉뚱한 적반하장 주장까지 나왔다.

그러니까 김명수는 공직 사회 적폐를 개혁하고 삼권분립을 존중한 대법원장이라는 이야기인데, 이런 바다와 같은 이해심을 윤석열에게 적용했더라면 어떤 그림이 그려졌을지 궁금하다. 법원 내부 게시판에 한 판사는 김명수를 겨냥해 "윤석열 총장 반

의반이라도 닮으라는 댓글이 자꾸 생각난다"는 글을 올렸다는
데, 반대로 윤석열이 김명수의 반의반이라도 닮았다면 '윤석열
악마화'는 일어나지 않았을 게다.

파격적 발탁에 보은하는 사사로운 '인간적인 도리'를 놓고
보자면, 김명수는 훌륭한 인물이고 윤석열은 '망나니'이겠지만,
이건 부족사회의 문법이 아닌가? 부족국가 대한민국에서 어떤
처신을 하면서 살아야 할지 난감한 일이다. 가장 난감한 사람은
2017년 2월 '사법 농단'을 세상에 처음 알렸거니와 임성근 탄
핵을 주도한 전 판사이자 현재 민주당 의원인 이탄희가 아닐까?

여당의 반격은 '몰래 녹음'에 집중되었는데, 그게 과연 문제
의 본질일까? 2017년 법원행정처 차장 임종헌과의 전화 통화
를 녹음해 녹취록과 녹음 파일을 대법원 판사 블랙리스트 의혹
1차 진상조사위원회에 사법 농단 증거자료로 제출했던 이탄희
로서는 그렇게 물어야 하지 않을까?

『중앙일보』 정치에디터 최민우는 「이탄희는 김명수를 탄핵
하라」(2021년 2월 8일)는 칼럼에서 "김명수 탄핵에 나서야 할
이는 야당이 아니라 이탄희 의원이다. 머뭇거린다면 그의 용기
와 양심은 한낱 정파적 행위로 변질될 거다. 그가 첫 단추를 열
었던 '사법 농단'의 정당성마저 뿌리째 무너질 것이다"고 했다.

나는 그렇게까진 생각하지 않는다. 이탄희가 김명수에 대한
의로운 분노를 표출하는 비판의 목소리를 내는 것만으로 족하

다고 본다. 그러나 이런 소박한 기대마저 헛된 꿈이 되고 말았다. 나마저 '더불어민주당'은 '더불어부족당'이라는 사실을 잠시 잊었나 보다. 검찰 개혁을 하건 사법 개혁을 하건 문재인 정권에 유리한 쪽으로 해야 한다는 것, 이게 바로 부족주의의 대원칙이다.

검찰 개혁,
목욕물 버리려다
애까지 버린다

"이번에 확실히 검찰 개혁을 완수해서 노무현 전 대통령의 원혼을 달래주세요." 어느 친문 지지자가 『한겨레』의 검찰 개혁 관련 기사에 남긴 댓글이다. 검찰 관련 기사엔 이런 종류의 댓글이 많다. 진중권은 『진보는 어떻게 몰락하는가』에서 "검찰 개혁이 사적 원한을 갚기 위한 보복 수단으로 전락한 것이다"고 말한다. 공적 원한이건 사적 원한이건 원한 때문에 검찰 개혁을 부르짖는 사람들도 있겠지만, 나는 그들은 소수일 거라고 믿었다. 그런데 최근 돌아가는 상황을 보니 그게 아닌 것 같다는 생각이 든다.

"검찰 파쇼를 피하려다 경찰 파쇼를 초래할 수 있다." 10년 전 당시 노무현재단 이사장이었던 문재인과 『문재인, 김인회의 검찰을 생각한다』를 함께 출간하며 문재인 정권의 검찰 개혁에 이론적 토대를 제공한 인하대학교 법학전문대학원 교수 김인회의 말이다. 그는 "검·경 수사권 조정에 이어 국가정보원의 대공

수사권까지 경찰에 이관될 것이기 때문에 경찰의 권한은 더욱 늘어난다"며 검찰 개혁과 경찰 개혁을 동시에 추진하기로 했던 애초의 합의가 전혀 지켜지지 않고 있다고 비판했다.

이 비판은 문재인 정권의 검찰 개혁이 진짜 개혁일 경우에 한해서 의미 있는 것이지만, 진실은 그게 아닌 걸 어이하랴. 문재인 정권의 주요 관심은 시종일관 검찰과 경찰에 대한 통제권의 확보다. 경찰은 확실하게 통제할 수 있지만 검찰은 그렇지 않다는 게 검찰 개혁을 움직이는 기본 문제의식이다. 정권이 바뀌면 어떻게 하려고 그러느냐는 의문이 들지만, 문재인 정권엔 종교화된 신념이 있다. 자신들이 적어도 20년 이상 집권할 수 있다는 것이다. 2021년 6월까지 검찰의 수사권을 폐지하고 중대범죄수사청(수사청) 설치 입법을 완료하겠다는 민주당 내 움직임도 그런 관점에서 보아야 온전한 이해가 가능해진다.

수사청 설치 입법은 갚아야 할 원한의 대상이 자꾸 늘어나고 있음을 시사해준다는 점에서 의미심장하다. 2020년 말까지만 해도 검찰 수사권의 완전 폐지는 '중·장기적 과제'라고 했던 민주당이 왜 이렇게 달라진 걸까? 민주당의 검찰개혁특별위원회 위원장 윤호중은 "(검찰 수사권 폐지를) 앞당기지 않으면 안 된다는 생각을 갖게 한 건 윤석열 총장이나 검찰이 해온 행태 때문"이라고 했다. 그는 그 행태에 대해 구체적으로 말하지 않았지만, 현재 이루어지고 있는 일부 여권 의원 수사에 대한 보복이자 대응책이라고 보는 건 합리적 의심이라고 할 수 있겠다.

추미애가 법무부 장관을 하던 시절 검찰의 증권범죄합동수사단을 폐지해 민생 범죄 척결에 역행한다는 비판을 받았던 게 엊그제이건만 이젠 부패·경제·공직자·선거·방위 사업·대형 참사 등 6대 범죄 수사권을 수사청에 넘기겠다니, 한마디로 말해서 완전한 '검찰 공중분해'를 해보겠다는 게 아닌가? 그간 잘해온 기존 수사 역량을 해체하면서 복잡한 수사 구조를 새로 만들어 판을 뒤흔들어 보겠다는 의도가 오직 국익을 위해서라면 못할 것도 없다. 그러나 그 이유라는 게 고작 윤석열 일행의 행태 때문이라니, 이들의 사전에 정녕 국익 개념이 있기나 한 건지 의심스럽다.

책임 윤리라고 하는 점에서 대통령과 국회의원은 다르다. 집단으로 움직이는 국회의원들은 '책임감 분산'으로 인해 어떤 제도의 급격한 변화가 훗날 엄청난 부작용을 낳을 수 있는 것에 대한 고려가 단독 책임을 져야 하는 대통령에 비해 약할 수밖에 없다. 대통령과 여당의 기본 생각은 같을망정 대통령이 '속도 조절'을 요구하는 데엔 이런 차이가 있는 것으로 보인다. 적어도 겉으로 보기엔 그렇다는 것이다.

수사청 설치 법안의 대표 발의자인 민주당 의원 황운하는 "지금 하지 않으면 21대 국회에서 할 수 없을 수도 있다"고 했는데, 이건 속도를 내야 할 이유가 되지 못한다. 그건 개인의 성

장사에나 적용할 수 있는 말이다. 젊었을 때 하지 않으면 늙어서 못한다는 식으로 말이다. 개인도 아닌 국가기관이 어떤 일에 대해 "지금 하지 않으면 나중에 못할 수도 있다"는 게 어떻게 그 일을 지금 해야 할 이유가 될 수 있단 말인가? 남녀 간의 사랑도 그런 식으론 곤란하다. 뺨 맞기 십상이다. 꼭 필요하고 중요한 일이라면 언제건 할 수 있으며 해야 한다고 말하는 게 옳지 않을까?

2021년 2월 24일 국회에서 청와대 비서실장 유영민이 "문재인 대통령이 박범계 법무부 장관에게 '검찰 수사권 완전 폐지'의 속도 조절을 당부했다"고 말한 것에 대해 원내대표 김태년을 비롯한 민주당 의원들이 그런 뜻이 아닐 것이라며 집요하게 이의를 제기한 사건이 있었다. 그 자리에 없었던 사람들이 있었던 사람을 면박 주면서까지 이의를 제기하다니, 이게 말이 되는가? 텔레비전을 통해 본 이 장면은 한 편의 '개그 콘서트'를 방불케 했다. 이는 일부 언론이 '대통령 레임덕' 현상이 아니냐는 의문을 제기했을 정도로 낯설고 희한한 풍경이었다.

이런 일련의 흐름과 관련, 진중권은 "누군가 문재인 대통령을 꼭두각시로 내세워 국정을 농단 중"이라고 주장했다. 물론 그게 아닐 수도 있다. 마키아벨리가 "군주는 미움을 받는 일은 타인에게 떠넘기고 인기를 얻는 일은 자신이 친히 해야 한다"고 했듯이, 문재인은 역할 분담 또는 '강온 양면책Good cop-Bad cop routine'에 따라 자신의 착하고 신중한 이미지를 유지하려는 것일 수도 있다.

수사청 설치를 추진하는 민주당 의원들을 움직이는 동력 중엔 친문 지지자들의 강한 요구가 있다. 민주당의 5선 의원 이상민은 "너무나 단순 무식한 일이 일어나고 있다"며 속도 조절을 요구했는데, 그는 이 발언으로 강성 지지층의 문자 폭탄을 받아야 했다. "그래도 국가를 위해 할 말은 해야 한다"는 그의 소신과 용기에 경의를 표하지 않을 수 없다.

이상민은 "당내에도 수사청 설치법이 과속이라며 걱정하는 의원이 많다"며 "하지만 강성 당원들을 의식해 목소리를 내지 못 하는 측면이 있다"고 했다. 이른바 '친親조국' 성향 초·재선 의원들이 이 법을 밀어붙이는 데에 관해서도 "각자 생각은 다르겠지만, 강성 당원들의 요구가 워낙 커서 이에 따라 움직이는 측면이 있다"고 했다. 민주당 당원 게시판에 "그동안 뭐 한 게 있다고 검찰 개혁에 속도 조절을 하냐"고 문재인을 직접 비판하는 글들이 올라온 것도 그런 분위기를 엿볼 수 있게 해준다. 진중권은 "(이제는 문재인 대통령에게) 강성 콘크리트 지지층만 남았다. 광신도만 남아 그럴수록 점점 과격해진다. 제동이 안 된다. 대통령도 제동을 못 한다"고 했는데, 정말 그런 건가?

그 진실이 무엇이건, 수사청 설치를 주도하는 의원들이 검찰 수사나 재판을 받고 있는 피의자들로서 이해 당사자라는 점이 가장 중요하다. 이해 충돌의 소지가 다분한 이들이 "선진국 대부분이 수사와 기소가 분리돼 있다"며 사실 왜곡을 하는 것도 그런 관점에서 이해할 수 있겠다. 이들이 강성 친문을 업고 힘으로 밀어붙일 수도 있겠지만, 결코 쉽진 않을 것이다. 정부·여당은 검찰 개혁에 관한 한 신뢰를 잃은 지 오래기 때문이다. 이 점을 금태섭이 잘 지적했다.

"문재인 정부는 역대 어느 정권보다 검찰 특수부를 키웠다. 아무리 반대해도 말이 안 먹혔다. 이 문제로 조국 전 민정수석과 소리를 지르며 싸우던 기억이 선하다. 꿈쩍도 안 했다. 검찰이 자기편이라고 여겼으니까. 그러다 갑자기 조국 사태 이후로 180도 달라졌다. 이게 무슨 개혁인가."

그게 개혁이 아니라는 건 일반 시민들도 잘 알고 있는 사실이다. 오죽하면 "왜 그렇게 바빴느냐?"는 질문에 "검찰 개혁 하느라 정신이 없었다"는 개그가 통하는 세상이 되었겠는가? 칸타코리아의 신년 여론조사 결과에 따르면, 문재인 정권이 추진하는 검찰 개혁에 대해 '권력기관 개혁이라는 당초 취지와 달라졌다'는 응답(57.5퍼센트)이 '당초 취지에 부합한다'는 의견(28퍼센트)의 약 2배였다. 여론은 바뀌기 마련이라는 점을 믿고 강행할 수도 있겠지만, 검찰 개혁에 적극 동의하는 시민들도 목욕물 버리려다 애까지 버리는 것엔 결코 동의하지 않을 것이다. 문재인 정권 사람들이 악마처럼 여겼던 윤석열의 사퇴로 만족하면 좋겠건만, 이들은 무엇이 그렇게도 두려운지 '윤석열 악마화 시즌 2'를 흥행 무대에 또 올려보겠다니 딱한 일이다. 미국 역사가 바버라 터크먼의 다음 경고를 명심하는 게 좋지 않을까? "모든 성공한 혁명은 조만간 자신이 몰아냈던 폭군의 옷을 입는다."

공무원의 영혼,
꼭
죽여야 하는가?

독일 작가 헤르만 헤세는 "우리는 인간이 놀라울 만큼 지성을 계발하고도 자기 영혼을 지배하지 못할 수도 있다는 사실을 알게 되었다"며 "당신의 영혼에게 물어라!"고 권한다. 돈 때문에 영혼을 팔아버리거나, 출세를 위해서 영혼을 배신한다면 영혼은 당신을 심하게 나무랄 것이라는 경고를 덧붙인다. 아름다운 말이지만, 영혼이 호구지책糊口之策엔 방해가 되는 게 현실임을 어이하랴.

"출근하면서 영혼을 사물함에 넣어두고, 퇴근하면서 영혼을 다시 꺼내오는 것 같다." 우석훈의 『민주주의는 회사 문 앞에서 멈춘다』에 인용된 어느 대기업 직원의 말이다. 공무원도 노동자 못지않게 영혼 문제로 시달린다. 공무원은 자주 '영혼 없는 공무원'이라는 비아냥을 듣기도 하지만, 그게 어디 공무원 탓인가? 공무원이 그렇게 하지 않으면 견뎌낼 수 없게끔 무슨 일에서건 절대 복종을 요구하는 권력이 문제일 게다.

사실 공무원의 영혼 문제는 정권이 바뀔 때마다 등장했던 해묵은 이슈다. 이게 가장 화제가 되었던 때는 국정홍보처 2급 이하 간부들이 이명박 대통령직 인수위 업무 보고에 나와 스스로 "우리는 영혼 없는 공무원"이라고 말했던 2008년 1월이었다. 노무현 정권 동안 국정홍보처가 주도했던 언론개혁 시도에 대해 인수위가 비판을 하자 "대통령 중심제 아래에선 어쩔 수 없는 일이었다"며 한 말이다. 그러자 언론은 앞다퉈 '영혼 있는 공무원'의 필요성을 역설하고 나섰다.

2009년 2월 기획재정부 장관 윤증현은 "재정부 공무원은 자본주의와 시장경제를 지키는 보루인 만큼 '영혼'을 가져도 좋다"고 했다. 그는 10월 중앙부처 실국장 워크숍에선 "30여 년간 공직 생활을 하면서 가장 모욕적인 질문은 '공무원이 혼이 있느냐'는 것"이라며 "그런 얘기를 들으면 울분을 느꼈다"고 말했다.

공무원들의 그런 울분에 공감했던 걸까? 아니면 박근혜 정권의 국정 농단 사건을 거치면서 공무원에게 영혼이 없으면 안 되겠다고 생각했던 걸까? 2017년 8월 문재인은 취임 후 첫 정부 부처 업무 보고를 받는 자리에서 "공직자는 국민과 함께 깨어 있는 존재가 돼야지, 그저 정권의 뜻에 맞추는 영혼 없는 공무원이 돼선 안 될 것입니다"라고 말했다.

어디 그뿐인가? 집권 초기 여당은 공무원 불복종권을 위한 법 개정까지 추진했다. 민주당 의원 기동민은 새 정부 출범도 하기 전인 2017년 1월 "직무상 명령이 위법한 경우 복종을 거부해야 한다"는 개정안을 발의했다. 정부 출범 후엔 인사혁신처가 개정안을 주도해 대통령이 주재한 국무회의에서 의결까지 받았다. "공무원은 직무를 수행할 때 소속 상관의 직무상 명령에 복종하여야 한다"는 국가공무원법 57조에 "상관의 명령이 명백히 위법한 경우 이의를 제기하거나 따르지 않을 수 있으며 이로 인하여 어떠한 인사상 불이익도 받지 않는다"는 문구가 추가되었다. 어떻게 되었을까? 법 적용이 쉽지 않다는 이유로 이 문구는 국회에서 실종되고 말았다(『중앙일보』, 2020년 11월 6일).

한바탕 쇼로 끝나고 말았지만, 가볍게 웃고 넘어가도 좋을 일은 아니었다. 이후 문재인 정권은 공무원의 '복종 의무'를 강조하면서 공무원의 영혼을 강력히 통제하는 방향으로 나아갔으니 말이다. 물론 무작정 비판만 할 수 있는 일은 아니다. 정권의 입장에선 사안에 따라 공무원의 영혼을 지켜주기 어려운 나름의 고충이 있을 게다. 현재진행형인 '월성 원전 경제성 평가 조작 사건'과 '김학의 출금 공문 조작 의혹 사건'도 그렇게 이해하고 넘어가야 할까? 그럴 수 없는 게 안타깝다. 이 두 사건은 일견 사소하게 보이지만, 공무원들의 준법 자율성을 말살해 그들을 '영혼 없는 꼭두각시'로 만드는 중대 범죄행위일 수 있다는 점에서 말이다.

두 사건은 모두 대통령의 한마디에서 비롯되었다. 문재인은 2018년 4월 청와대 보좌관에게 "월성 1호기 영구 가동 중단은 언제 결정할 계획이냐"는 질문을 던졌고, 김학의 출금 닷새 전 이른바 '별장 성 접대' 사건과 관련해 "검찰과 경찰은 조직의 명운을 걸라"고 했다. 대통령의 이 한마디에 고위 공직자들이 부르르 떨면서 대통령의 심기를 편안하게 해드리려고 한 게 두 사건의 본질이다.

선의 해석을 해보자면, 애초에 권력의지가 없었던 문재인은 권력의 속성에 대해 무지하다. 유니레버라는 기업의 CEO 니얼 피츠제럴드가 문재인의 무지를 염두에 둔 것처럼 이런 말을 한 적이 있다.

"리더들이 잘 인식하지 못하는 일 중 하나가, 그들이 말을 하거나 행동을 할 때는 증폭 시스템에 대고 말을 하고 행동을 하는 것이나 다름없다는 사실입니다. 리더의 아주 사소한 말 한마디도, 아주 작은 몸짓도 그 시스템 속에 있는 모두가 보고 듣지요. 그리고 대체로 그에 따라 행동합니다."

문재인이 무지하지 않았다면, 그는 이런 '증폭 시스템'을 원했던 건지도 모르겠다. 어느 쪽이건, 이 두 사건에 대해 문재인이 법적 책임은 없을지 몰라도 도의적·정치적 책임은 져야 한다는 건 분명하다. 누가 책임을 지건 중요한 건 문재인 정권은 스스로 '선한 정권'이라고 자부하는 탓인지 절차적 정당성에 매우 둔감하다는 점이다. 절차적 정당성을 어긴 일에 대한 감사원 감사나 검찰 수사에 대해 '민주주의에 대한 도전' 운운하면서 큰소리를 치는 적반하장을 보이기도 한다.

전 대통령 비서실장 임종석은 아예 망언에 가까운 발언도 불사한다. 그는 2021년 1월 14일 '월성 원전 경제성 평가 조작 사건'과 관련해 "지금 최재형 감사원장은 명백히 정치를 하고 있다. 도를 넘어서고 있다. 전광훈, 윤석열, 그리고 이제는 최재형에게서 같은 냄새가 난다"며 "차라리 전광훈처럼 광화문 태극기 집회에 참여하는 게 솔직한 태도가 아니겠느냐. 법과 제도의 약점을 노리고 덤비는 또 다른 권력, 권력의 주인인 국민은 이를 어떻게 통제할 수 있을지 많은 생각이 든다"고 했다. 공무원이 영혼을 가지면 이런 인신공격까지 당해야 하는 건가? 이건 아예 공무원의 영혼을 죽이겠다는 도발이 아닌가 말이다.

절차적 정당성은 남을 향해 말하기는 쉬워도 직접 실천하기는 쉽지 않은 일이다. 때론 거추장스럽고 짜증나는 일이기도 하다. 최근 만취 상태에서 운전을 하다 교통사고까지 내고도 무혐의 처분을 받는 황당한 일이 일어났는데, 그 이유가 현장 경찰관이 음주 측정을 하기 전 물을 주어야 하는 지침을 어겼기 때문이란다. 텔레비전 뉴스를 보다가 나도 모르게 욕을 내뱉었는데, 아마도 많은 사람이 나와 비슷한 심정이었을 게다. 우리를 짜증나게 만드는 절차적 정당성의 극단적인 예라고 할 수 있겠다.

그럼에도 법치를 하지 않겠다면 모를까 그걸 하겠다면 절차적 정당성은 반드시 지켜야 한다. 절차적 정당성은 악하고 불의한 일에만 적용하고 선하고 정의로운 일엔 좀 무시해도 되는 게 아니냐는 생각은 내로남불의 극치일 뿐 보편적 설득력을 갖기 어렵다.

공무원의 영혼 문제에 대해선 우리 모두 좀더 솔직해질 필요가 있다. 이 문제가 자주 정파 싸움의 성격을 갖기에 하는 말이다. 자신이 지지하는 정권이 공무원의 영혼을 죽이면 '관료 개혁'이라고 하면서 반대하는 정권이 공무원의 영혼을 죽이면 전혀 다른 반응을 보이는 게 우리 현실 아닌가? 이런 식으로 내로남불을 저지르다 보면 이 문제는 영영 겉돌면서 바람직한 해법을 찾기가 어려워진다.

우리가 명심해야 할 것은 "세상에 공짜는 없다"는 진리다. 세상에 전적으로 나쁘거나 전적으로 좋은 것도 없다. 아무리 좋은 일이라도 반드시 치러야 할 비용이 있다는 뜻이다. 공무원의 영혼을 지켜주는 일도 명암明暗이 있는 것이지 무조건 좋거나 나쁜 게 아니다. 정권은 공무원이 영혼을 갖게 되면 통제가 어려워진다는 점을 걱정할 것이다. 정당한 우려지만, 통제에만 집착하면 더 큰 걸 놓치게 된다.

영혼은 홀로 사라지는 게 아니다. 공복公僕 의식은 물론 자율성과 창의성도 동시에 사라진다. 문재인 정권 수뇌부에 묻고 싶다. 대통령이 한마디만 했다 하면, 별 실속도 없는 대통령의 심기 경호를 위한 일에 선량한 공무원을 압박해 불법을 저지르게 해야 하겠는가? 그런 강요된 충성심이 관행이 되면 공무원 조직은 이른바 '무사안일·복지부동·철밥통'의 수렁으로 빠져들 수밖에 없다는 걸 모르는가? 통제에 대한 집착은 국익보다는 정권 이익에 더 신경 쓸 때에 강해지는 법인데, 정녕 당신들이 국익을 위해 그런 일을 했다고 자신할 수 있겠는가?

공무원 수를 늘리는 데에 적극적인 문재인 정권이 부디 '양보다는 질'이라는 차원에서 공무원의 영혼 문제에 대해서도 고민해주면 좋겠다. 청와대가 중앙 부처들을 틀어쥐고 호령하는 '청와대 정부' 모델을 바꾸지 않고선 기대하기 어려울망정, 공무원에게 불법의 경계를 넘나드는 일만큼은 시키지 말아야 한다. 공무원이 개혁에 능동적으로 임할 수 있는 변화를 위해, 4년 전 문재인이 갈파했던, "영혼 없는 공무원이 돼선 안 될 것"이라는 명언이 부디 빈말이 아니었기를 바라마지 않는다. 그 누구건 자기 영혼 중한 줄 알면 남의 영혼도 존중해주는 게 좋지 않겠는가?

왜
잘못을 잘못이라고
하지 못할까?

"잘못을 인정하지 않는 것이 잘못이다"는 말은 데카르트가 했다지만, 이걸 모르는 사람이 누가 있을까? 너무도 당연한 말 아닌가? 그런데 의외로 이걸 잘 지키지 않는 사람이 많다. 그냥 잘못했다고 인정하면 간단히 끝날 일인데도 한사코 그걸 인정하지 않으려는 사람을 한 번이라도 경험해본 사람이라면 고개를 절레절레 흔들면서 "도대체 왜 그러지?"라는 의문을 가져보았을 것이다.

물론 자신이 져야 할 책임이 워낙 크고 두려워 그럴 수도 있겠지만, 문제 해결을 위해선 잘못의 인정이 꼭 필요하다. 잘못을 인정하지 않게 되면 쓸데없는 변명이 늘면서 사실을 왜곡하게 되고, 그래서 문제 해결을 더 어렵게 만들고 불필요한 갈등을 유발할 수 있기 때문이다. 게다가 그간 일을 잘해온 사람이 저지른 잘못이라면 얼마든지 이해할 수 있으므로 모두 힘을 합해 문제를 잘 해결할 수 있다. 그런데 이 사람이 자신은 잘못한 게 전혀 없다고 우기면 그간 잘해온 일마저 제대로 인정받기 어려워진다.

딱하다 못해 안타까운 건 그 사람이 그렇게 우김으로써 얻는 실익이 없다는 점이다. 자신은 잘못을 저지르지 않는 완벽한 사람이라는 평판을 얻기 위해 그런다고 해도 평판이라는 게 홀로 '정신승리'를 한다고 해서 얻어질 수 있는 게 아니잖은가? 그 사람이 그렇게 할 수밖에 없는 나름의 심리적 상처가 있어서 그렇다고 한다면 이해할 수는 있을망정 언제까지 그 상처에 휘둘려 사실상 자해自害에 가까운 고집을 피워야 한단 말인가?

코로나 백신 접종 문제를 둘러싸고 벌어진 정치권의 공방을 지켜보면서 해본 생각이다. 나는 국민의 한 사람으로서 그간 문재인 정부의 방역 정책에 대해 후한 점수를 줘온 사람이다. 신문 칼럼을 통해 "정부를 비롯한 공적 기관에 대한 국민적 신뢰도는 매우 낮았지만, 이젠 오히려 찬사와 존경의 대상이 되고 있다"고까지 했다. 사회비평가 박권일이 '코로나 국뽕' 신드롬을 비판하면서 "평소 냉철한 척하던 학자와 언론인까지, 조국에 대한 자부심으로 거의 엑스터시를 느끼는 것처럼 보인다"고 했을 때, 나도 해당되는 것 같아 내심 뜨끔하기도 했다.

정부의 K방역 자화자찬이 지나치다는 생각이 들긴 했지만, 그걸 비판하는 목소리엔 "모처럼 잘한 일 하나 생겼는데 뻐길 만하지 않은가? 인정할 건 인정해주자"며 마음속으로 반론을 펴기도 했다. 그래서인지 2020년 12월, 백신 선구매를 서둘렀던 선진국과 달리 우리는 백신 확보 경쟁에서 한참 뒤져 있다는 게 뜨거운 쟁점이 되었을 때도 정부를 비판하고 싶은 생각은 들지 않았다.

당시 일부 언론이 내놓은 '백신 늑장'의 이유는 ① 코로나 확산세 오판(사회적 거리두기로 대유행을 잡을 수 있다고 판단), ② 선구매 권고 무시(아스트라 등 국내 위탁 생산을 믿고 느긋하게 생각), ③ 안전보다 돈 우선(선입금 떼일까 신경 쓰다가 구매 계약 기회 놓쳐), ④ 신종플루 트라우마(백신 재고로 감사받은 경험, 관료들 소극 대처) 등이었다(『조선일보』, 2020년 12월 18일).

내가 보기엔 문재인 정권이 잘못을 인정하면서 앞으로 잘하겠다고 했으면 다 넘어갈 수 있는 일이었음에도 이후 이상한 일이 벌어지기 시작했다. 한국이 전 세계 196개국(유엔 기준) 중 102번째 코로나 백신 접종국이 되었을 정도로 늦었다는 건 분명한 사실 아닌가? 그럼에도 K방역 자화자찬 마인드에 중독된 탓인지 정부와 여당 모두 사실을 왜곡하면서까지 잘못한 게 전혀 없다고 빡빡 우기는 게 아닌가? 문재인은 "그동안 백신을 생산하는 나라에서 많은 지원과 행정 지원을 해서 백신을 개발했기 때문에 그쪽 나라에서 먼저 접종되는 것은 어찌 보면 불가피한 일"이라는 말도 안 되는 말을 했다. 그래도 문재인은 '백신 불안감'을 부추기는 말은 하지 않았지만, 일부 민주당 의원들은

'백신 공포'를 부추기는 수준으로 나아갔다. 이들의 발언들이 볼 만했다.

"해외 일부 국가에서 먼저 백신 접종을 시작한 이유는 사망자가 수만 명에 이르렀기 때문이다. 전문가도 급한 접종보다 안전한 접종이 우선이라는 얘기를 하고 있다."(김종민) "코로나 방역에서 실패한 미국과 영국이 백신 개발에서 앞서 백신 접종을 먼저 시작했다고 우리가 부러워하는 것이 맞는가."(김성주) "미국은 매일 20만 명의 확진자가 나온다. 백신이 유일한 대책인 나라다. 백신 접종 후 안면 마비 등 부작용에 대한 보도도 나오고 있지 않으냐."(김태년) "백신이라는 게 온라인 쇼핑하듯 구매 버튼 누르면 이뤄지는 게 아니다. 백신을 계약하고 구매하는 것은 나라 간 비밀 협약이어서 어느 시점에 어느 정도 들여온다는 것을 쉽게 얘기할 수 없다."(고민정) "국민의힘은 완벽하게 검증받지 못한 '백신 추정 주사'를 국민에게 주입하자고 한다. 사실상 국민을 '코로나 마루타'로 삼자는 것이다. 의료 목적이라 주장했던 일본 731부대의 망령이 현재의 대한민국에 부활한 것 같아 안타깝다."(장경태)

정부도 만만치 않았다. 보건복지부와 질병관리청은 "백신의 심각한 부작용을 감안해 국민 건강을 우선 고려해 협상을 진행해왔다"고 백신 확보에 뒤처진 걸 변명하면서, 화이자 백신은 알레르기·안면마비가, 모더나는 오한·근육통과 얼굴 반쪽이 아래로 처지는 부작용이 나왔다는 걸 별도 자료 묶음으로 내놓았다. 중앙사고수습본부 전략기획반장(보건복지부 대변인) 손영래는 "최근 사회 분위기가 백신을 세계 최초로 맞아야 하는 것처럼 1등 경쟁을 하는 듯한 분위기가 조성되고 있는데 방역 당국으로서 상당한 우려를 표한다"고 말했다. 이어 "백신을 세계 최초로 맞는 그런 상황은 가급적 피해야 하고 그런 국가들에서 발생하는 문제를 한두 달 관찰할 수 있는 기회를 가질 수 있다는 것은 굉장히 다행스러운 점이라고 생각한다"고 했다.

이렇듯 정부·여당이 백신의 부작용을 강조하는 것에 대해 서울대학교 의대 의료관리학과 교수 김윤은 "국민의 백신 불안감을 가중할 수 있다. 불안감이 커지면 접종률에도 영향을 미치게 된다"며 "백신 개발 초기 불확실성이 컸던 상황을 설명하며 국민에게 사과한 뒤 이해를 구하면 될 일을 변명해 문제를 키우는 느낌"이라고 지적했다. 그의 우려는 현실로 나타났다. 한국사회여론연구소가 2월 19~20일에 실시한 백신 접종 여론조사에서 '순서가 와도 접종을 연기하고 상황을 지켜보겠다'고 응답한 비율이 45.7퍼센트였으며, '백신을 맞지 않겠다'(5.1퍼센트)는 응답까지 합하면 정부가 세운 백신 접종 계획에 부정적인 반응이 50.8퍼센트로 절반이 넘었다.

이런 백신 불안감을 키운 주범이 누구인가? 바로 문재인 정권이 아닌가? 국민의힘 전 의원 유승민이 "아스트라제네카 1번 접종을 대통령부터 하시라"고 한 것도 바로 이런 맥락에서 나온 것이었다. 그는 "26일부터 요양시설에서 아스트라제네카 접종이 시작되는데, 일부 의료진이 접종을 거부하는 사태가 발생하고 있다"며 "대통령의 1번 접종으로 청와대발, 민주당발 가짜뉴스로 누적된 국민의 불신을 덜어주면 좋겠다"고 했다. 어차피 문재인도 2021년 1월 신년 기자회견에서 "백신에 대한 불안감이 높아져 솔선수범이 필요한 상황이 되면 피하지 않겠다"고 말하지 않았던가?

물론 유승민의 주장에 질병관리청 지침(아스트라제네카 백신 접종 대상에서 65세 이상 제외)을 들어 반론을 제기할 수도 있고 비판을 할 수도 있다. 그러나 민주당 의원 정청래는 그런 수준을 한참 넘어서는 실언을 했다. 그는 대통령이 백신 주사를 먼저 맞으라는 건 "'초딩 얼라'보다 못한 헛소리"라며 "국가원수에 대한 조롱이자 모독"이라고 했다. 그는 "대통령이 먼저 맞으면 국민들 제쳐두고 특혜라고 주장하고, 사고라도 나면 고소해할 것인가"라며 "국가원수가 실험 대상인가. 국가원수는 건강과 일정이 국가 기밀이고 보안 사항"이라고 했다.

정청래는 '실험 대상' 운운하는 말이 백신 불안감을 조장할 수 있다는 걸 전혀 생각해보지 못한 걸까? 국민의힘 전략실장 김근식은 "정청래 의원은 아첨의 끝을 어디까지 보이려는 것이냐"고 비판했지만, 설사 아첨이었다 해도 성공한 것 같진 않았다. 국민의힘 의원 하태경의 말마따나, "정 의원 발언 듣고 누가 아스트라제네카 백신 맞으려 하겠나? 대통령 돕는다면서 오히려 부담만 더 준 것"이었다.

질병관리청장 정은경도 2월 22일 정례 브리핑에서 '대통령이 실험 대상이냐'는 발언에 대해서 어떻게 보는지에 대한 질의에 "현재 예방접종을 진행하는 것은 이미 임상시험을 거쳐서 안전성과 효과성이 확인된 허가를 받은 백신을 접종을 한다"며 "그래서 백신 접종을 맞으시는 모든 국민들은 누구가 되든 실험 대상이 아니다. 그런 표현은 적절하지 않다고 생각한다"고 말했다. 이어진 일련의 공방에 대해 언론은 시시비비를 가리지 않은 채 양비론으로 양쪽을 싸잡아 비판했지만, 이건 분명히 정부·여당이 잘못한 일이었다고 왜 말하지 못하는지 그것도 의아한 일이었다.

이제 다시 물어보자. 왜 잘못을 잘못이라고 하지 못할까? 백신 늑장이 잘못이 아니라고 우기기 위해 국민의 백신 불안감을 부추기는 이런 일련의 행태를 어찌 이해해야 하는가? 문재인은 대통령 취임사에서 "잘못한 일은 잘못했다고 말씀드리겠습니다. 거짓으로 불리한 여론을 덮지 않겠습니다"라고 말했지만, 이 말 역시 지켜지지 않았다. 도대체 왜 그러는 걸까? 어떤 심리적 상처가 있길래 그런 실속 없는 고집을 피우는 건가?

나는 반독재 투쟁 시 기승을 부린 이른바 '조직 보위론'의 망령을 떠올리지 않을 수 없었다. 우리 편에 문제가 있더라도 그걸 알리거나 비판하는 건 군사독재 정권에 유리하게 작용할 수 있으니, 절대 그런 짓을 해선 안 된다. 이게 바로 조직 보위론이다. 이 조직 보위론은 독재 정권 시절 진보 진영 내부에서 일어난 성폭력을 은폐하고 오히려 피해자를 비난하는 용도로 사용되었는데, 그게 아직까지도 끈질긴 생명력을 자랑하고 있는 것이다. 더욱 비극적인 건 '조직 보위론 DNA'를 갖고 있는 운동가 출신의 정치인들이 독재 정권을 겪지 않은 젊은이들에게 이 DNA를 전파했다는 점이다.

'조직 보위론'의 상처는 아직도 문재인 정권 사람들에게 생생하게 살아 있다. 그들은 세상이 엄청나게 달라진 가운데 자신들이 사회 각 부문을 포위하고 있음에도 자신들이 포위당하고 있다는 '피포위 의식'에 사로잡혀 있다. 그래서 자신들을 둘러싼 적의 실체와 규모를 과장하면서 "조금이라도 틈을 주면 큰일 난다"며 '약자 코스프레'와 '완벽주의자 코스프레'를 하느라 정신이 없다. 그들은 한 번 밀리기 시작하면 크게, 계속 밀린다는 이상한 이론을 앞세워 '무오류의 존재'를 자처한다.

그렇게 해서 얻는 게 뭔가? 없다. 아니 있기는 한데, 그게 좀 엽기적이다. 그렇게 함으로써 없던 적도 만들어내고 아군마저 적군으로 돌리는 '뺄셈의 정치'를 기가 막히게 잘한다는 점이다. 공자는 "똑같은 잘못을 반복하면서 그러한 잘못을 고치지 않는 자는 머지않아 또 다른 잘못을 저지르게 된다"고 했다. 공자의 말이라고 꼰대의 헛소리로 들을 일이 아니다. 손가락을 꼽아 보라. 부동산 정책을 비롯해 잘못을 잘못이라고 인정하지 않아 호미로 막을 일을 가래로도 못 막을 일로 키운 게 한두 번인가? 우리 모두 명심하자. 잘못을 인정하지 않는 것이 잘못이다!

'공익 신고 탄압당'으로
변신한
민주당

"나는 문재인 정권의 내로남불 사례들을 일일이 정리하다가 중도에 그만두고 말았다. 군이 지적할 것도 없이 거의 모든 게 내로남불이었기 때문이다." 내가 최근 출간한 『권력은 사람의 뇌를 바꾼다』에서 한 말이다. 이 말 덕분에 친문 지지자들에게서 많은 비난을 받았는데, 나는 비난의 이유가 궁금했다. 이유를 정확히 밝히지 않은 비난도 많았기에 내 짐작을 보태자면 크게 보아 두 가지였다.

첫째, 문재인 정권의 내로남불이 그렇게까지 많은 건 아닌데, 과장했기 때문에 비난받아 마땅하다. 둘째, 설령 그렇다 하더라도 보수 세력이 좋아할 말을 했으므로 비난받아 마땅하다. 첫 번째 이유 때문이라면 내가 '문재인 정권 내로남불 사례집'을 발표하면 해결될 일이지만, 두 번째 이유는 좀 난감했다. 내가 할 수 있는 일이 없기 때문이다. "당파성에 휘둘리지 말고 나라 전체를 생각하자"는 말은 할 수 있겠지만, 그걸 받아들일 것 같진 않으니 말이다.

나는 내로남불을 민주주의의 중대 위협 요인이자 국민성을 타락시키는 악덕으로 볼 정도로 매우 심각하게 생각한다. 그러니 앞으로도 그렇게 생각하지 않는 분들의 비난은 기꺼이 감수하면서 내로남불의 심각성에 대해선 계속 말씀드리고 싶다. 언젠간 내 뜻을 이해해줄 거라는 희망을 품으면서 말이다. 이번엔 내로남불의 여러 유형 가운데 가장 악성惡性이라고 할 수 있는 '배은망덕형 내로남불'에 대해 말해보자. 이는 공익 제보에 대한 민주당의 이중적 태도에서 잘 드러난다.

왜 배은망덕인가? 공익 제보는 민주화에 큰 기여를 했다. 공익 제보를 위해 신변의 위험을 무릅쓰고 온갖 불이익을 감수한 영웅이 많다. 문재인 정권은 그 영웅들의 희생 덕분에 탄생한 정권임을 한시도 잊지 말아야 한다. 실제로 문재인 정권 사람들은 과거에 그들의 희생에 감사했고 찬사를 아끼지 않았다. 그랬던 사람들이 정권을 잡자 돌변해서 정권에 불리한 공익 제보만 나오면 온갖 비난에 음모론까지 불사해대니 이게 웬 일인가?

물론 공익 제보엔 따져볼 게 많다. 사실 관계가 맞지 않는다거나 불순한 동기로 하는 공익 제보도 있을 게다. 그러나 민주화에 기여한 공익 제보들도 처음엔 정권에서 그런 대접을 받았음을 상기할 필요가 있다. 따라서 공익 제보에 대해 일단 선의 해석을 하면서 차분하게 살펴보는 과정을 거쳐야 한다. 그런데 문재인 정권 사람들은 어떻게 했던가? 세 가지 사례만 감상해보자.

2018년 말 전 기획재정부 사무관 신재민이 기획재정부의 KT&G 사장 인사 개입 의혹과 4조 원 적자 국채國債 발행 문제와 관련한 문제점을 폭로하자 여당 의원들은 즉각 총공세에 나섰다. "꼴뚜기가 뛰니 망둥이도 뛰는 것"(홍익표), "스타 강사가 되기 위해 기재부를 그만두고 돈을 벌기 위해 메가스터디에 들어간 사람"(박범계), "나쁜 머리 쓰며 의인인 척 위장하고 떠드는 솜씨가 가증스럽기 짝이 없다.……막다른 골목에 이른 도박꾼의 베팅……불발탄을 양손에 든 사기꾼"(손혜원) 등 온갖 모욕을 마다하지 않았다. 신재민이 "죽으면 제가 하는 말을 믿어줄 것"이라며 스스로 목숨을 끊으려다 미수에 그치자 "본인 행동에 책임질 만한 강단이 없는 사람이라 더이상 거론할 필요를 느끼지 않는다"(손혜원)는 추가 모욕이 이어졌다.

친문 인사들까지 가세하고 나섰다. 역사학자 전우용은 자신의 페이스북에 올린 글에서 "현직에 있는 사람이 해고될 각오하고 공익을 위해 자기 조직의 비리를 폭로하는 게 '공익 제보'다. 이미 퇴직한 사람이 몇 달이나 지나서 자기 조직에 관한 헛소문을 퍼뜨리는 건 보통 '양아치 짓'이라고 한다. 말뜻만 제대로 알아도, '공익 제보'와 '양아치 짓'을 분간할 수 있다"고 주장했다. 손혜원은 이 글을 공유하면서 "전우용 선생님의 워딩은 언제나 그저 놀라울 뿐이다. 전 선생님을 모시고 악성 프레임을 깨기 전문 방송을 한 번 하고 싶은 소망이 있다"고 했다.

2020년 9월 추미애 법무부 장관 아들 '군 휴가 미복귀' 의혹을 제기한 당직 사병에 대해선 이름까지 공개한데다 "산에서 놀던 철부지의 불장난으로 온 산을 태워 먹었다. 언행을 보면 도저히 단독범이라고 볼 수 없다"며 "당직 사병에 대한 철저한 수사가 필요하고, 공범 세력도 철저히 규명해야 한다"(황희)는 망언까지 나왔다. 당직 사병은 이 망언을 비롯한 여권의 집중 공격에 "너무 많이 시달려 정신과 병원에라도 가봐야 할 지경"이라고 고통을 호소했다.

2021년 1월 정부·여당은 전 법무부 차관 김학의의 '불법 출금 및 은폐' 의혹을 폭로한 공익 제보자를 수사 기밀 누설로 고발하겠다고 위협했다. 이에 1992년 육군 중위 신분으로 군대 내 부정투표를 고발했던 영웅인 한국청렴운동본부 이사장 이지문은 "공익 신고 대상인 공공기관이나 기업에서 상습적으로 하는 적반하장식 레퍼토리"라며 "대부분 신고자를 압박하려 기밀 누설 등으로 고발을 하는데 공익 신고자 보호를 100대 국정 과제로 내세웠던 현 정부가 어떻게 이렇게 나올 수 있느냐"고 했다.

그러나 그게 바로 민주당의 민낯이다. 야당일 땐 공익신고자 보호법 개정안 27건을 발의했을 정도로 공익 신고를 정의와 개혁의 주요 수단으로 여겼던 민주당은 집권 후 '공익 신고 탄압당'으로 변신했다. 자신들에게 유리한 제보를 하면 '의인'이고 불리한 제보를 하면 '도박꾼'이나 '사기꾼'으로 몰아가는 놀라운 변신이었다.

애써 이해를 해보자면 민주당이 당위적 주장을 많이 하는데다 도덕적 우월감이 강하기 때문에 보수에 비해 내로남불을 더 많이 저지른다고 볼 수도 있겠다. 그렇다면 실사구시를 앞세우고 겸허한 자세를 갖겠다고 성찰을 해야지 적반하장으로 밀어붙이면 어쩌자는 건가? 솔직히 너무 어이가 없어 비판할 힘도 없다. 차라리 읍소라도 하고 싶다. 그 어떤 내로남불을 저지르더라도 자신들의 오늘을 있게 만든 공익 제보 영웅들을 욕보이는 배은망덕형 내로남불만큼은 하지 말아달라고 말이다. 제발!

친문 지지자들께도 호소한다. 정녕 '정의롭고 깨끗한 나라'를 원한다면 지금과 같은 맹목적 당파성을 다시 한번 생각해주기 바란다. 법과 규칙은 당파성을 초월해 모든 사람에게 공정하게 적용되어야 한다는 원칙에 동의해주기 바란다. 그렇게만 해준다면, 문재인 정권의 내로남불에 분노해야지 그걸 비판하는 사람에게 분노할 일은 아니잖은가? 우리 같이 힘을 합쳐 민주당의 배은망덕형 내로남불에 종지부를 찍을 수 있기를 열망한다.

독선과
아집은
민주주의의
적이다

●

제5장

"

공명지조共命之鳥.

한 몸에 두 개의 머리를 가진 새로,

어느 한쪽이 없어지면 자기만 살 것 같이 생각하지만

그러다간 모두 죽고 만다는 뜻의 사자성어다.

"

● 2019년 『교수신문』의 교수 대상 설문조사에서

347명(33퍼센트)이 올해의 사자성어로 꼽은 말이다.

'협치'를 하면
나라가
망하는가?

"21대 국회는 대결과 적대의 정치를 청산하고 반드시 새로운 '협치의 시대'를 열어야 합니다. 지금과 같은 전 세계적인 위기와 격변 속에서 협치는 더욱 절실합니다."

2020년 7월 16일 문재인이 제21대 국회 개원 축하 연설에서 한 말이다. 그런데 왜 협치를 하지 않느냐고 추궁하기 위해 인용한 게 아니다. 일단 말로나마 협치의 가치를 인정했다는 게 중요하다. 흥미로운 건 협치라는 단어 자체가 문빠들에게서는 거센 비난의 대상이 되고 있다는 사실이다. 최근 '인터넷 한겨레'의 한 기사에 달린 다음 댓글을 보자.

"야당과의 협치? 사기꾼과 협치하라는 말 자체가 모순이다. 4·3항쟁으로 3만 명 이상이 죽었고, 광주민주화운동 등 반성했는가? 이들은 사람 죽이는 것을 파리 죽이는 것처럼 생각하는 것들이다. 과거 행동에 대한 반성도 없을 뿐만 아니라 언론, 검찰, 대기업 등을 동원해 국민들을 속이고 이용해 자신들의 사익을 챙기고 있을 뿐이다."

이 댓글엔 아무런 대표성도 없지만, 평소 댓글을 좀 들여다보는 분이라면 이런 논조의 댓글이 매우 많다는 데에 흔쾌히 동의할 게다. 2020년 1월 국무총리 정세균이 사회 통합과 협치를 위해 '한국판 목요클럽'을 출범시켰을 때 문빠들이 "지금이 한가하게 협치 놀음할 때냐"며 비난을 퍼부었던 것도 같은 맥락에서 이해할 수 있겠다.

민주당 대표 이낙연도 원래 협치론자였다. 대충 그런 게 아니라 협치에 대해 나름의 강한 소신을 갖고 있는 사람이었다. 그러나 어이하랴. 이게 그의 발목을 잡았으니 말이다. 문재인은 의전용 연설에서만 협치를 내세울 뿐 '후천적 DNA' 자체가 협치와는 거리가 먼 대통령이다. 대통령의 이런 뜻을 이어받은 문빠들 사이에선 집단 내부의 증폭 과정을 거치면서 협치는 나라 망치는 일이라는 듯한 분위기가 조성되고 말았다. 이낙연은 그런 상황에서 오락가락할 수밖에 없었고, 이게 바로 대선 후보 여론 조사에서 고전을 면치 못하는 결정적 이유가 되고 말았다.

문빠가 신봉하는 '협치 반대론'의 주요 논거는 역사적인 것이다. 야당은 몹쓸 짓을 많이 한 역대 독재 정권들의 후예이니 아예 상종할 가치가 없다는 식이다. 이는 일부 강성 여당 의원들이 야당을 공격할 때에 쓰는 주요 메뉴이기도 하다. 심지어 온건한 이미지의 어느 의원(민주당 원내대표를 지낸 홍영표)마저 2020년 9월 추미애 장관 아들 관련 의혹이 불거졌을 때 "과거 군을 사유화하고, 군에서 정치에 개입하고 그랬던 세력들이 민간인 사찰 공작하고 쿠데타도 일으켰다"며 "이제 그게 안 되니 그 세력이 국회에 와서 공작한다"는 발언으로 물의를 일으키지 않았던가?

권모술수 정치의 관점에서 보자면, 문재인 정권이 협치를 거부하면서 야당의 분노를 극한에 이르게 하는 게 유리할 수도 있다. 여당이 야당을 완전히 무시하고 독주를 하면 할수록 야당이 내분을 겪으면서 합리적인 온건파가 설 자리가 좁아질 가능성이 높아지기 때문이다. 『한겨레』에 실린 「'중도 지향' 한다며 태극기와 손잡나…우왕좌왕 국민의힘」(2020년 12월 11일) 등과 같은 기사들은 그런 이치를 잘 시사해주고 있다.

문재인 정권이 의도적으로 그런 권모술수를 구사하는 건지는 분명치 않지만, 적어도 결과적으로 야권에서 강경파의 목소리가 높아지게 만든 건 분명한 사실이다. 여권에선 그걸 내심, 아니 노골적으로 즐기고 있다. 공수처법 개정안을 힘으로 밀어붙인 것에 대해 "180석의 힘을 똑똑히 보여주었다"는 식으로 자화자찬 일색인 걸 보더라도 그렇다. 애초의 약속과 달리 '야당 거부권'을 없앤 것에 대해 미안해하는 기색은 전혀 없다. 한마디로 말해서, 문재인도 야당 시절 우려했던 '싸가지 없는 진보'가 훨씬 더 악화된 것이다.

인간이 아무리 망각의 동물이라지만 이렇게까지 배은망덕하게 굴어도 되는 건가? 박근혜 탄핵이 어떻게 해서 가능했던지 잊었는가? 당시 60여 명의 여당 의원과 보수 언론의 협력 없이 그게 가능했다고 생각하는가? 그들은 일부 보수 세력에서 '배신자'로 낙인찍히는 등 온갖 수모를 당하면서까지 사실상 문재인 정권 탄생에 큰 기여를 했다. 그러나 문재인 정권 사람들은 그건 까맣게 잊고 모든 게 다 자기들 잘나서 정권을 잡은 것처럼 '싸가지 없는 진보'의 길로만 나아가고 있다.

협치 거부는 나라 망치는 짓이다. 연설에서 나온 문재인의 말마따나, 지금과 같은 전 세계적인 위기와 격변 속에서 협치는 더욱 절실하기 때문이다. 이른바 '콘크리트 지지층'은 여권에만 있는 게 아니다. 야권에도 있다. 그들도 우리 국민이다. 전체의 30퍼센트 안팎에 이르는 사람들을 분노의 극한으로 몰아가는 방식으로 성공적인 국정 운영은 결코 가능하지 않다. 문재인이 취임사에서 "저를 지지하지 않았던 국민 한 분 한 분도 저의 국민이고, 우리의 국민으로 섬기겠습니다"라고 했던 것도 바로 그걸 염두에 둔 게 아니었겠는가?

혹 진보는 보수에서 배울 게 전혀 없다고 생각하는가? 배울 게 전혀 없는 사람들이 보수를 이끌게끔 하는 술수를 부리려는 게 아니라면, 그런 오만방자한 생각은 버리는 게 좋다. "새는 좌우의 날개로 난다"는 말은 이 경우에도 들어맞는 진리다. 문재인 정권이 부동산 문제를 비롯해 민생 관련 정책들에서 실패했거나 소기의 성과를 거두지 못한 데엔 무능한데다 '선의'만 앞세운 탓이 크다. 이게 바로 협치가 필요한 이유이기도 하다.

협치는 '밀실 합의'가 아니다. 예산 심사 시 여야 실세들이 자기들의 지역구를 염두에 둔 '예산 나누어 먹기'를 하는 몹쓸 관행은 협치가 아니다. 협치는 치열하되 합리적인 정책 경쟁이다. 비록 실천하지는 못했을망정, 노무현이 15년 전 대통령 재임 시 밝힌 다음 선언을 협치의 제1강령으로 삼기를 바라마지 않는다.

"독선과 아집 그리고 배제와 타도는 민주주의의 적입니다. 역사 발전의 장애물입니다. 우리 정치도 이제 적과 동지의 문화가 아니라 대화와 타협, 경쟁의 문화로 바꿔나갑시다."

언제까지
'토착왜구'로
먹고살 생각인가?

어느 지역 검찰청의 차장검사가 법원 판사들과 회식을 하다가 흥이 과해진 나머지 법원 수석부장판사와 내기를 했다. 그 자리에서 각자의 부하 직원들을 호출해 어느 쪽이 더 많이 나오는지를 겨루는 시합이었다. 밤늦게 야근을 하던 어느 초임 검사는 차장검사의 전화를 받고 검사들에게 연락을 취하긴 했지만, 자신은 그 자리에 나가지 않았다. "부르기만 하면 마냥 달려오는 것을 바랄 거면 개를 기르면 된다"는 이유에서였다.

그런데 이게 웬일인가? 차장검사가 내기에서 진 바람에 다음 날 난리가 났다. 차장검사가 부장검사들을 불러 싫은 소리를 하자, 어느 부장검사는 아침부터 검사들을 불러 일장 훈시를 했다. 연락책을 맡은 초임 검사를 바라보면서 이것은 검찰의 단결심 문제라고 나무랐다. 이어 이순신 장군이 명량해전에서 승리를 거둘 수 있었던 이유는 부하들이 장군의 지시를 잘 따랐기 때문이라는 등 장광설이 이어지자 초임 검사가 참다못해 이런 질문을 던졌다. "그게 단합이면, 그럼 제가 술 마시다 차장님을 불러도 차장님이 나와주나요?"

이후 어떤 일이 벌어졌는지는 굳이 말하지 않아도 짐작하실 게다. 그 용감한 초임 검사의 이름은 바로 김웅이다. 그의 『검사내전』이란 책이 베스트셀러가 되고 드라마로 만들어지면서, 이건 널리 알려진 에피소드가 되었다. 재미있지 않은가? 그 똑똑하고 잘난 엘리트 판사와 검사가 그런 말도 안 되는 '집합' 경쟁을 벌였다는 게 말이다.

그게 바로 부족주의의 힘이다. 독일 작가 프리드리히 실러는 "어떤 사람이든 혼자 있을 때 보면 상당히 현명하고 통찰력이 있지만, 집단 속에 들어가면 당장 바보가 되어버린다"고 했는데, 이건 거의 진리에 가깝다. 특히 한국의 정당과 국회의원에 대해 이보다 현명하고 통찰력 있는 말을 할 수 있을까?

그간 다른 분야에서 큰 업적을 이루어 존경을 누리던 사람이 금배지를 달고 나면 순식간에 바보나 꼭두각시가 되어버리고 마는 걸 우리는 질리도록 구경해오지 않았던가? 민주당 내에서 쓴소리를 했던 '조금박해(조응천·금태섭·박용진·김해영)'가 모진 박해를 받았다는 걸 감안컨대, 그 박해를 구경만 했던 다른 의원들은 그런 박해의 가능성을 원초적으로 차단한 '여우들'이기도 하다.

여우는 늑대가 되기도 한다. 프로이트는 귀스타브 르봉의 주장을 해설하면서 "개인이 모여서 집단을 이루면 개인의 윤리적 억제는 약해지고 개인 속에 원시시대의 유물로 잠들어 있던 잔인하고 야비하고 파괴적인 본능이 깨어난다"고 했다. 이용수 할머니의 폭로로 시작된 정의연과 윤미향의 횡령·배임 의혹 사건과 관련, 일부 민주당 사람들이 이른바 '토착왜구' 프레임으로 윤미향을 옹호했던 걸 상기해보라. 윤미향을 비판하면 토착왜구라니 이런 잔인하고 야비하고 파괴적인 프레임이 어디에 있단 말인가?

반일 투사에겐 공적인 회계 투명성 의혹을 제기하는 것마저 망국적인 친일 행위란 말인가? 민주당 의원 김두관은 "친일·반인권·반평화 세력의 최후 공세"라며 "굴욕적인 한일 위안부 합의를 했던 미통당, 일제와 군국주의에 빌붙었던 친일 언론, '위안부는 매춘'이라는 친일학자들이 총동원된 것 같다"고 주장했다. 송영길은 "완전하게 친일 청산을 하지 못한 나라의 슬픈 자화상"이라고 했으며, 이수진은 "지금 일본의 과거 부정 세력들이 환호하고 있는 모습이 보이지 않느냐"는 논리를 폈고, 전 의원 민병두는 "친일 사관에 빠져 있는 세력" 운운하며 달려들었다.

민주당만 탓할 일도 아니었다. 10년째 여성 인권 시민단체 활동을 한 정 모씨는 사석에서 정의연의 회계 부정 논란에 대해 언급했다가 동료 활동가들에게 "토착왜구 아니냐"란 말을 들었다. 정씨는 "원론적인 대화 내용이었음에도 '한일 관계가 안 좋은 상황에서 정의연 흔들기는 토착왜구와 같은 행동'이란 지적을 받았다"고 토로했다. 심지어 존경받던 여성학자마저 이상한 주장을 하고 나섰다. 정의연 이사장 이나영은 검찰의 윤미향 기소 이후 열린 첫 수요 집회에서 "대한민국 검찰과 언론은 '포스트 아베'라는 중대한 갈림길에서 반反역사적 행위인지 분간조차 못 하는 갈지之자 행보로 역사의 걸림돌이 되지 않길 바란다"고 주장했다.

윤미향 사건 직전에 치러진 2020년 4·15 총선도 다를 게 없었다. 중앙선거관리위원회는 '민생 파탄 투표로 막아주세요'라는 미래통합당 지지자들의 피켓 문구 사용을 불허한 반면 '100년 친일 청산 투표로 심판하자'는 민주당 지지자들의 투표 독려 문구는 사용을 허용해 편파적이라는 비난을 받기도 했다. 사실 민주당의 죄악은 자신들의 정치적 목적을 위해 젊은 세대의 의식까지 '친일·반일' 프레임이 자리 잡도록 집요한 선전·선동을 한 데에 있다고 보아야 할지도 모르겠다. 문빠들의 댓글에 가장 많이 등장하는 게 바로 이 프레임이자 '토착왜구'와 같은 비난이라는 건 그들의 선전·선동이 효과를 보았다는 걸 말해주니, 축하를 해주어야 하는가? 그래서 "유니클로 입는 검찰총장은 친일파"라고 주장하는 문빠들의 지극한 애국애족 정신에 감동의 눈물을 흘려야 할까?

민주당은 이 '친일 청산'과 '토착왜구론'으로 재미를 보더니, 시도 때도 없이 이걸 오남용하는 작태를 보였다. 2021년 2월 1일 국민의힘 비상대책위원장 김종인이 부산을 찾아 '한일 해저터널' 공약을 내놓자 민주당은 "친일 DNA"라고 공격을 퍼부었다. "일본 퍼주기 망언", "유라시아 대륙 철도의 출발점을 일본에 헌납하는 매국적 발상"이라는 말까지 나왔다.

김대중·노무현은 재임 시절 한일 터널 연결에 긍정적이었는데, 이들 역시 "친일 DNA"에 찌든 대통령들이었다는 뜻일까? 문재인은 2021년 들어 "한일 양국이 건설적이고 미래 지향적인 관계를 조기에 복원해야 한다"며 한일 관계 개선을 주장했는데, 문재인 역시 "친일 DNA"를 갖고 있는 대통령이란 말일까?

『한겨레』는 "친일 DNA" 운운하는 민주당의 발언에 대해 "예비타당성 조사 등 사전 절차를 면제·단축하는 가덕도 신공항 특별법을 발의하는 등 무책임한 개발 공약 경쟁을 촉발한 민주당이 할 소리는 아니다"며 "여야 모두 이성을 되찾기 바란다"고 했다. 옳은 말씀이다. 4·7 부산시장 보궐선거에 밀리지 않겠다며 불쑥 '한일 해저터널' 공약을 내민 국민의힘이나 이 선거를 '한일전'으로 만들려는 민주당 모두 이성을 되찾아야 한다.

그런데 문제는 선거는 늘 이성이 외출하는 '부족 전쟁'이었으며 이게 달라질 전망도 전혀 보이지 않는다는 점이다. 국민의힘이 '북한 원전 추진 의혹'을 적극 제기하면서 "이적 행위"라고 먼저 도발을 한 것도 그런 관점에서 이해할 수 있겠다. 이게 바로 부족 집단의 논리인가? 프로이트의 해설에 따르자면, "집단은 그 자체가 극단으로 치닫는 경향이 있기 때문에, 집단을 흥분시키려면 자극도 극단적이어야 한다. 집단에 영향을 주고 싶은 사람은 자신의 주장을 논리적으로 조정할 필요가 전혀 없다. 오히려 자신의 주장을 힘찬 색깔로 채색하고 뭐든지 과장해서 말하고 똑같은 말을 여러 번 되풀이해야 한다".

지금 우리는 그런 집단적 흥분의 대결을 목격하고 있다. 이게 선거의 불가피한 속성이라면 감내하는 수밖엔 없겠지만, 제발이지 '토착왜구' 타령은 좀 그만두면 좋겠다. 이게 한국 정치의 수준인가 싶어 속된 말로 너무 '쪽 팔리기' 때문이다. 반일 감정이 격해진 상황에서 '토착왜구' 타령으로 재미를 좀 보았다고 해서 내내 그걸로 먹고살겠다니, 해도 너무 하는 것 아닌가? 차라리 어느 차장검사처럼 집합 대결을 벌여라. 이는 한심할망정 웃음을 유발하는 재미나 줄 수 있지 않은가?

금태섭의
'이중 구속'에
돌을 던질 수 있는가?

"여성은 일을 할 때 '마음에 드는 것'과 '존경을 받는 것' 사이에서 줄타기를 해야 하는 반면 남성들은 그런 걱정을 할 필요가 없다."(페이스북 최고운영책임자 셰릴 샌드버그)

"만약 여성이 지도자로서의 기대에 부응하려면 자연스레 훌륭한 여성의 행동 양식을 위반하게 된다. 반대로 여성과 관련된 기대에 부응하려고 할 때 훌륭한 지도자의 특성에서는 멀어진다."(미국 조지타운대학 언어학 교수 데버러 태넌)

"여성들은 딜레마에 처하곤 한다. 한편으론 똑똑하게 자립해야 한다. 반면, 아무도 언짢게 하지 말고 누구의 발도 밟지 말아야 한다. 그러지 않으면 자기주장이 강하다는 이유로 아무도 안 좋아하는 사람이 되어버린다."(전 미국 민주당 대통령 후보 힐러리 클린턴)

이 세 진술은 모두 여성에게 가해지는 '이중 구속double bind'

을 지적한 말이다. 해도 안 되고 안 해도 안 되는 상황을 가리키는 '이중 구속'은 원래 미국 문화인류학자 그레고리 베이트슨이 조현증(정신분열증)에 관해 말하면서 제시한 개념이지만, 여성 정치인, 특히 힐러리 클린턴의 정치적 행태를 이해할 수 있는 최상의 개념이기도 하다.

어릴 때부터 대통령이 되겠다고 마음먹고 평생 그 꿈의 실현을 위해 살아온 사람이 있다. 이런 사람에 대해 어떻게 생각하건 그 사람이 남자냐 여자냐에 따라 우리의 평가는 크게 달라진다. 우리는 '야망에 불타는 남자'와 '야망에 불타는 여자'를 동등하게 대해주지 않는다.

세계적으로 성공한 여성 지도자들의 공통된 특성은 대부분 '호전성'이었다. 왜 그럴까? 가장 큰 이유는 유권자들이 여성 지도자를 바라보는 시각이다. 군 통수권자로서 전쟁도 불사할 만큼 강한가? 유권자들이 가장 궁금해하는 이런 의문을 불식하기 위해 여성 정치인은 자신의 강함과 전투성을 입증해야만 한다. 그래야만 지도자의 위치에 오를 수 있다.

힐러리가 걸어온 길도 바로 그것이었다. 그는 상원의원이 된 후 매파들의 본거지인 상원 군사위원회에 들어갔으며, 조지 부시 대통령의 이라크 전쟁을 지지했다. 그런 필사적인 노력 덕분에 힐러리는 2008년 대선을 앞두고 군 통수권자로서의 역량을 묻는 여론조사에서 민주당 내 경쟁자인 버락 오바마보다 훨씬 더 높은 평가를 받게 된다. 그러나 이라크 전쟁 지지는 그가 오바마에게 패한 결정적 이유 중의 하나가 되었다. 진보 진영 일각에선 그가 대통령이 되면 제3차 세계대전을 일으킬 거라는 반대의 목소리가 높았으니 말이다.

프랭클린 루스벨트 대통령의 부인인 엘리너 루스벨트는 "정치에 몸담게 된 여성들은 모두 코뿔소의 가죽처럼 두꺼운 피부를 가질 필요가 있다"는 명언을 남긴 바 있다. 이 명언을 행동 지침으로 삼아온 힐러리는 정치를 꿈꾸는 젊은 여성들에게 "코뿔소 같은 피부를 키우라"고 가르쳐왔다. 이 말의 선의는 충분히 이해할 수 있지만, 이 또한 '이중 구속'을 유발해 힐러리를 '독선의 여왕'으로 만드는 데에 일조했다.

이런 '이중 구속'은 여성 정치인에게 더 가혹하게 작용하지만, 남성 정치인이라고 해서 완전히 자유로운 건 아니다. 유권자와 언론이 정치인에게 '이중 구속' 상황을 유발하는 요구를 자주 하기 때문이다. 내가 애독하는 필자인 『한겨레』 선임논설위원 박찬수의 「금태섭이 드러낸 '고인 물 정치'」(2021년 2월 11일)라는 칼럼을 읽다가 '이거 이중 구속 아닌가?' 하는 생각이 들었는데, 과연 그렇게 볼 수 있는지 독자들께서 판단해주시기 바란다. 이 칼럼의 핵심 내용만 소개하겠다.

박찬수는 "퇴행적인 이유로 치러지는 보궐선거에서 과거를 떠올리게 하는 사람들이 각축을 벌이는데, 그래도 금태섭 정도면 당선 여부를 떠나 좀더 미래를 지향하는 선거를 하지 않을까 하는 기대감이었다. 금 전 의원이 출마 기자회견에서 '미래를 위한 변화'를 강조한 것도 그런 뜻으로 읽혔다. 누가 최종 단일 후보가 될지 알 수 없지만, 적어도 금 전 의원은 아닐 거라고 많은 이들은 예상한다"며 다음과 같이 말한다.

"결국 그는 안철수·나경원·오세훈 후보 단일화의 장식물에 그칠 거란 점을 부인하기 어렵다. '과거에 집착해서 편을 나누는 정치'를 하는 데 실망해서 민주당을 탈당했다는 그가 국민의힘이나 국민의당에선 어떤 미래와 희망을 보고 있는지 궁금하다. 말로는 과거의 정치를 넘어서겠다며 또 다른 과거로 손쉽게 안착하는 그의 모습에서 한국 정치가 왜 '고인 물'인지 짐작할 수가 있다. 새로운 인물이 끝까지 완주할 때 유권자들이 보게될 또 다른 비전과 가능성의 기회를 아예 차단해버리기 때문이다. 금 전 의원은 제1야당에 의지하는 게 자신의 정치 미래에 도움이 될 거라 생각하지만, 착각이다."

그러면서 박찬수는 "과거에 주저앉는 금태섭을 보는 건 씁쓸한 일이다"는 말로 칼럼을 끝맺는다. 나 역시 금태섭의 서울시장 출마에 대해 회의적인 반응을 보였던 사람이기에 공감할 수 있는 주장도 있지만, 박찬수가 금태섭이 처한 '구조적 문제'는 보지 않으려 했다는 점에서 아쉽다. 내가 금태섭에 대해 비판적인 반응을 보인 게 아니라 회의적인 반응을 보인 이유는 바로 그런 구조적 문제 때문이다.

한국과 같은 대통령제 국가에선 거대 양당의 횡포는 무시무시하다. 아예 처음부터 정의당처럼 소수 진보 정당에 몸담았다면 모를까 거대 양당에 몸담았다가 사실상 쫓겨나면 운신의 폭이 극도로 좁아진다. 한때 민주당 내에서 쓴소리를 하는 조응천·금태섭·박용진·김해영을 가리켜 '조금박해'로 불렸는데, 이는 조금박해를 제외한 의원들의 상당수는 스스로 정당이라는 집단 부족의 꼭두각시가 되기를 자청했다는 걸 의미하는 것이기도 하다. 그럴 정도로 '조직의 쓴맛'이 무서운 것이다.

『한겨레』마저 '조금박해'를 적극적으로 응원할 수 없었다. 그렇게 했다간 문빠들이 벌떼처럼 달려들어 '절독 운동'을 벌일 텐데, 어찌 그럴 수 있었겠는가? 게다가 『한겨레』 내부에 나름의 소신에 의해 민주당 주류를 비교적 긍정 평가하는 기자도 적지 않으니 '조금박해'가 잘되기를 바라는 기자들은 그저 마음속으로 성원할 수밖에 없었으리라.

박찬수는 금태섭이 끝까지 홀로 완주함으로써 일부 유권자들에게 '또 다른 비전과 가능성의 기회'를 주는 걸 원하는 것 같다. 나 역시 그것도 좋다고 생각하지만, 그가 그렇게 하지 않았다고 해서 "과거에 주저앉았다"고 부정적인 평가를 할 수는 없다고 본다. 아예 패배를 전제로 홀로 뛰는 금태섭을 어떤 언론이 주목할까? 정치인에게 언론의 주목도는 잊으라고 말할 수 있을까? 패배하더라도 자신의 가치나 존재감을 드러내 보일 수 있는 기회를 어찌 뿌리칠 수 있을까? 유권자들이 이상적 비전을 긍정 평가하더라도 표를 주진 않는다는 건 이미 수없이 입증된 사실이 아닌가? 그럼에도 이상적인 비전을 추구하다가 말없이 스러져 사라지는 것도 하나의 대안이겠지만, 그런 대안을 택하지 않았다고 돌을 던질 수는 없는 일 아닌가?

민주당은 선善, 국민의힘은 악惡이라고 본다면, 할 말은 없다. 물론 나는 그렇게 보지 않는다. 민주주의를 하지 않겠다면 모를까, 민주주의를 하겠다면 지방정부의 수장이 교체되는 건 자연스러운 일이다. 한 정당의 장기 집권으로 인한 고인 물은 썩기 마련이라는 점에서도 그렇다. 고인 물에도 여러 종류가 있을 텐데, 박찬수는 고작 "10년 전 그 사람들이 다투는 상황"을 들어 '고인 물'에 대한 염려를 하는 것 같아 씁쓸하다.

우리는 '이중 구속'에 대해 좀더 예민해질 필요가 있다고 생각한다. 유권자와 언론은 지도자를 꿈꾸는 정치인들에게 권력의지, 집념, 소신, 뚝심, 의연함, 정의감, 포용력 등을 요구하는 동시에 이런 덕목들과의 경계가 모호한 권력욕, 집착, 아집, 불통, 불감, 독선, 정실주의에 대해선 매섭게 비판한다. 그러나 권력의지·권력욕, 집념·집착, 소신·아집, 뚝심·불통, 의연함·불감, 정의감·독선, 포용력·정실주의의 차이는 불명확할뿐더러 결과에 의해 소급 판단된다.

이런 '이중 구속'은 유권자와 언론이 정치를 국리민복의 수단으로 보는 동시에 정치인 개인의 드라마로 보는 이중 관점을 갖고 있기 때문에 생겨나는 것이다. 그래서 '대의를 위한 양보'를 칭찬하는 동시에 그것을 '중도 포기'로 조롱하는 양립하기 어려운 모순이 자연스럽게 저질러진다. 비판에 잘 반응하는 건 칭찬받을 일이지만, 그건 동시에 '오락가락'으로 욕먹게 되어 있다. 이걸 잘 아는 정치인들에겐 유권자와 언론의 요구를 경청하기보다는 무시할 줄 아는 게 슬기로운 지혜로 간주되기 마련이다. '이중 구속'에 관한 논의가 정치 저널리즘의 주요 의제가 되어야 할 이유다.

'정치 근육'의
저주

2016년 미국 대선 시 "도널드 트럼프 정신감정 해야 하나 말아야 하나"가 화제가 된 적이 있었다. 극단적인 막말과 기행을 일삼는 미국 공화당 대통령 후보인 트럼프의 정신감정을 해야 한다는 주장이 빗발치는 가운데 미국정신의학회가 성명을 내 '개인에 대한 정신감정은 비윤리적'이라며 자제할 것을 촉구했다. 2021년 1월 대통령 퇴임 시 트럼프가 보여준 파괴적인 언행을 보면 그때 정신감정을 했어야 했던 게 아닌가 하는 생각이 들 정도였다.

트럼프는 유별난 경우이긴 하지만, 보통 사람의 상식 기준에서 보자면 정신감정을 의뢰하고 싶은 정치인이 어디 한둘이겠는가? '섹스 중독증'에 걸려 백악관을 포르노의 무대로 만들었던 빌 클린턴은 물론 그의 아내이자 민주당 대통령 후보였던 힐러리 클린턴 역시 보통 사람의 상식 기준에 비추어 도무지 이해할 수 없는 언행을 많이 한 인물이었다.

'보통 사람의 상식 기준'은 아름다운 말이지만, 정치인을 평가할 땐 위험한 기준일 수 있다. 필요 이상의 정치 냉소와 혐오를 낳는 주범 중 하나이기 때문이다. 정치인은 보통 사람과는 전혀 다른 종류의 동물로 보는 게 옳다. 정치인을 비하하는 게 아니다. 정치가 아무리 더럽고 고약해도 누군가는 정치를 해야 하는데, 정치라는 직업의 속성은 '보통 사람의 상식 기준'으론 결코 감당할 수 없는 것임을 이해하는 동시에 평가의 근거로 삼을 필요가 있다는 뜻이다.

조국은 서울대학교 교수 시절 자신은 '정치 근육'이 없어 정치판에 뛰어들 수 없다고 말해 많은 사람의 공감을 산 적이 있다. 정치 근육이란 무엇인가? 그걸 구성하는 수많은 요소가 있겠지만, 가장 중요한 한 가지만 들라고 하면 나는 '후안무치'를 꼽으련다. 얼굴이 두껍고 부끄러움이 없다는 뜻이다. 보통 사람은 가져선 안 될 악덕이지만, 정치인에겐 필요악이다. 물론 좀 뻔뻔해야 한다는 걸 과장되게 말한 것일 뿐, 진짜 후안무치의 경지에 이르는 건 곤란하다는 걸 밝혀둘 필요가 있겠다.

정치의 본질은 갈등이다. 모두를 만족시킬 수 없는 이상 욕을 먹는 건 피해갈 수 없다. 정치를 하려면 그 어떤 비판과 비난에도 의연하게 대처하면서 자신의 소신을 지켜나가야 한다. 이게 바로 '정치 근육'의 핵심이다. 그렇긴 하지만 '의연'과 '무시', '소신'과 '아집'의 차이를 구분하긴 쉽지 않다. 다른 사람들이 볼 때엔 징그러울 정도로 미련한 독선·오만·아집에 사로잡힌 정치 지도자일지라도 그 사람은 자신이 숭고한 대의를 위한 의로운 소신을 지켜나간다고 생각하기 십상이다. 자신을 열성적으로 지지하는 사람도 적잖은 만큼 그런 착각이나 환상에서 빠져나오긴 쉽지 않다.

수많은 실험 결과, 권력을 갖게 되면 다른 사람들이 세상에 대해 어떤 생각을 하고 어떻게 느끼는지를 이해하는 데에 둔감해진다는 것이 밝혀졌다. 정치인에게는 당연한 일이다. 사실 우리는 정치인에게 상충되는 두 가지 덕목을 동시에 요구하고 있는 셈이니 말이다.

우리는 정치인에게 민심을 따르라고 말하는 동시에 포퓰리즘에 휘둘리지 말라고 말한다. 소통과 경청을 강조하면서도 흔들리지 않는 '뚝심'을 예찬한다. 권력의지와 맷집이 있어야 한다고 말하면서도 '권력욕'은 버리라고 말한다. 낮은 곳에 임하라고 말하면서도 높은 곳에 있기를 바란다. 그런 원초적 모순 상황에서 정치인이 직업적 행동 양식으로 택한 것이 바로 후안무치다. 이는 의도적인 선택이라기보다는 세월이 흐르면서 형성된 직업적 습속 또는 방어기제라고 보는 게 옳겠다.

2016년 미국 대선은 후안무치 경쟁이었다고 해도 과언이 아니다. 그간 힐러리 클린턴을 따라다닌 부정적 꼬리표는 '극단, 독선, 분열, 탐욕'이었는데, 트럼프와 맞붙으면서 그 꼬리표가 트럼프에게 고스란히 넘겨졌으니 말이다. 힐러리가 대진 운이 좋은 셈이었지만, 트럼프는 이해할 수 없다는 듯 고개를 갸우뚱거렸다. 그는 자신의 막말을 후회한다는 말을 하기도 했지만, 그건 주변 참모들의 요청에 따른 것일 뿐 진심은 아니었다. "나의 기질 덕분에 여기까지 오게 되었다"고 믿어온 그가 그 기질을 바꿀 수 있었겠는가?

성공의 이유가 실패의 이유로 급전환하는 것을 이해하지 못하겠다는 이야기인데, 사실 바로 이게 많은 정치 지도자가 실패하는 최대 이유이기도 하다. 상황이 달라지면 게임의 법칙도 달라지는 법인데, 시종일관 "내가 해봐서 아는데"라거나 "내가 어떻게 해서 여기까지 왔는데"라는 식으로 나가면 그게 바로 독약이 되고 만다. 정치권의 세대교체나 물갈이는 늘 '밥그릇 싸움'의 일환으로 이루어지긴 하지만, 후안무치에 덜 중독된 사람들에 대한 사회적 요청의 결과라고도 볼 수 있다. 후안무치해지더라도 적정 수준을 지키는 게 좋다는 이야기다.

그런데 후안무치는 홀로 존재하는 게 아니다. 과도한 낙관주의와 결합되어 있다. 빌 클린턴의 백악관 참모를 지낸 조지 스테퍼노펄러스는 자신의 회고록에 이렇게 썼다. "나는 글을 쓰고 또 다듬으면서, 수치를 모르는 클린턴의 성품이 정치적 성공의 열쇠이며, 부인하는 능력이 바로 그의 가장 탁월한 정치적 강점인

낙관주의와 연관되어 있다는 것을 알게 되었다." 후안무치와 낙관주의는 불가분의 관계임을 간파한 게 인상적이다.

후안무치는 악인惡人의 특성은 아니다. 착한 사람들도 현실감각이 없는 낙관주의에 중독되면 후안무치해진다. 주변을 잘 둘러보라. 착하면서도 후안무치한 사람들은 전부는 아닐망정 대부분 낙관적이다. 낙관적인 전망이나 예측을 자주 내놓는 지도자들도 있다. 그 전망이나 예측은 늘 틀리는 것으로 밝혀지는데도 눈 하나 깜짝하지 않고 계속 그런 일을 해댄다. 해명도 없을 뿐더러 부끄러워하지도 않는다. 이걸 '정치 근육'이라고 불러야 할지 난감하다. 그렇게 부를 수 있다면 '정치 근육'의 저주라고 하는 게 옳겠다.

정치를
최소화하면
안 되는가?

나는 그간 글과 말을 통해 소소하게나마 평온의 전도사 역할을 해왔다. 정말 어쭙잖은 일이었지만, 내 나름 작은 뜻이 있었다. 세계 최고 수준의 자살율과 최저 수준의 출산율, 많은 국민이 편을 갈라 치열하게 벌이는 증오의 싸움에 대한 해결의 실마리가 평온에 있다고 보았기 때문이다.

그런데 평온에 대한 거부감이 만만치 않았다. 평온은 노인이나 무기력한 사람들이 택할 수밖에 없는 것이라거나 배부른 사람들만이 누릴 수 있는 사치에 불과하다고 생각하는 사람이 의외로 많았다. 사실 평온은 그간 한국에선 전혀 환영받지 못한 개념이었다. 아니 의도적으로 평온을 방해하기 위한 국가·사회적 차원의 '음모'가 있었다고 보는 게 옳을지도 모르겠다.

세계 최빈곤 국가 중 하나였던 한국이 불과 반세기 만에 오늘의 번영을 이룬 데엔 평온을 적으로 여기는 정신 상태가 필요했다. 아무리 가난해도 평온한 마음을 가진 사람들이 허리띠를 졸라매면서 전쟁하듯이 치열하게 살 리는 만무했다. '다이내믹 코리아'라는 슬로건이 말해주듯, 역동성을 핵심 가치로 여기는 사회에서 평온은 현실에 안주하는 게으름이나 무기력으로 간주되었다.

그러나 세상 이치라는 게 밀물이 있으면 썰물이 있는 법이다. 미친 듯이 일하는 사람일지라도 지속가능한 삶을 위해선 '휴식'과 '재충전'이 필요한 법이다. 집단적으로 전쟁하듯이 치열하게 살아온 사람들도 '평온의 휴전'을 누려야 한다. '저녁이 있는 삶'이란 슬로건이 많은 사람의 심금을 울린 것도 바로 그런 필요성에 어느 정도 공감했기 때문이 아닐까?

문제는 평온하게 살기 어려운 삶의 물질적 조건일 텐데, 이마저도 생각하기 나름이다. 내가 생각하는 평온의 핵심은 '나를 위한 삶'이다. 누구는 '나를 위한 삶'을 살지 않느냐고 반문할 수 있겠지만, 잘 생각해보시라. 남들의 눈치를 보고, 남들의 인정을 받으려고 몸부림치고, 남들 하는 대로 따라하지 않으면 불안해하고, 남들보다 조금이라도 더 많이 갖거나 누리지 못하면 괴로워하고, 삶의 모든 영역에서 끊임없이 남을 의식하는 삶을 진정 '나를 위한 삶'이라고 할 수 있을까? 그건 나를 위한 것 같지만, 실은 '남을 위한 삶'으로 보아야 하는 게 아닐까?

나는 우리 정치가 국민적 원성의 대상이 된 것도 평온의 가치가 전혀 없기 때문이라고 본다. 욕망과 열정은 들끓지만, 소통과 상생은 없다. 소통과 상생은 평온의 차분함이 줄 수 있는 역지사지가 없이는 이루어지기 어렵기 때문이다. 아예 평온을 죽이려는 제도와 관행도 있는데, 그게 바로 '승자 독식'이다. 싸움에서 질 경우 모든 걸 다 잃는다고 하면 눈에 보이는 게 없어진다. 누가 이겨도 다 갖진 못하고 반대편보다 조금 더 갖는 수준에서 나누어 먹어야 한다면, 싸움의 욕망과 열정이 좀 누그러들지 않을까?

생각해보면 참 이상한 일이다. 여태까지 수많은 정치적 혈투가 있었지만, 승자건 패자건 '승자 독식' 자체를 바꾸자는 말은 하질 않으니 말이다. 다 자기편이 이길 걸로, 아니 이겨야만 한다고 생각하기 때문이다. 우리는 정치판에 침을 뱉길 주저하지 않지만, 가슴에 손을 얹고 주변을 잘 둘러보시라. 정치가 위대하다는 걸 절감할 게다. 고등 실업자가 될 사람들에게 고급 일자리를 대규모로 마련해줄 수 있는 건 오직 정치뿐이다.

어떤 이는 "정치는 원칙의 경쟁으로 위장하는 밥그릇 싸움"이라고 했다. 그대로 다 믿을 말은 아니지만, 선거를 전후로 전국이 밥그릇의 배분을 둘러싸고 몸살을 앓는 게 현실 아닌가? 그래서 정치를 욕하면서도 '정치 과잉'인 상태가 지속되는 것이다. 나는 밥그릇 지명권의 상당 부분을 시민사회에 돌려줌으로써 정치의 타락한 권능을 축소해야 한다고 생각한다. 예컨대, 선거 논공행상의 도구로 전락한 모든 공기업 임원진 구성을 시민 사회의 힘을 빌려 투명하고 공명정대하게 한다면, 정치가 이권 투쟁과 지대추구의 도박판에서 비교적 자유로워질 수 있지 않을까?

미국도 우리와 처지가 비슷한 것 같다. 미국 제44대 대통령 버락 오바마는 2009년 1월 27일 취임 1주일을 맞아 경기 부양 법안 처리에 반대하는 공화당을 설득하기 위해 의회를 방문해서 이런 말을 했다. "우리가 당면한 문제들을 해결하기 위해선 정치를 최소화해야 한다." 정치는 원래 문제 해결을 위한 것이지만, 당파 싸움으로 전락한 정치는 최소화할수록 문제 해결에 도움이 되지 않겠느냐는 뜻으로 한 말이다. 오죽했으면 '정치의 최소화'를 부르짖었을까?

그런데 지식인들 중엔 타협을 저주하는 원칙주의자가 의외로 많다. 한국에서 "정치를 최소화해야 한다"고 말하면 펄펄 뛰면서 비난할 지식인이 많다는 뜻이다. 오히려 정치를 최대화해 세상을 바꿔야 한다고 역설할 게 틀림없다. 최대화해도 좋게끔 정치를 어떻게 바꿀 수 있느냐고 물어보면 "열심히 노력하자"는 말 이외엔 아무런 답을 내놓지 않는다.

그런 생각은 좋게 봐주면 '엘리트주의', 좀 좋지 않게 보자면 '근본주의'라는 게 내 생각이다. 정치가 세상을 바꾼다는 건 정치인들에게 기대를 걸겠다는 뜻인데, 내가 보기엔 그건 백년하청百年河清이다. 그렇다고 해서 포기하자는 뜻은 아니다. 오히려 정반대다. 정치인과 정치의 변화를 위해서라도 우리가 가져야 할 정신 상태가 바로 평온이라는 게 내 주장이다.

욕망과 열정으로만 치닫다 보면 '자기편'만 생각할 뿐 '우리 모두'를 생각할 겨를이 없어진다. 불평등 완화도 영영 기대하기 어렵다. '승자 독식'이 '승자의 저주'가 되는 국가적 악순환에서 벗어날 수 있는 법, 나는 이걸 평온의 기술이라고 부르고 싶다. 평온 덕분에 '전쟁 같은 삶'이 좀 달라진다면, 다시 욕망과 열정의 시대로 돌아갈 수 있으니 너무 걱정은 하지 않는 게 좋으리라.

위선은 공정성을 잠식한다

제6장

"

괴물과 싸우는 사람은

그 과정에서

자신마저 괴물이 되지 않도록 주의해야 한다.

"

● 프리드리히 빌헬름 니체(독일 철학자)

위선은
진보의 특권이
아니다

진보는 억울하다. 똑같은 도덕적 잘못을 저질러도 보수에 비해 훨씬 더 호되게 당하니 말이다. 그래서 진보 진영 일각에서는 그걸 '기울어진 운동장'이라며 진보는 도덕에서 자유로워져야 한다고 주장한다. 도덕을 아예 내팽개치자는 주장은 아닐 테고, 아마도 도덕적 굴레에 너무 얽매이지 말자는 걸로 이해할 수 있겠다.

그러나 세상에 공짜는 없는 법이다. 유권자들이 정책을 완전히 외면하는 건 아니지만, 정책보다는 사람을 보고 표를 던지는 걸 어이하랴. 진보는 지금 이대로의 세상에 많은 문제가 있다며 변화를 추구하는 사람들이다. 그 과정에서 변화에 저항하는 사람들을 향해 비판을 하면서 사실상 '도덕적 우월감'을 드러내거나 과시하기도 한다. 그래놓고선 보수와 같은 수준의 도덕을 누리겠다니, 이게 말이 되는가?

물론 말이 된다고 생각하는 사람들도 있겠지만, 중요한 건 결코 그렇게 생각하지 않는 유권자가 많다는 사실이다. 이는 지난 2016년 미국 대선에서도 충분히 입증된 사실이다. 민주당 후보 힐러리 클린턴과 공화당 후보 도널드 트럼프가 맞붙었던 이 대선의 주요 쟁점 중 하나는 바로 위선 문제였다. 트럼프는 대선 기간 내내 힐러리를 '위선자'로 몰아붙였다. 트럼프는 인종차별적이고 성차별적인 막말도 서슴지 않았지만, 그마저 '솔직'으로 포장하면서 자신은 위선과는 거리가 먼 사람이라는 걸 강조했다.

단지 그 정도였으면 트럼프가 대선에서 승리하긴 어려웠을 것이다. 문제는 힐러리의 위선이 부도덕한 축재에서 각종 특권의 향유에 이르기까지 충분한 근거가 있다는 게 대선 기간 내내 주요 이슈로 부각되었다는 점이다. 이는 트럼프의 인종차별적이고 성차별적인 언행에 비하면 비교적 '사소한' 것이었지만, 스스로 '악당'을 자처한 트럼프에겐 그런 몹쓸 언행마저 별 문제가 되지 않았다. 진보로선 기가 막힐 일이었지만, 이는 위선에 대한 대중의 혐오가 얼마나 강한지를 간과한 자업자득이었다.

진보는 위선에 둔감하다. 왜 그런가? 개인적으로 먹고사는 문제나 자녀 교육에서 진보와 보수의 차이가 거의 없다는 건 이젠 상식이 되었다. 특히 공직에 뛰어든 진보는 공적 영역과 사적 영역을 분리해 생각하고 행동하는 게 당연하다고 생각하기 때문에 그런 상식의 함의를 깨닫는 데에 무능하다. 진보는 늘 중하층의 민생을 염려하면서 최상층을 비판하는 말을 많이 한다. 적당히 대충하는 게 아니라 온갖 화려한 수사를 동원해가면서 한다. 가능한 한 유권자들의 심금을 울리기 위해서 말이다. 그런데 바로 이런 감성적 수사가 부메랑으로 돌아온다.

문재인은 대통령 취임사에서 "문재인과 더불어민주당 정부에서 기회는 평등할 것입니다. 과정은 공정할 것입니다. 결과는 정의로울 것입니다"라고 선언했다. 역사에 길이 남을 명언이었지만 과욕이었다. 이 명언은 지식인이 당위적 선언으로나 할 수 있는, '꿈과 같은' 이상이었기 때문이다. 5년 임기의 정권이 해낼 수 있는 일이 결코 아니었다. '문재인과 더불어민주당 정부'를 빼고 "우리 대한민국은 평등한 기회, 공정한 과정, 정의로운 결과를 추구하는 나라가 되어야 할 것입니다" 정도로 만족했어야 했다.

우리는 '조국 사태'의 와중에서 이 명언이 엄청난 부담과 책임 추궁으로 돌아오는 부메랑을 목격한 바 있다. 그게 얼마나 타당한가 하는 건 별개의 문제다. 전체 국민의 절반 이상이 그런 추궁을 했다는 정치적 현실이 중요하다. 문재인 정권이 심혈을 기울여 추진한 '최저임금제', '주52시간제', '비정규직의 정규직화', '시간강사법' 등 일련의 정책은 사회적 약자를 배려하는 아름답고 훌륭한 정책이었다. 하지만 정책 시행 시 일어날 수 있는 '의도하지 않은 결과'나 부작용에 대한 대처 방안이 미리 제대로 검토조차 되지 않았다는 게 충분히 드러났다. 이 또한 진보가 선호하는 추상적 당위의 함정이다. 이는 '결과적 위선'으로 지탄받기 마련이다.

미국 진화심리학자 로버트 쿠르즈반은 "위선은 공평성을 잠식한다"고 말한다. 위선은 이탈리아 시인 단테의 『지옥』에 나오는 9개의 지옥 중에서 제8지옥에 해당할 정도로 역겨운 것인데, 그 역겨움의 핵심은 위선이 공평성을 훼손하기 때문이라는 것이다. 이는 조금만 생각해보면 쉽게 이해할 수 있는 문제다.

위선은 모든 사람에게 어떤 당위나 규칙을 역설하는 형식으로 나타나는데, 그렇게 말한 사람이 그걸 지키지 않는다면 불공평하지 않겠는가? 당위나 규칙을 역설하는 일이 많은 직업을 가진 사람이 위선자가 되기 쉽다. 정치인과 지식인이다. 그런 특수성을 감안하자면, 그들이 특별히 더 위선적이라고 보긴 어렵다. 그래서 쿠르즈반은 "나는 정치인들이 겉모습과 달리 우리보다 더 위선적이지는 않다고 생각한다"고 말한다. 물론 이 말을 믿을 사람은 별로 없겠지만 말이다.

진보는 여전히 억울하겠지만, 위선은 관리의 대상임을 인식하고 말을 앞세우는 걸 자제해야 한다. 적어도 정책 영역에선 현실을 당위적 수사에 종속시키지 말고, 실천은 반드시 성공시켜야 한다는 '책임 윤리'를 가져야 한다. 그럴 때에 비로소 반대 세력과도 소통하고 타협해야 한다는 필요성을 절감하게 될 것이다. 위선에 민감해지기 위해선 일부러 악역을 맡아 문제를 끊임없이 지적하는 '악마의 변호인' 제도를 광범위하게 도입해야 한다. 내부 고언을 하는 사람을 '내부의 적'으로 몰아 몰매를 주는 현 상황에선 그 방법밖엔 없지 않은가? 명심하자. 위선은 진보의 특권이 아니라는 것을.

당위와
위선
사이에서

공적 영역에선 위선이 필요악인 경우가 많다. 17세기 프랑스 작가인 프랑수아 드 라로슈푸코가 갈파했듯이, "위선은 악덕이 미덕에 바치는 공물이다". 개인적 차원에서 저지르는 위선일지라도 그 위선은 전체 사회가 지켜야 할 도덕적 규범을 강조하는 의미를 갖기 때문이다. 우리가 위선자를 비판하는 이유도 언행일치가 안 된다는 것일 뿐, 그 위선의 메시지 자체를 비판하는 건 아니잖은가?

문명사회일수록 광신보다는 위선이 발달하게 되어 있다. 그런데 문제는 위선이 사회적 매너리즘이나 관행으로 굳어져 오래 지속될 경우 위선의 그런 사회적 효용이 수명을 다하고 오히려 역효과가 날 수 있다는 점이다. 이는 위선에 대한 철학적 문제인 동시에 당장 우리 발등에 떨어진 사회적 문제이기도 하다.

개인적으로 극심한 차별을 저지르는 사람일지라도 공개적인 자리에선 차별에 반대한다는 말을 한다. 우리는 그것이 문명인다운 예의라고 생각한다. 그런 예의의 제도화가 낳은 결과는 무엇인가? 공적 영역에선 차별에 반대하는 아름다운 언어들이 난무하지만, 온갖 영역에서 차별은 교묘하고 악랄하게 기승을 부리고 있다. 누구나 인정할 게다. 그럼에도 우리는 공개적으론 계속 위선을 떨어야 한다는 상식을 무슨 진리인 양 믿고 있다.

우리가 진정 차별에 반대한다면, 사회적 공인들이 겉으로 내뱉는 말에만 주목할 게 아니라 결과를 보아야 한다. 우리는 어떤 지도자나 고위 공직자가 입으로는 차별에 반대한다고 해놓고 실제로는 자신의 책임하에 있는 조직이 엄청난 차별을 저지르는 것에 대해 분노하지 않는다. "원래, 그런 것 아냐"라는 식으로 가볍게 넘어간다. 반면 어떤 지도자나 책임자가 차별을 정당화하는 발언을 조금이라도 하면 벌떼같이 들고일어난다. 이거 좀 우습지 않은가? 좀더 일찍 개입했어야 했던 게 아닌가?

그간 우리가 좀 어이없어 하며 즐겨온 미국에서 일어난 '트럼프 현상'은 그런 '위선의 게임'의 전복 또는 종언을 의미한다. 처음엔 '웃음거리'로 간주되다가 대통령까지 지낸 트럼프는 보수와 진보를 막론하고 모든 종류의 위선에 맹폭격을 가하는 전사로 활약하면서 그 자리에 올랐기 때문이다. 기성 언론매체는 문명의 이름으로 이런 전사들을 초전박살하는 데에 혁혁한 공을 세워왔다. 보수 언론일지라도 전체 공동체가 지켜야 할 최소한의 문명적 양식과 상식은 지키는 걸 보도와 논평의 전제로 해왔다. 설사 그것이 위선일지라도 말이다. 그런데 인터넷과 SNS가 주요 정보원이자 사회적 논의의 마당이 되면서 그 방어벽이 해체되고 말았다. 사석에서나 은밀하게 나눌 수 있었던 '모욕과 차별의 언어'가 새로운 커뮤니케이션 테크놀로지의 확산으로 인해 공공 영역의 입주권을 따내는 일이 벌어진 것이다.

그런 현상을 비판하고 개탄하기는 쉽다. '히틀러'·'나치'·'파시즘' 따위의 단어들을 동원해 딱지 붙이기를 하는 것도 이해할 만하다. 하지만 그게 전부라면 그건 어느 곳에서건 일어날 수 있는 '트럼프 현상'을 잘못 이해하는 것일 뿐만 아니라 오히려 키워주는 결과를 초래하기 십상이다. 트럼프 지지자들은 트럼프의 막말을 일종의 협상 카드로 생각한 반면, 트럼프 반대자들은 트럼프의 막말을 액면 그대로 받아들여 그 어떤 끔찍한 재앙을 떠올리는 경향을 보였다.

재미있지 않은가? 일반적으로 정치인의 말은 액면 그대로 믿는 경우가 거의 없으면서 왜 트럼프의 말은 그대로 받아들인 걸까? 물론 대통령 퇴임 시 그가 보인 언행은 재앙에 가까운 사태를 낳기도 했지만, 그는 결국 한바탕 소극笑劇을 연출하면서 백악관을 떠나지 않았던가? 트럼프를 과대평가한 걸까, 아니면 과소평가한 걸까? 나쁜 쪽으론 과대평가하고, 좋은 쪽으론 과소평가한 건 아닐까? 우리는 혐오할 만한 인간이 나타나면 "왜?"

라는 원인 규명을 하기보다는 어떻게 해서건 그 인간을 깎아내리는 쪽으로 생각하고 행동하는 경향이 있는데, 이게 바로 '트럼프 현상'을 키운 자양분이기도 했다.

마키아벨리즘의 부작용도 있다. 정치인들은 보수와 진보를 막론하고 마키아벨리의 다음 조언을 따르지 않았던가?

"여우의 본성을 가장 잘 사용할 줄 알았던 사람이 가장 큰 성공을 거두었다. 하지만 사람들은 이런 여우의 본성을 잘 감출 줄 알아야 하며 능숙한 거짓말쟁이와 위선자가 되어야 한다. 인간은 매우 단순하고 눈앞의 필요에 따라 움직이기 때문에 속이고자 하는 사람은 속을 사람을 항상 쉽게 발견할 수 있다."

미국의 중하층 사람들에게 정치는 그런 위선과 기만의 연속이었다. 미국인의 3분의 2는 미국 경제가 부자들을 위해 조작되었다고 여긴다. 10명 중 7명이 엘리트 정치인은 보통 사람의 삶에 관심이 없다고 생각한다. 이는 '정치의 죽음'을 의미한다. 한국도 더하면 더했지 덜하지 않다. 트럼프가 정치를 죽인 게 아니다. 그는 이미 이루어진 '정치의 죽음'이라는 잿더미에서 태어난 것일 뿐이다. 우리에게도 닥친 '정치의 죽음'에 어떻게 대처할 것인가? 위선의 종언은 인간 세계에서 실현 불가능한 목표지만, 그 방향으로 애는 써야 한다. '트럼프 현상'을 미국에만 머무르게 하려면 말이다.

"철학이 말하는 대로 살려면 위선적이 될 수밖에 없기 때문에 바로 우리가 살고 있는 바를 말할 수 있는 표현 양식이라 할 뻔뻔함을 발휘하자." 독일의 괴짜 철학자 페터 슬로터다이크의 말이다. 냉소주의의 재건을 주장하는 그는 '뻔뻔함'을 새로운 철학적 사유 양식으로 제시했다. 탈형이상학적인 현실적 삶에 대해 긍정하면서 건강하고 즐거운 삶을 적극적으로 추구하자는 뜻에서 말이다.

이런 주장에 동의하건 동의하지 않건 한 가지 생각해볼 점을 제시해주는 건 분명하다. 비단 철학뿐만 아니라 공식적으로 발설되는 당위적인 삶의 기준에 맞춰 살려면 위선적이 될 수밖에 없다는 걸 뻔히 알면서도 우리는 왜 그런 당위에서 벗어나는 사고와 행동을 비판하는 걸까? 자신이 지키지도 못할 당위를 끌어안으면서 남에게 큰소리를 치는 모습에서 냉소주의가 무럭무럭 자라는 모습이 떠오르지 않는가? 과도한 위선을 더욱 경계해야 할 이유라 하겠다. 위선, 제발 정도껏 하자.

빈곤 문제를
외면하는
가짜 진보

2020년 3월 16일 『한겨레』 기자 이재훈이 쓴 「코로나 집단 감염, 지금 여기의 책임 윤리」라는 칼럼이 인상적이었다. 그는 코로나19가 확산하는 동안 크게 세 차례 집단 감염 사례가 있었다며, 이 사례들을 관통하는 열쇳말은 '가난'이 되어야 한다고 역설했다. 맞다. 재난은 빈부 격차를 초월해 모든 사람을 덮치기에 우리 모두 '공동체적 일체감'과 더불어 '희망과 관용과 연대의 힘'을 느낄 수 있는 기회이기도 하지만, 가난만큼은 어쩌지 못한다.

남아프리카공화국 작가 헤인 마리스는 재난이 가난한 사람을 차별하는 현상에 주목하면서 이렇게 말한다.

"재난은 사람을 차별하지 않는다는 영원한 허상을 버려라. 그리고 재난은 모든 걸 '사회적으로 평등하게' 쓸어간다는 생각도 버려라. 전염병은 쫓겨나서 위험 속에서 생계를 꾸려야 하는 사람들을 집중 공격한다."

캐나다 작가 나오미 클라인도 비슷한 말을 한다.

"얼마 전만 해도 재난은 사회적 단합이 일어나는 시기로 여겨졌다. 즉, 하나로 뭉친 지역사회가 구역을 따지지 않고 합심하는 보기 드문 순간이었다. 그러나 재난은 점차 정반대로 변하면서 계층이 나뉘어 있는 끔찍한 미래를 보여주었다. 경쟁과 돈으로 생존을 사는 세상 말이다."

코로나19 극복의 가장 좋은 방법으로 여겨지고 있는 '사회적 거리두기'는 그 '거리'가 없어야만 먹고살 수 있는 사람들에게 치명타를 가하기 마련이다. 택시를 타길 꺼리는 사람도 많지만, 택시를 타보면 실감할 수 있다. 영세 자영업자나 비정규직 노동자들의 사정도 비슷하다. 거의 울먹이는 목소리로 어려움을 호소하는 그들의 말을 듣다 보면 그간 '사회적 거리두기'를 실천해온 게 미안하게 느껴질 정도다.

가난하지 않은 사람이 가난을 접하기는 날이 갈수록 어려워지고 있다. 무엇보다도 재산과 소득 수준에 따른 '주거지 분리'가 가장 큰 이유다. 이런 문제를 넘어서기 위한 고민은 이른바 '소셜 믹스' 정책으로 나타났다. 우리에겐 분양아파트와 임대아파트를 한 단지에 섞어 짓는 것을 말하는 것으로 통용되고 있지만, 소셜 믹스엔 다양한 방법이 있다.

그런데 이게 영 쉽지 않다. '주거 소셜 믹스'는 실패한 정책이라는 말이 나올 정도로 임대아파트를 차별하는 문제가 사회

문제로 떠오른 지 오래다. 2020년 3월 『한겨레21』이 서울에 300가구 이상 공급된 공공임대아파트 158개 단지와 서울시 616개 초등학교 통학 구역을 한 달간 분석한 기사에 따르면, 임대아파트 아이들에게 쏟아진 차별과 혐오의 시선, 분리와 배제의 시도가 매우 심한 것으로 나타났다.

전국에 걸쳐 일어나는 이런 차별·혐오·분리·배제는 사실 '재난'이라고 해도 과언이 아니다. 일상의 재난이다. 시인 박영희는 3년간 가난의 현장을 취재한 끝에 출간한 『아파서 우는 게 아닙니다』라는 책에서 이런 질문을 던졌다.

"한 발을 빼려 하면 다른 발이 빠져들고 다른 발을 빼려 하면 또 다른 발이 빠져드는 수렁에 빠져 헤매는 이웃들의 문제에 귀를 기울이지 않고서 어떻게 민주주의를 이야기할 수 있을까?"

그렇다. 우리는 민주주의를 선거 중심으로만 이해하려는 경향이 있지만, 선거제도 자체가 가난을 차별한다. 하루 벌어 하루 먹는 사람들은 투표를 할 시간조차 없다. 그들의 목소리는 선거판에서 들리지 않는다. 애써 들으려고 하지도 않는다. 가난한 사람들을 위한 복지제도가 있다지만, 그들은 이렇게 하소연한다.

"'가난하냐' 죽고 싶을 만큼 묻고 또 묻고는……죽지 않을 만큼 줘요.""사실 그렇게 수치스러워 보기는 처음이었어요. 너무 섭섭해서 지워지지 않아요. 일을 할 수 있는데 놀고 먹으려는 사람처럼 취급했습니다.""누가 기초수급자라고 주변에 말하겠어요. 담당하는 공무원도 무시하는데 일반인들은 속으로 얼마나 더 무시를 하겠어요. 수급자가 아닌 척하고 다니는데 되게 피곤해요."(『경향신문』, 2019년 4월 1일)

폴란드 출신의 영국 사회학자 지그문트 바우만은 『새로운 빈곤』이란 책에서 더욱 끔찍한 시나리오를 제시한다. "최하층 계급이 오늘날 풍요로운 사회에 이바지하는 것 가운데 하나가 막강한 외부의 적이 더이상 방출하지 않는 두려움과 걱정을 빨아들이는 데에 있다." 최하층 계급은 내부의 적으로서, 외부의 적을 대신해 집단적으로 제정신을 되찾는 데 필요한 약물이 되고, 개인의 불안정에서 비롯된 집단적 긴장을 조절하는 안전밸브 노릇을 한다는 것이다.

코로나19를 두고 정파적 전쟁을 벌이는 걸 자제하면서 이런 문제까지 본격적으로 거론하는 기회로 삼아야 하지 않을까? 정파성을 피할 수 없다면, '가난과의 전쟁'을 위한 현명한 정책을 내놓는 경쟁을 해야 하지 않을까? 눈에 잘 보이지 않는다고 없는 게 아니다. 코로나19가 우리에게 그런 깨달음의 기회를 주면 좋겠다. 우리는 지금 빈곤 문제에 무관심한 가짜 진보의 시대에 살고 있다. 빈곤 문제를 외면하면서 빈곤과 전혀 무관한 문제들에 대해서만 혈압을 높이는 자칭 진보파에게서 '진보'의 딱지를 박탈해야 한다. 그래야만 그런 깨달음의 기회를 현실의 변화로 발전시키는 정치 세력이 등장할 수 있는 걸까?

'사람이 먼저다'는
허황된 슬로건을
폐기하라

누군가 내게 "지난해에 가장 인상 깊었던 한마디는 무엇인가?"
라고 묻는다면, 나는 12월 24일 오전 국회 본청 앞에 설치된 정
의당의 농성장에서 나온 말을 꼽고 싶다. '중대재해기업처벌법
(중대재해법) 제정'을 요구하며 단식 농성 중인, 고故 김용균의 어
머니 김미숙을 찾은 민주당 원내대표 김태년은 중대재해법 제
정에 야당인 국민의힘이 협조하지 않아 문제라고 했다. 그러자
김미숙은 "여태까지 (민주당이 원한 법안은) 여당이 다 통과시켰
지 않느냐"며 "많은 법을 통과시켰는데 왜 이 법은 꼭 야당이 있
어야 하느냐"고 물었다.

　순간 할 말을 잃고 당황해하는 김태년의 모습을 텔레비전을
통해 지켜보면서 많은 생각을 했다. 나는 민주당이 다른 법안들
을 힘으로 밀어붙인 것에 대해 비판적인 생각을 갖고 있지만, 중
대재해법에 대해선 달리 생각한다. 이 법을 그런 식으로 통과시

켰다면 나는 지지를 보냈을 것이다. 왜 그렇게 일관성이 없느냐고 추궁한다면, 나는 이런 답을 드리고 싶다. "매일 7명이 일하다 죽어나가는 걸 구경만 해온 우리는 모두 미쳤다!" 산업재해 사망은 상당 부분 '사회적 타살'이라는 점에서 그렇다.

그럼에도 2021년 1월 8일 국회 본회의를 통과한 중대재해법은 원안에서 대폭 후퇴한 '누더기 법'이 되고 말았다. 이미 민주당을 향해 거센 비판이 많이 쏟아졌기에 비판을 보태고 싶진 않다. 내가 궁금하게 생각하는 건 민주당이 그런 비판을 예상했을 텐데도 왜 그랬을까 하는 점이다. 『한겨레』는 사설을 통해 "(여당은) 방향성을 잃은 채 원칙 없는 타협으로 '누더기 법'을 만든 것에 부끄러움을 느껴야 한다"고 했지만, 올바른 진단은 아니다. 다음 물음들에 답할 수 없기 때문이다.

평소 호랑이처럼 사납게 '다수결의 횡포'를 부리던 민주당이 왜 갑자기 순한 양이 되었을까? 아니 왜 비굴한 양이 되어 국민의힘을 향해 "재네들 때문에 그렇게 됐다"고 손가락질을 한 걸까? 몇몇 민주당 의원은 국민의힘 탓을 하면서 아쉬움을 토로했는데, 왜 그게 더 괘씸한 '악어의 눈물'처럼 여겨진 걸까? 공수처법 처리 때 보여준 호랑이의 사나움은 도대체 어디로 간 걸까?

어느 문재인 지지자는 댓글을 통해 "문 대통령은 믿을 수 있는 분인데, 왜 중대재해법이 그렇게 되도록 두었는지 모르겠어요"라고 했는데, 답을 드려야 할지 모르겠다. 불편한, 아니 잔인한 진실을 말해주면 이분이 문재인에 대한 실망과 환멸을 느낄까봐 염려되기 때문이다. 이분의 건강을 위해선 "믿을 수 있는 우리 이니"라는 환상을 계속 유지하는 게 좋을 것 같다는 생각이 든다.

이런 질문을 던져보면 어떨까? 지지율이 급락할 정도로 큰 정치적 타격을 받는다면 그래도 그렇게 했을까? 물론 큰 정치적 타격은 없었다. 그렇다면 좀 다른 생각을 해보는 것도 필요할 것 같다. 나는 산업재해 문제가 '경로의존path dependency의 덫'에 갇혀 있다고 생각한다. 경로의존은 한 번 경로가 결정되고 나면 경로 이용의 타성과 경로를 중심으로 형성된 기존 시스템의 관성 때문에 경로를 바꾸는 게 매우 어려워지는 현상을 가리킨다. 그런 경로는 우리의 의식에도 형성되는 것이어서 우리 모두의 성찰을 요구한다.

돌이켜보건대, 우리가 자랑스럽게 생각하는 초고속 압축 성장은 인권을 중시한 건 아니었다. 50년 전 경부고속도로 개통은 '민족사적 금자탑' 운운하는 찬사를 받기도 했지만, 건설 중 사망자가 77명이나 나왔다. 1977년 사상 최초로 100억 달러 수출을 달성한 것도 격한 자축의 대상이 되었지만, 그 이면엔 전태일 열사와 같은 수많은 노동자의 희생이 있었다. 우리는 그야말로 '전쟁 같은 삶'을 살면서 선진국 문턱에 이르렀지만, 사회적 약자를 희생으로 한 개발독재의 습속은 우리 모두의 의식에 깊게 새겨진 경로가 되고 말았다. 우리가 그간 긍지를 느껴온 K방역이 사실상 사회적 약자들을 외면해온 것도 바로 그런 의식의 경로 때문이었을 게다.

'중단 없는 전진'을 외치며 살아온 우리에게 '안전 우선'은 사치스러운 것으로 여겨졌으며, 그런 심성은 기업 경쟁력의 원천이 되기도 했다. 그렇게 '위험을 무릅쓰는 문화'를 토대로 형성된 기업 시스템과 관행은 큰 변화 없이 오늘날까지 지속되어왔다. 이를 단기간 내에 바꾸긴 쉽지 않다. 강력한 처벌이 해결책일 수 없다는 주장엔 일말의 진실은 있다. 문제는 기업들이 그런 시스템과 체질을 바꾸려는 노력을 평소에 얼마나 해왔으며, 정부·정치권·언론 등은 얼마나 상시적인 관심을 보였느냐 하는 점이다. 답은 매우 부정적이다. 우리는 발등에 불이 떨어져야 비로소 움직이는 사람들이 아닌가?

경제계·재계의 반발도 마찬가지다. 12월 16일 전국경제인연합회를 비롯한 30개 경제단체와 업종별협회는 공동 기자회견을 열고 강한 반대의 뜻이 담긴 성명서를 발표했다. 성명서는 "중대재해법은 모든 사망사고 결과에 대해 인과관계 증명도 없이 경영 책임자와 원청에 책임과 중벌을 부과한다"며 "기업들은 그야말로 운수소관의 운명이 되고 연좌제로 당하는 것과 같다"고 했다. 성명서는 또 "중대재해법안은 기업에 대한 벌금 외에 경영자 개인 처벌, 영업정지, 작업 중지 등 행정제재, 징벌적

손해배상이라는 4중 제재를 부과하는 세계 최고 수준의 처벌 법안"이라며 "기업인들은 언제, 어떻게 중형에 처해질지 모른다는 공포감에 시달리며 과감하고 적극적인 산업 안전 투자와 활동을 주저할 수밖에 없을 것"이라고 했다.

귀담아들을 지적이 있음을 부인하기 어렵다. 나 역시 적어도 법의 형식적 측면만 놓고 보더라도 적잖은 문제가 있다는 걸 인정한다. 나는 문재인 정권의 민생 정책이 시장을 무시한 채 선의와 열정뿐이라고 비판해온 사람이기에 경제계·재계의 우려와 반발을 어느 정도 이해한다. 내가 이해할 수 없는 건 경제계·재계 인사들이 사회를 대하는 기본 생각과 자세다.

이분들께 말씀드리고 싶다. 2018년 12월 18일 『프레시안』에 실린 다음 기사 내용에 대해 어떻게 생각하는가?

"하청 노동자가 사망하는 경우, 원청 사용자는 처벌 대상에도 포함되지 않는다. 위험을 줄이고 노동자를 더 고용하는 것보다 벌금 몇 푼 내는 게 저렴하다. 책임져 주겠다는 하청업체도 있으니 든든하다. 차라리 몇 명 죽는 게 더 싸게 먹힌다."

전혀 근거 없는, 위험한 선동인가? 잘 아시다시피 한국은 경제협력개발기구 회원국 중 압도적인 산재 1위 국가다. 민주노총은 은폐된 산재를 포함하면 실제 피해자 수는 통계보다 10배 이상 많을 것으로 추정하고 있는데, 이 정도면 '세계 최고 수준'이라고 해도 무방할 것이다. '세계 최고 수준의 처벌 법안'엔 눈이

번쩍 뜨여도 '세계 최고 수준의 산재 사망'은 신경 쓸 일이 전혀 아니라고 생각해왔다면, 중대재해법은 경제계·재계의 자업자득이라고 보아야 하지 않을까?

그간 기업들이 공식석상에서 입이 닳도록 외쳐온 '기업의 사회적 책임'은 무슨 뜻이었나? 매일 7명이 일하다 죽는 걸 몰랐나? 피부에 와닿지 않는 통계 수치일 뿐이라고? 김용균의 비극을 비롯해 사회적으로 큰 충격을 안긴 참사들이 끊임없이 벌어졌는데, 그땐 무슨 생각을 했나? 기업에도 이런저런 어려움이 많다면, 경제계·재계가 먼저 나서서 법과 제도 개혁을 강력히 요구할 수는 없었나?

나는 이른바 '반기업 정서'에 반대할 뿐만 아니라 한국의 경제적 번영을 만든 주역은 기업인들이라고 생각하는 '친기업파'에 속하는 사람이다. 자본주의를 비난하고 저주하는 게 진보의 필수 요건처럼 여겨지는 위선적인 풍토에 대해서도 개탄을 하는 사람이다. 오히려 그렇기 때문에 기업인들이 사람 목숨을 소중히 여기지 않는 것에 더 화가 나는 건지도 모르겠다.

경제계·재계 인사들께 다시 묻고 싶다. 매일 7명 사망, 이대로 좋은가? 왜 그간 침묵과 방관만 해오다가 노동자들의 분노 폭발이 중대재해법 제정으로 이어지는 순간에서야 들고일어나는가? 정부와 정치권의 개입 이전에 스스로 알아서 상생할 수 있는 합리적인 문제 해결에 나설 자유 의지가 전혀 없는가? 산업재해를 전담하는 상시적인 다자 협의 기구의 구성을 제안하면서 정부와 사회의 협력을 구하는 조치를 적극적으로 취하면 기업에 대한 존중과 신뢰도 높아질 텐데, 왜 자꾸 로비와 압력 위주의 방어에만 몰두하는가?

중대재해법 원안에 아무리 문제가 많아도, 당신들이 계속 미친 척하는 상황에서 이래도 답이 없고 저래도 답이 없다면 차선이라도 택할 수밖에 없는 게 아닌가? 경제, 정말 중요하다. 정치가 수렁에 처박혀도 나라가 그럭저럭 돌아가는 건 경제 덕분일 게다. 모든 경제인께 깊이 감사하다. 그러나 '사람 죽이는 경제'는 이제 안 된다. 처지를 바꿔놓고 생각해보시라.

민생과 무관해도 정략적으로 이익이 될 일엔 눈이 충혈되지만, 민생 그 자체라 할 일일지라도 정략적 이익이 없으면 나 몰라라 하는 게 민주당의 기본자세임은 익히 잘 알고 있기에 놀랄 일도 없다. 최근 '국회의원 이해충돌방지법'을 놓고 미적대는 걸 보라. 자기들 밥그릇 건드릴 수 있는 건 한사코 마다한다. 그러나 우리 모두 사기는 치지 말고 살아가자. 문재인 정권에 "사람이 먼저다"는 허황된 슬로건을 공식 절차를 걸쳐 폐기할 것을 요구한다.

민생을 돌보는 데에
증오는
필요 없다

"우리의 이 불행한 세상에서는 사람들이 사회를 이루며 사는한, 압제자들의 계급과 피억압자들의 계급이라는 두 계급으로나뉘어지지 않을 수가 없다." 프랑스 사상가 볼테르의 음울한 진단이다. 미국 정치가 알렉산더 해밀턴도 이렇게 맞장구를 친다. "사람들은 모두 동등한 권리를 갖고 있지만, 경제적 불평등은 자유가 존재하는 한 존재하게 될 것이다."

그래서 우리는 불평등을 감수하면서 살아야만 하는가? 문제는 늘 "어느 정도의 불평등인가?"일 게다. 미국 역사학자 토머스프랭크가 『민주당의 착각과 오만: 미국 민주당의 실패에서 배우기』라는 책에서 제시한 다음과 같은 기준은 어떤가? "불평등이란, 당신이 그 어느 때보다 아등바등 살고 있는 동안에도 다른누군가는 거의 손 하나 까딱하지 않고도 시장 원리에 의해서 상상 가능한 모든 혜택을 누리면서 떵떵거리면서 살고 있다는 뜻이다." 한국과 같은 '부동산 약탈국가'에서 우리가 문제 삼는 건 바로 이런 불평등이다. 사회주의를 하자는 게 아니니 안심하고 들으시기 바란다.

불평등 담론엔 크게 보아 두 종류가 있다. '1퍼센트 대 99퍼센트' 담론과 '20퍼센트 대 80퍼센트' 담론이다. 그 중간에 '10퍼센트 대 90퍼센트' 담론이 있는데, 이는 '20퍼센트 대 80퍼센트' 담론에 속하는 것으로 보는 게 좋겠다. 아직까지 주류 담론은 '1퍼센트 대 99퍼센트' 담론이기에, 아무래도 약한 쪽이 서로 힘을 합해 주류 담론의 문제를 폭로하고 교정하는 게 좋지 않겠느냐는 생각에서다.

불평등 완화를 위해 상위 1퍼센트를 문제 삼을 것인가, 아니면 상위 20퍼센트를 문제 삼을 것인가? 우리는 어느 쪽이건 별 상관없지 않느냐고 생각하는 경향이 있다. 우선 99퍼센트가 힘을 합해 1퍼센트의 몫을 줄인 후에 20퍼센트의 몫도 줄여나가면 되지 않겠느냐고 생각하기 쉽다. 그러나 그건 환상이다. 20퍼센트는 자신의 몫을 줄일 뜻이 없다. 그들의 1퍼센트 비판은 자신의 몫에 대한 비판을 피해가기 위한 안전판의 성격이 농후하기에 정책으로 실현되기 어렵다.

불평등 완화는 경제의 영역인 동시에 소통과 설득의 영역이다. 20퍼센트에 속하는 사람들이 "나도 양보했는데, 왜 당신들은 양보하지 않으려는가?"라는 당당하고 공평무사한 자세를 가질 때에 비로소 '1퍼센트 개혁'도 가능해진다. 20퍼센트에 속하는 정책 결정자와 전문가 집단이 자기 몫을 조금 양보하는 아픔을 느낄 때에 비로소 추상적 구호가 아닌, 정교한 정책 수단으로 '1퍼센트 개혁'을 성공시킬 수 있을 것이다.

'1퍼센트 대 99퍼센트' 담론은 일반 대중의 폭넓은 호응을 얻기도 어렵다. 대기업 노동자냐 중소기업 노동자냐, 정규직이냐 비정규직이냐에 따라 임금 격차가 거의 2~3배나 되는 불공정에 신음하고 있는 사람들에게 '1퍼센트 개혁'은 아무런 감흥이 없는 먼 나라 이야기일 뿐이다. 그런데 한국의 진보는 악착같이 이 모델을 고수하면서 '자본 대 노동'이라는 이분법 사고에 사로잡혀 있다. 저소득층과 비정규직이 보수적인 대통령 후보에게 더 많은 표를 던지는 이유도 바로 여기에 있다.

'1퍼센트 대 99퍼센트'에서 '20퍼센트 대 80퍼센트' 모델로 이동한다는 건 개혁 방법론의 차원을 넘어서 진보가 기존 사고의 틀을 혁명적으로 바꿔야 한다는 걸 의미한다. 우리는 '민주화 이후의 민주주의' 체제에 살고 있지만, 진보는 여전히 사회 개혁을 민주화 투쟁의 연장선상에서 생각하고 실천하는 습속을 갖고 있다. 민주화 투쟁은 거대한 적을 무너뜨려야 하는 투쟁이었기에 진보는 거대 담론과 총론엔 능하고 강하지만 민생과 각론엔 무능하고 약하다. 이는 '1퍼센트 대 99퍼센트' 모델의 정치적 버전으로, 오늘날엔 반드시 실패하게 되어 있다. '20퍼센트 대 80퍼센트' 모델로 이동하면 진보엔 전혀 다른 자질이 요구된다.

민주화 투쟁가들은 민주화의 은인이다. 하지만 그들의 습속과 자질은 민주화 이후의 정치엔 맞지 않는다. 가슴 아픈 일이지만, 그게 세상사다. 자식을 위해 희생한 부모는 자식이 잘되는 걸 바랄 뿐 성인이 된 자식의 판단을 존중한다. 세상이 달라진 걸 잘 알기 때문이다. 그런데 민주화 투쟁가들에겐 부모의 그런 마음이 없다. 이들은 보수를 거대한 적으로 내세워 시효가 끝난 민주화 투쟁 모델을 연장하면서 자신들의 기득권을 강화하고 있다. 물론 이는 보수의 한심한 수준과 행태에도 책임이 있지만, 그게 진보의 면책 사유는 될 수 없다. 민생을 소홀히 한 채 기득권과 정의를 동시에 독점하려는 이런 정치적 자질은 이젠 정말 곤란하다.

'20퍼센트 대 80퍼센트' 모델은 '자본 대 노동'이라는 1980년대식 사고를 넘어서 노동 내부에 존재하는 불평등에 눈을 돌릴 걸 요구한다. 대기업 노동자의 상당수가 20퍼센트에 속하는 현실을 직시하면서 그들과 맺은 동맹을 넘어 "우리 모두 80퍼센트를 생각하자"고 설득하는 정책 전환을 요구한다. 자신들이 20퍼센트에 속하는 계급 편향성을 갖고 있음을 인정하면서 최우선 정책 의제가 80퍼센트의 민생과는 무관한 자신들만의 습속에서 비롯된 아집일 수 있는 가능성을 두려운 마음으로 성찰할 걸 요구한다. 보수와의 비교를 통해 자기 정당성을 강변하는 '적대 관계'의 틀에서 벗어나 80퍼센트의 국민을 바라보고 정치를 하는 자세 전환을 요구한다. 민생을 돌보는 데엔 분노와 증오보다는 문자 그대로의 '피, 땀, 눈물'이 요구된다는 건 두말할 나위가 없다.

죽창 앞에선
모두가 평등하다

"'헬조선'이라는 유행어는 조선시대 전공자로서 불편한 마음이 드는 것이 사실이다. 오늘날의 문제를 지금의 국가인 대한민국에 따지지 않고 모두 조선시대로 소급하여 비판하려는 인식이 투영되어 있기 때문이다."

연세대학교 국학연구원 연구교수 김용흠이 『한겨레』에 기고한 「조선시대 전공자로서 '헬조선'이 불편한 이유」(2021년 2월 8일)라는 칼럼에서 한 말이다. 그렇게 볼 수도 있겠지만, 오늘날의 한국 사회가 신분사회였던 조선과 같다는 의미로 '조선'이 선택되었다고 보는 게 좋을 것 같다. 또 '헬한국'이나 '헬대한민국'보다는 '헬조선'의 어감語感이 더 좋다는 점도 고려되었을지도 모르겠다.

"서면 백산이요, 앉으면 죽산이라." 1894년 5월 1일 전북 부안 백산에 1만 1,000여 명의 동학농민군이 집결했을 때, 농민군이 모두 서면 흰옷 때문에 산이 하얗게 보이고, 앉으면 죽창이 머리 위로 덮여 죽산을 이룬 듯이 보였기 때문에 나온 말이다. 동학농민군의 주요 무기였던 죽창이 그로부터 120여 년이 지난 오늘날 "죽창 앞에선 모두가 평등하다"는 슬로건으로 되살아났다. 2015년 '지옥 같은 한국'을 고발하는 헬조선닷컴의 메인 페이지에 등장한 이 슬로건은 일자리 때문에 고통받는 청년들에게 적잖은 공감을 얻었다.

반면 일부 기성세대의 반응은 싸늘했다. "일자리가 없어 길거리를 헤매는 젊은이들의 심정이 오죽할까 싶지만 '죽창' 소리에는 가슴에 일던 애틋함까지 순식간에 사라지고 만다", "제3세계 국민이 들으면 '배부른 소리'라고 코웃음을 칠 황당무계한 헬조선 선동에 휘둘릴 일은 아니다", "징징대지 마라. 죽을 만큼 아프다면서 밥만 잘 먹더라", "차라리 죽지 그래", "북한 가라" 등과 같은 질책과 비아냥이 쏟아진다.

이런 질책과 비아냥의 선의를 이해 못할 바는 아니나, 헬조선과 죽창이라는 단어로 대변되는 청년들의 고통에 대한 진단이 잘못된 게 아닌가 하는 생각이 든다. 헬조선과 죽창의 파생어로 나온 '금수저와 흙수저'라는 비유가 잘 말해주듯이, 문제의 핵심은 '공정'이다. 따라서 기성세대가 굶주리던 시절의 경험이나 굶주리는 나라들과 비교해서 "배부른 소리 하지 마라"고 윽박지르는 건 번지수를 잘못 찾아도 한참 잘못 찾은 것이다.

우리 인간은 공정 감각이 유난히 발달한 동물이다. 그래서 굶주려도 같이 굶주리면 웃으면서 인내할 수 있지만, 배불러도 불공정한 차별을 당하면 분노하며 변화의 가능성이 없으면 절망한다. 그런 사람들에게 돼지가 되어라고 말할 뜻이 없다면, "죽창 앞에선 모두가 평등하다"는 슬로건이 궁극적으로 지향하는 인내천人乃天 사상에 눈을 돌리는 것이 옳다. 동학농민군이 염원했던 '신분 차별 없는 세상'이 오늘날엔 실현되지 않았느냐고 반론할 정도로 순진한 사람이 아니라면, '죽창'보다는 '평등'에 주목하는 것이 올바른 독법이다.

죽창이라는 단어가 섬뜩하다고 말하는 사람이 많았다. 하지만 당시 비정규직 노동자가 850만 명, 최저임금 미만을 받는 노동자가 230만 명, 청년 실업자가 100만 명에 이르며, 변화 가능성이 전혀 보이지 않는 현실이 더욱 섬뜩한 게 아닐까? 이는 코로나 재난으로 인해 더욱 악화되지 않았는가? 더더욱 섬뜩한 건 그건 각자의 능력에 따른 정당한 차별이므로 각자 알아서 노력으로 해결해야 한다고 믿는 발상이다. 세상은 약육강식의 원칙이 지배하는 정글이라고 믿는 사람이 우리 사회에 많다는 데에 전율을 느껴야 옳지 않겠는가 말이다.

'위에서 아래로', '서울에서 지방으로', '대기업에서 중소기업으로' 떨어지는 국물에 의존하는 낙수효과 모델은 반세기 넘게 한국 사회를 지배해왔지만, 고성장 시대의 종언으로 인해 이제 그 수명을 다했다. 그 모델은 "억울하면 출세하라"는 불공정 서열주의의 주범이었지만, "개천에서 용 난다"는 이데올로기를 받아들인 국민은 그런 서열주의를 감내해왔다. 나와 내 가족이 좀더 높은 서열에 오르면 된다는 각자도생의 길을 택했기 때문이다. 가진 자들의 탐욕보다 무서운 건 선량한 보통 사람들이 내면화한 그런 삶의 방식이다. 죽창은 '저항'보다는 '자기파괴적' 모습에 가깝다고 보는 해석은 바로 이런 현실을 지적한 것이다.

그럼에도 엉뚱한 말들이 난무한다. "취직 안 된다고 '헬조선'이라고 하지 마라. 신남방 국가(동남아·인도)를 보면 '해피 조선'이라고 느낄 것이다." "50~60대 조기 퇴직했다고 SNS에 험한 댓글 다시는데, 박항서 감독처럼 아세안으로 가시라." 2019년 1월 28일 청와대 경제보좌관 겸 신남방정책특별위원장 김현철이 기업인들을 상대로 한 조찬 강연에서 한 말이다. 인터넷 댓글에서는 "네가 가라, 신남방"이란 비아냥이 쏟아졌는데, 청와대가 이렇게 세상 물정을 모른다.

문제의 핵심은 돈으로 결정되는 새로운 신분제도가 고착화되어가고 있는데도 정권은 이렇다 할 '신분 타파'의 비전을 보여주지 못하고 있다는 점이다. 계급 없는 사회를 부르짖는 것도 아니다. 돈이 많을 수도 있고 적을 수도 있지만, 돈에 의한 신분제도의 폐해는 많고 적음의 문제를 넘어선다. 미국의 교육학자이자 물리학자인 로버트 풀러가 잘 지적했듯이, "정말 심각한 문제는 이러한 차이가 학대와 조롱, 수탈과 정복의 구실로 이용된다는 점이다". 한국 사회에서 양산되고 있는 온갖 악독한 갑질 사례가 그걸 잘 보여주고 있지 않은가?

중앙대학교 교수 김누리는 한겨레에 기고한 「민주당의 정체는 무엇인가」(2020년 2월 17일)라는 칼럼에서 기존 여야 정당을 가리켜 "수구와 보수가 결탁한 이 강고한 '기득권 정치 계급'을 타파하지 않는 한 '헬조선'은 결코 극복될 수 없다"며 "두 차례의 정권 교체가 우리에게 가르쳐준 교훈은 정권이 바뀌어도 정치 지형이 바뀌지 않는 한 한국 사회의 질적 변화는 불가능하다는 사실이다"고 말한다. 수구·보수 과두 지배 체제를 진정한 의미의 보수·진보 경쟁 체제로 전환해야 한다는 것이다.

문제는 둘 사이에서 전개되고 있는 '적대적 공생'의 힘 아니 마력이 너무도 강하다는 것이 아닌가? 죽창을 들어야 할 사람이 진보의 이름을 내걸고 보수를 지키는 데에 사생결단식 투쟁을 해대고 있으니, "죽창 앞에선 모두가 평등하다"는 말도 괜한 말이 아닌가 싶다. 너무 음울한 진단인가? 그렇진 않다. 우리가 어떤 상황에 처해 있는지 집단적 '자기인식self-awareness'을 정확히 해야 다음 단계의 나아갈 길도 열린다는 뜻으로 하는 말이니까 말이다.

정치가는
다음 세대를
준비한다

제7장

"

한때 우리가 누렸던 정치적 평등은

경제적 불평등 앞에서 이제 무의미한 것이 되고 말았다.……

이와 같은 경제 폭정에 맞서기 위해

미국 국민들은 정부라는 조직화된 권력에 호소해야 한다.

"

● 프랭클린 루스벨트(미국 제32대 대통령)

더불어지역당
창당
선언문

문재인 정권은 2019년 5월 '3기 수도권 신도시' 건설을 발표한 데 이어, 5개월 후인 10월 31일 '수도권 광역교통비전 2030'을 발표했다. 경기도 일산과 남양주에서 서울역, 송도에서 여의도, 동탄에서 강남역까지 모두 30분대에 도달할 수 있는 꿈같은 비전이다. 무슨 돈으로 그렇게 하겠다는 것인지 재원 대책이 없지 않느냐, 총선을 불과 5개월 앞두고 도대체 뭐하는 짓이냐, 수도권 과밀화를 부추겨 아예 지방을 죽일 셈이냐는 비판이 작게나마 나오긴 했지만, 우리는 아름답고 살기 좋은 수도권을 만들겠다는 문재인 정권의 선의를 추호도 의심치 않는다.

하지만 말은 바로 하자. 문재인 정권은 '진보 정권'이 아니라 '수도권 정권'이다. '더불어민주당'은 '더불어수도권당'으로 당명을 바꿔라. 그렇게 해도 이미 당신들의 포로가 된 지방민들의 상당수는 앞으로 모든 선거에서 여전히 당신들의 정당에 표를 던질 것이니 걱정은 하지 마라. 다른 정당들도 모두 뿌리를 어디에 두었건 사실상 수도권 정당을 지향하고 있으며, 역대 정권들도 모두 수도권 정권이었으니 겁내지 않아도 된다.

우리는 건국 이후 70년 넘게 고착화된 '서울 공화국' 체제라고 하는 '경로의존'의 굴레를 한 정권이 돌파해내는 게 매우 어렵다는 걸 잘 알고 있다. 비록 정치력 부재로 실패하긴 했지만, 노무현 정권의 행정수도 이전 시도를 긍정 평가한다. 모든 정권이 '경로의존'을 거스르기 어려워 수도권 정당의 기능에 충실할 수밖에 없는 고충이 있었다는 것도 모르진 않는다. 우리가 문제 삼고자 하는 건 "나라가 이렇게 가면 안 된다"는 문제의식으로 올바른 방향 전환이나마 해보려는 치열하고 끈질긴 자세와 노력이 있었는가 하는 점이다. 우리의 답은 매우 부정적이다.

역대 수도권 정권들은 수도권 비대화를 저지르면서 늘 '민생'을 내세우는 '토건 사기극'을 펼쳐왔다. 그 사기극의 공식은 3단계로 이루어져 있다. 첫째, 가장 중요한 교육정책과 일자리 정책을 비롯한 주요 정책들을 통해 서울로 인구가 몰리게 한다. 둘째, 서울 인구 집중으로 인한 주거 문제 해결이라는 핑계를 내세워 서울 주변에 신도시를 건설한다. 셋째, 신도시 건설이 불러온 교통난 해결이라는 핑계를 내세워 수도권 교통 시설에 국부를 탕진한다. 이 사기극은 수도권 인구 집중을 가속화하며, 수도권 신도시·교통 시설 건설은 끝없이 반복된다. 수도권 인구 집중으로 '지방 소멸'의 위기가 임박했건만, 5년짜리 수도권 정권들엔 '오늘'만 있을 뿐 '내일'은 없다.

전국 방방곡곡에 산재해 있는 혁신도시의 공공기관 직원들 중엔 이산가족의 불편과 고통을 겪는 이가 많다. 이들이 혁신도시로 이사를 할 수 없는 가장 큰 이유는 자녀 교육 문제다. 김현주의 『입시 가족: 중산층 가족의 입시 사용법』이란 책이 잘 지적했듯이, "중산층 가족 사이에서 자녀 교육의 동의어는 '인서울 대학' 진학이라고 해도 과언이 아니다". 앞장서서 인서울 대학에 재정 지원을 집중하고 있는 정부가 감히 그들에게 가족 동반 이주를 권할 수 있겠는가?(임지윤, 「서울대 한 곳에 132개 대학 몫 지원금: 불평등 심화하는 '승자 독식' 교육 재정」, 『단비뉴스』, 2020년 5월 26일 참고)

입으로는 국가균형발전을 외치면서 인구 집중의 강력한 유인인 교육정책은 균형발전에 역행하는 쪽으로 나아가는 것, 이건 명백한 사기극이다. 우리는 이 사기극의 구조가 간단치 않음을 잘 알고 있다. 지방도 '공범'으로 적극 가담하고 있기 때문이다. 역대 대통령들을 포함한 지도자급 인사들은 거의 대부분 지방 출신이었음에도 '지방 죽이기'에 앞장선 것은 바로 이들이었다. 이게 바로 '개천에서 용 나는' 모델의 추악한 비극이다. 이 모델은 지금 이 순간에도 모든 지방에서 왕성하게 작동하고 있다. 지방은 서울로 학생을 많이 보내는 걸 '인재 육성'이라는 미명하에 지역 발전 전략으로 삼고 있다. 공적인 장학재단을 통해 서울대학교 진학자는 1,500만 원, 고려대학교·연세대학교 진학자는 1,000만 원을 주는 곳까지 있다. 급기야 국가인권위원회가 나서서 이런 장학 사업이 '학벌에 따라 평등권을 침해하는 차별'이라며 개선을 권고하고 나섰지만, 지방에선 이런 일들이 민관 합동으로 광범위하게 추진되고 있는 게 현실이다.

"나는 지방에 살망정 내 자식은 인서울 대학에 보내야겠다"는 학부모들의 열망은 가족 차원에선 당연한 일이지만, 문제는 이런 열망이 지방정부와 지방민의 공적 태도마저 결정하고 있다는 사실이다. 그래서 지방 소멸이 임박했음에도 눈 하나 깜짝하지 않고 서울의 부동산 문제를 수도권 비대화 전략으로 풀겠다는 정권의 근시안적 정략에 대해 지방은 아무런 말이 없다.

역대 수도권 정권들은 예산과 인사를 비롯한 정책 행위를 빙자해 지방민들의 '포로화'를 획책해왔다. 지방민들이 하나로 뭉칠 수 없게끔 지역 간 이간질을 한 '분할 지배'의 역사는 지방민의 역량과 창의성을 말살하는 결과를 초래했다. 서울의 권력 핵심부에 강한 줄을 갖고 있느냐가 지방 정치와 행정의 성패를 결정한다는 믿음이 널리 퍼져 있다. 그런 상황에서 혁신은 "우는 아이 젖 준다"는 원칙에 따라 서울을 향해 크게 울어대는 것으로 전락했다. 지방을 방문할 때마다 해당 지역에 과자 부스러기를 주겠다고 약속하는 게 역대 대통령들의 주요 통치행위가 되고 말았다.

소를 길들이기 위해 소의 코청을 꿰뚫어 끼는 나무 고리를 코뚜레라고 한다. 인서울 대학은 그런 코뚜레 역할을 기가 막히게 잘 해내고 있다. 지방 스스로 지방을 죽이게끔 만드는 괴력을 발휘하고 있다. 이 코뚜레는 국민의 평등권을 유린하는 지리적 약탈 체제의 수호신이다. 사기극으로 전락한 국가균형발전, 차라리 이걸 쓰레기통에 내던지는 게 집단적 위선과 기만을 넘어설 수 있다는 점에선 국민의 정신 건강에 훨씬 더 좋은 게 아닐까?

우리는 이제 수도권 정당들이 이 나라의 미래를 망치는 걸 인내할 수 없어 '더불어지역당'을 창당하고자 한다. 우리는 지방의 이익만을 표방하지 않는다. 우리는 일자리 때문에 사실상 출향出鄕을 강요당해 힘겹게 살아가고 있는 수도권 서민들을 위해 그들과 더불어 싸울 것이다. 현 체제에 만족하면서 아무런 저항도 하지 않는 지방의 토호 엘리트들도 우리의 싸움 대상이다. 우리는 서울·지방의 문제는 계급 문제임을 알리는 동시에 '진보'를 참칭하는 기존 가짜 진보 세력의 민낯을 폭로하고 진보의 정의를 새롭게 내리면서 진정한 국익을 위해 투쟁할 것이다.

국가균형발전을
이런 식으로
팔아먹는가?

"민주당 소속 공직자의 중대한 잘못으로 재보궐선거가 치러질 경우 후보를 추천하지 않는다." 민주당 당헌 96조 2항으로, 문재인이 2015년 당 대표 시절 정치 개혁을 위해 만든 것이다. 민주당은 그로부터 5년 후인 2020년 10월 31일부터 11월 1일까지 이틀간 전 당원 투표를 실시해 그 개혁 조치 뒤집기에 나섰다. '박원순·오거돈 사건'으로 서울과 부산에서 치러질 2021년 4·7 재보궐선거에 후보를 내보내겠다는 것이었다. 민주당은 "투표 결과 찬성 의견은 86.64퍼센트, 반대 의견은 13.36퍼센트였다"며 "당원들의 압도적 찬성"을 강조하고 나섰지만, 투표율은 26.35퍼센트로 저조했다.

민주당은 '철판 정당'인가? 안면에 철판을 깔았느냐고 묻는 것이다. 아니면 정치의 본질은 뒤집기에 있다고 믿는 걸까? 2019년 말 준연동형 비례대표제 도입을 밀어붙여 법까지 개정해놓고 손해가 예상되자 약속을 어기고 비례위성정당을 만들었고, 최근 공수처법을 강행 처리하며 '야당에 거부권을 주었다'는 명분을 내세웠지만, 이마저 가볍게 뒤집는 묘기를 보여주었다. 야당은 그럴 때마다 비난 공세를 퍼부었지만, 아무 소용이 없었다. 정작 분노해야 할 민심이 도무지 움직이질 않으니, 민주당으로선 무슨 짓을 해도 괜찮은 '프리 패스권'을 얻은 셈이다.

그런 '프리 패스권'의 가공할 폐해는 '가덕도 신공항 사건'으로 정점을 찍고 있는 것으로 보인다. 이 사건에서도 철판의 힘은 유감없이 과시되었다. 가덕도 신공항은 박근혜 정부 때인 2016년 사업성이 없는 것으로 이미 결론 난 사안이었지만, 문재인 정권은 그 불씨를 되살렸다. 2020년 11월 6일 민주당이 가덕도 신공항 건설을 주장하며 이를 검토하기 위한 관련 예산 편성을 강하게 요구한 것에 대해 국토교통부가 난색을 보이자, 원내대표 김태년은 민주당 지도부 회의 직후 "에이 X자식들", "국토부 2차관 들어오라 해"라고 소리쳤다. 이후 모든 일이 일사천리로 진행된 것은 우리 모두 잘 아는 바다.

민주당은 국정 운영엔 무능해도 선거엔 나름의 일가견이 있는 '선거 전문당'이다. 국민의힘도 선거 때문에 어쩔 수 없이 가덕도 신공항을 지지할 수밖에 없을 거라는 걸 꿰뚫어보았다. 그뿐만 아니라 국민의힘 소속 부산 지역 의원들이 민주당보다 먼저 '가덕도 신공항 특별법안'을 국회에 제출하는 등 아무리 몸부림을 쳐도 개발 사업에서 '여당 프리미엄'은 자신들의 것이라는 점도 훤히 내다보고 있는 것 같다.

그러나 국익의 관점에선 민주당이 뛰어난 선거 전문당인 걸 축하해주긴 어렵다. 2021년 2월 19일 예비타당성조사(예타) 면제 등 특례 조항이 담긴 '가덕도 신공항 특별법'이 국회 국토교통위원회를 통과했을 때, 일부 양심적인 의원들은 심사 과정에서 이 법이 엉망진창이라는 걸 인정했다. 무엇이 문제라는 걸까?

민주당 의원 조응천은 "가덕도 신공항 사전 타당성 조사 면제는 뭘 만들지 모르고 만든다는 것"이라며 "논리적으로 안 맞는 것 같다"고 말했다. 그는 "실시 설계가 나오기 전에 일단 공사부터 한다? 그것은 우리 동네에 있는 하천 정비할 때도 그렇게 안 하는 것 같다"며 "아무리 급해도 바늘허리에 실을 묶어 가지고 써서 되느냐"고 지적했다. 또 그는 "개별 구체적인 사업에 대해 딱 찍어서 예타를 면제한다고 하면 '왜 저기는 해주고 우리는 안 해주느냐'는 안 좋은 선례로 작용할 것"이라며 "이 법에 과한 점이 있다고 생각한다"고 했다.

국민의힘 의원 하영제도 "실시 설계 면제 조항을 보면 과연 이래도 되나 싶다"며 "아무리 급해도 이런 졸속한 법이 나왔나. 참 우리 위신의 문제"라고 했다. 국민의힘 의원 송언석은 "가덕도 공항처럼 단일 건으로 어마어마하게 재원이 들어가는 이런 건을 비용 추계 한 번 없이 한다는 것은 대단히 위험한 발상"이라고 개탄했다.

거대 양당이 선거에 눈이 먼 가운데 정의당 의원 심상정은 홀로 외롭게 양당을 비판하고 나섰다. 그는 "가덕도 신공항은 보궐선거를 앞둔 '선거 공항', '매표 공항'일 뿐"이라며 "동남권 신공항 부지 선정 과정에서 낙제점을 받았던 가덕도를 위한 특혜법은 양당 야합 정치의 산물"이라고 질타했다. 그는 "가덕도 논쟁에서 '4대강 사업'을 떠올릴 수밖에 없다"며 "거대 양당의 야합으로 추진되는 특별법 제정은 즉각 중단돼야 한다"고 주장했다.

문재인은 대선 후보 시절 "경기 부양을 위한 토목 사업을 하지 않겠다"고 밝혔지만, 정권을 잡은 후 '예타 면제의 수호신'으로 바뀐 느낌이다. 예타는 대규모 사업의 타당성을 객관적으로 검증해 예산 낭비를 막고자 1999년 김대중 정부 때 처음 도입한 것인데, 문재인 정부 들어 예타 면제 사업비 규모는 3년여 만에 96조 3,661억 원으로 이명박 정부(60조 3.109억 원)와 박근혜 정부(23조 6,169억 원)를 합친 것보다 많아졌다. 여기에 가덕도 신공항까지 더하면 100조 원을 훌쩍 넘어설 것이다.

이미 월성 원전 사건에서 잘 드러났듯이, 잘못은 정권이 저지르고 책임은 애꿎은 공무원들이 지는 게 무슨 법칙처럼 되고 말았다. 한 번 당하지 두 번 당하랴. 국토교통부, 기획재정부, 법무부 등 관계 부처들이 일제히 가덕도 신공항 특별법에 사실상 반대 의견을 내고 나섰다. 국토교통부는 가덕도 신공항에 기존에 알려진 7~11조 원보다 최대 4배를 뛰어넘는 규모인 최대 28조 6,000억 원에 달하는 예산이 소요될 것으로 추산했으며, 기획재정부는 예타 조사의 필요성을 역설했고, 법무부는 "신공항 건설이라는 개별·구체적 사건만을 특정해 다른 국책 사업과 비교"할 경우 "적법 절차 및 평등 원칙에 위배될 우려가 있다"고 했다.

『중앙일보』는 사설을 통해 "관련 부처 대부분이 반대하거나 부정적이었던 만큼 문재인 대통령이 나서야 한다. 특정 정파의 지도자가 아닌, 정부의 대표이자 국민의 지도자로서 말이다"라고 했지만, 택도 없는 말씀이었다. 문재인의 가덕도 신공항 사랑이 의원들보다 더하면 더했지 결코 덜하진 않았으니 말이다. 2월 25일 문재인이 가덕도 방문에 직접 나선 게 그걸 잘 말해준다.

'동남권 메가시티 구축 전략 보고' 행사의 일환이었다지만 그의 뜻이 어디에 있는지는 분명했다. 이 행사에는 이낙연 민주당 대표, 김태년 민주당 원내대표, 홍남기 경제부총리, 전해철 행정안전부 장관, 변창흠 국토교통부 장관, 문성혁 해양수산부 장관, 김사열 국가균형발전위원장 등 당·정·청 핵심 인사 20여 명이 수행했다. 김경수 경남지사, 송철호 울산시장도 함께했다.

문재인은 본회의 처리를 앞둔 가덕도 신공항 특별법을 '묵은 숙원'이라 표현하며 조속한 입법을 강조하면서 "특별법이 제정되는 대로 관련 절차를 최대한 신속히 진행하고, 필요한 지원을 아끼지 않을 것을 약속드립니다"라고 했다. 그는 "국가균형발전을 위해서도 수도권과 경쟁할 광역권을 만들어야 한다. 신공항 예정지를 눈으로 보고 동남권 메가시티 구상을 들으니 가슴이 뛴다. 계획에서 그치지 않고 반드시 실현시키자"는 말도 했다.

또 문재인은 "국토부가 '역할에 대한 의지'와 책임 있는 자세를 가져야 한다"며 사실상 국토교통부를 질책했다. 그러자 국토교통부 장관 변창흠은 "국토부가 가덕도 신공항을 반대한 것처럼 비쳐 송구하다"고 했고, 국회 국토교통위원회에서 절차적 정당성을 문제 삼았던 국토교통부 2차관 손명수는 "이 법이 통과되면 저희는 안전한 공항을 건설하기 위해서 최선을 다할 것입니다"라고 했다.

야당은 부산시장 보궐선거를 앞둔 상황에서 문재인의 이런 행보는 '명백한 선거 개입'이라고 반발했다. 국민의힘 원내대표 주호영은 "청와대는 선거와 무관하다고 하지만 누가 봐도 대통령의 도를 넘은 선거 개입"이라면서 현재 재판이 진행 중인 김경수 경남지사, 송철호 울산시장과 일정을 함께한 것에 대해서는 "피고인과 같이 하는 볼썽사나운 일정"이라고 했다. 정의당 의원 심상정은 "문 대통령이 사전 선거운동 논란을 자초했다"며 문재인의 발언을 인용해 비판했다. "저는 어제 대통령의 행보를 보면서 '이 나라가 나라답게 가고 있나', 가슴이 내려앉았습니다."

그러나 문재인 정권은 도대체 뭐가 문제냐며 '배 째라'는 식의 반응을 보였다. 시인 허영자는 「선거판 2」라는 시에서 "우습고 우습구나……어제는 주홍색, 오늘은 초록으로. 내일은 무슨 색으로 변색할래, 팔색조!"라고 노래했는데, 민주당은 아무래도 '팔색조 정당'이 되기로 작정한 것 같았다. 자신들이 야당일 땐 어떠했는지 도무지 기억을 더듬고 싶어 하지 않는 것처럼 보였다.

9년 전 "선거철 되니 또 토목 공약이 기승을 부린다. 신공항 10조면 고교 무상교육 10년이 가능하며, 4대강 투입 22조면 기초수급자 3년을 먹여 살린다"고 했던 조국은 이젠 다른 사람으로 변해버렸다. 대통령의 선거 개입에 대한 비판은 어떤가? 2014년 당시 대통령 박근혜가 보궐선거 지역인 김포를 방문하자 야당 원내대표였던 박영선은 선거용이라며 비판했다.

제20대 총선을 28일 앞둔 2016년 3월 16일 박근혜가 부산 창조경제혁신센터를 방문하자, 당시 야당이던 민주당은 즉각 "박 대통령은 일체의 선거 개입을 중단하라"는 논평을 냈다. 민주당 대변인 김성수는 "청와대는 경제 행보라고 변명하지만, 목전으로 다가온 총선을 염두에 둔 정치적 방문으로 볼 수밖에 없다"며 "민주화 이후에 역대 어느 대통령이 이렇게 선거에 몰두하고 노골적으로 개입하려 했는지 자성하길 촉구한다"고 지적했다. 그러면서 "대통령이 선거 개입을 당장 중단하지 않는다면 선거가 시작되기도 전에 선거 개입에 대한 국민적 역풍이 크게 불 것이라는 점을 분명히 경고한다"고 밝혔다.

어디 그뿐인가? 이후 선거를 닷새 앞둔 2016년 4월 8일 박근혜가 충북 청주시와 전북 전주시의 창조경제혁신센터를 잇달아 방문하자, 민주당의 비판은 한층 거세졌다. 박근혜가 붉은색 옷을 입은 것도 문제 삼았다. 민주당 선거대책위원회 대변인 이재경은 "청와대는 창조경제 추진 성과를 점검하기 위한 것이라고 주장하지만, 이 말을 그대로 믿을 국민은 아무도 없다"며 "박 대통령은 '선거 개입의 여왕'이 되지 않길 바란다"고 했다. 이 논리에 따르자면, 문재인은 '선거 개입의 왕'인가?

국민의힘만 문재인의 선거 개입을 비판하고 나선 게 아니다. 경제정의실천시민연합(경실련)은 가덕도 신공항 특별법에 대해 '문재인 정부표 매표 공항'이라며 "국회 본회의에서 통과된다면 시민단체로서 모든 방안을 통해 강력히 문제제기 할 것"이라고 했다. 경실련은 "국토교통부가 추정한 가덕도 신공항 총 비용은 28.6조 원에 이르나 그간의 국책 사업 비용 실상으로 볼 때 사업 기간 지연을 차치하더라도 소요 비용은 40조 원은 훌쩍 넘을 것"이라고 했다. 이어 "문재인 정부가 토건 적폐라고 비난했던 MB 정부 4대강 살리기 사업의 23조 원과는 비교되지 않는다"며 "이런 엄청난 사업을 비전문가 집단인 국회에서 전문가적 판단을 무시하고 강행하는 것은 후대에 죄를 짓는 행위"라고 했다.

『한겨레』마저 「'선거 개입' 논란 자초한 문 대통령의 가덕도 방문」(2021년 2월 25일)이라는 사설을 통해 이렇게 비판했다.

"문 대통령과 민주당은 이명박 정부의 4대강 사업이 예타 면제 등 특혜로 점철됐고 국민 동의 없이 정권 차원에서 밀어붙였다고 비판했던 일을 잊어선 안 된다. 경제적 타당성과 환경에 미칠 영향 등에 대해 충분한 검토도 없이 초대형 국책 사업을 강행하면 나중에 문제가 드러나도 돌이키기 어렵고 그 피해는 고스란히 국민에게 돌아간다. 가덕도 신공항 추진을 원점에서 재검토할 것을 거듭 촉구한다."

이런 일련의 비판에도 가덕도 신공항 특별법은 2월 26일 오후 국회 본회의에서 재석 229인 찬성 181인 반대 33인 기권 15인으로 가결되었다. 민주당 지도부는 이 법이 통과된 뒤 김영춘·변성완·박인영 예비후보 등 부산시장 보궐선거에 출마한 세 후보를 모두 참석시킨 가운데 기자회견을 열었다. 이 자리에서 민주당 대표 이낙연은 "가벼운 마음으로 선거에 임하게 된 예비후보들께 축하를 드린다"며 "저희들이 이런 일을 할 수 있도록 허락해주시고 묵묵히 지켜봐주신 문 대통령께 감사를 드린다"고 했다. 용비어천가인가? 아닌 것 같다. 묵묵히 지켜봐주셨다니, 가덕도 행차까지 한 대통령의 노고에 대한 결례는 아니었을까?

언론은 앞다퉈 가덕도 신공항 덕분에 부산에서 민주당의 지지율이 오르고 있다고 보도했으니, 민주당과 문재인 모두 자신들의 영악한 밀어붙이기에 내심 흡족해했을 게 틀림없다. 선거에 이기는 것만이 정의라면 그들의 흡족함에 박수를 보내도 좋겠지만, '후대에 죄를 짓는 행위'의 가능성이 농후한 승리에 대해선 결코 그럴 수 없다.

미국 철학자 존 롤스는 "정치꾼은 다음 선거를 준비하고 정치가는 다음 세대를 준비한다"고 했다. 롤스의 말을 인용한 정치학자 김만권은 "유권자는 다음 선거를 준비하는 정치꾼을 뽑는다"가 현실이라며 이렇게 말한다. "다음 세대를 준비하는 사람을 유권자가 선택하지 않는다는 말입니다. 이 말은 정치꾼들의 정당이 선거에서 승리한다는 말과 다름이 없을 겁니다. 정치가가 되고자 하는 이들에게, 그리고 다음 세대를 준비하는 정당에게 기회를 주는 것, 그게 유권자의 힘이 아닐까요." 그러나 그런 유권자의 힘을 기대하기 어려운 구조적 문제와 더불어 이를 이용하는 '분할 지배'의 마수魔手가 도사리고 있음을 어이하랴.

나는 지방민의 한 사람으로서 많은 부산 시민이 가덕도 신공항을 간절히 바라는 심정을 충분히 이해한다. 한국의 내로라하는 유명 인사들이 전북의 새만금간척사업(새만금)에 대해 맹폭격을 퍼부었을 때 나는 강한 반론을 편 적이 있기 때문에 더욱 그렇다. 무엇보다도 그들이 전북인을 '탐욕스러운 토건 동맹 세력들'의 선전 공세에 놀아난, 순진하지만 어리석은 피해자처럼 묘사한 것에 화가 치밀었다. 모두 다 서울이나 서울 인근에 사는 그 유명 인사들이 지방의 문제에 대해 같은 국민으로서 가져야 할 최소한의 이해와 공감이 없다는 것에 대해서도 화가 났다.

새만금의 진행 과정에 대해 잘 아는 일부 전북인들이 오늘날 한결같이 하는 말은 '34년 묵은 희대의 사기극'이라는 것이다. 그런 사기극의 가능성이나 새만금의 문제를 전혀 몰라서 전북인들이 새만금을 지지했던 게 아니다. 전북 발전을 위해 기대를 걸 게 하나도 없었기 때문이다! '낙후'라는 말을 입에 달고 사는 사람들의 처지에선 그 무엇이 되었건 중앙 정부가 적극적인 개발을 하겠다고 천명한 공언이 중요했고, 그 과정에서 무언가 지역에 득이 될 게 있으리라는 실낱같은 희망을 부여잡고자 했던 것이다.

새만금이 선거용으로 출발했듯이, 가덕도 신공항도 선거용이라는 전철을 밟고 있다. 선거와 무관하게 평소 전반적인 국가 균형발전을 추진할 수는 없는가? 문재인 정권엔 그럴 뜻이 없는 것으로 보인다. 나의 평소 지론이지만, 문재인 정권은 인구 집중의 폐해로 수도권 주민들에게도 큰 피해를 주는 '수도권 정권'이기 때문이다. 부산이 인천의 추격에 '제2의 도시'라는 타이틀마저 내주어야 할 위기 상황에 내몰린 것도 바로 그런 이유와 무관치 않다. 이런 상황에서 가덕도 신공항이 새만금 못지않게 문제가 많은 사기극일 수 있다고 의심할지라도 지지할 수밖에 없는 부산 시민이 많을 게다.

가덕도 신공항에 대해 비판적인 성결대학교 교수 우석훈은 차라리 부산 시민들이 스스로 다른 경제적 대안을 만들 수 있게 끔 10조 원 정도의 예산을 쓸 수 있게 하는 '대타협 특별법'을 제안했다. 오죽 답답했으면 그런 제안을 했을까 하는 점에서 공감하지만, 이는 문재인 정권의 양심을 과대평가한 이상론이라는 걸 그 역시 모르진 않을 것이다.

문재인 정권이 '수도권 정권'이라는 주장에 대한 반론이 있을 게다. 2020년 10월 한국판 뉴딜 사업에 지역 균형 분야를 추가하지 않았느냐고 반문할 수도 있겠지만, 사업 총액은 그대로 둔 채 지역 균형이라는 명목만 추가한 게 아닌가? 아니 그게 문제될 건 없다. 뉴딜 사업 가운데 절반가량이 지방에서 집행된다는 점을 적극 홍보하기 위해 뒤늦게나마 지역 균형이라는 이름을 붙인 걸 나무랄 수는 없는 일이다.

문제의 핵심은 인구 집중이다. 문재인 정권은 이미 3기 신도시와 수도권 광역 급행 철도 건설 등 수도권 중심의 정책을 폄으로써 수도권에 인구가 더욱 몰리게끔 했다. 수도권에 인구가 몰리기 때문에 불가피하게 편 정책이라는 반론 역시 가능하겠지만, 정책은 상당 부분 '신호'의 문제가 아닌가? 문재인 정권은 균형발전을 적극적으로 추진하겠다는 그 어떤 신호도 주지 않았으며, 오히려 정반대의 방향으로 나아가다가 집권한 지 3년 5개월이 지나서야 달랑 '지역 균형 뉴딜' 하나를 내놓은 것이다.

문재인 정권은 무슨 큰일이 터져야만 균형발전을 외치는 이상한 일을 반복하고 있다. 2020년 7월, 문재인 정권은 그간의 수도권 중심 정책으로 서울 부동산 가격이 폭등하자 국회의 세종시 이전을 들고나오면서 "국가균형발전을 위해 행정수도를 완성해야 한다"고 했다. 2021년 4·7 재보궐선거를 앞두고 "국가균형발전을 위해 가덕도 신공항이 필요하다"고 외친다. 이래도 되는 건가?

문재인은 가덕도 신공항에 대해 균형발전을 앞세워 '가슴이 뛴다'고 고백했는데, 그간 수없이 외쳐져온 '지방 소멸'에 대해선 그 뛰는 가슴이 왜 그렇게 평온했는지 의문이다. 민주당 원내대표 김태년은 대통령의 선거 개입 비판에 대해 "대통령이 국가균형발전을 촉진할 동남권 메가시티 구축 전략 보고회에 참석하는 것이 뭐가 잘못됐느냐?"고 외치고, 민주당 대변인 허영은 "국가균형발전은 대한민국의 생존 문제다. 이를 방해하는 것이야말로 고발당해야 할 반헌법적 행위다"고 큰소리를 친다. 균형발전이 '대한민국의 생존 문제'라는 걸 뒤늦게나마 인정해준 것에 감사해야 할까? 아니면 균형발전을 이런 식으로 팔아먹어도 되느냐고 따져야 할까?

'공사 구분'을 완강히 거부하는 사람들

『386 세대유감』이란 책을 읽다가 "공사 구분이 불확실한 꼰대 근성"이라는 말에 눈길이 갔다. 이는 젊은 세대가 꼰대를 비판하면서 나온 말이지만, 어떤 상황에선 그런 근성이 우리 모두의 특성이 아닌가 하는 생각을 자주 했기 때문이다. 또 사람이 너무 착하거나 양심적이기 때문에 공사 구분이 불확실한 경우가 있다는 점도 나의 관심사였다. 구체적인 사례를 들어 말씀드려보겠다.

보수와 진보를 가리지 않고 지도자와 정치인들은 개천에서 용이 많이 날 수 있는 세상을 만들겠다고 말한다. 하지만 나는 그런 '개천에서 용 나는' 모델에 대해 비판적이다. 이 모델은 전 국민으로 하여금 개인과 가족 차원에서 용이 되기 위한 각자도생에 몰두하게 만들고 다수의 미꾸라지에게 열패감을 주기 때문에 정부와 정치권은 개천의 미꾸라지들을 위한 정책을 펴야 한다는 이유에서다.

그러나 그건 어디까지나 공적인 문제의식일 뿐, 나는 내 주변에서 용이 되기 위해 열심히 노력하는 젊은이들에게 전폭적인 지지와 더불어 격려를 아끼지 않는다. 그건 사적 영역의 일이기 때문이다. 모순인가? 모순이라고 생각하는 사람이 의외로 많았다. 공적으로 '개천에서 용 나는' 모델을 비판했으면 사적으로도 그리 해야 한다고 생각하는 것이다. 이 문제는 의외로 심각하다.

지역에서 자식을 서울 명문대에 보내기 위해 애쓰는 학부모가 있다. 당연하거니와 좋은 일이다. 그런데 이 학부모가 지방정부나 공공기관들은 공적 차원에서 지역 발전을 위해 지역대학을 키우는 일에 노력을 집중해야 한다고 주장하면 모순인가? 모순이라고 생각하는 사람이 의외로 많다. 이런 정서를 갖고 있는 지역민들은 자신의 심리적 일관성을 지키기 위해 지역대학 발전에 무관심한 건 말할 것도 없고 더 나아가 지역대학을 폄하하기도 한다. 이런 풍토에서 세상을 바꿀 수 있는 사회자본의 형성과 축적은 어려워진다. "나 하나 살아가기도 바쁜데" 하는 각자도생의 원리를 공사 구분 없이 적용하기 때문에 사회적 차원의 해법 모색은 위선이거나 부질없는 일이라고 생각하는 경향이 농후해진다.

연고주의를 보자. 연고주의는 개인의 처지에서 사적으론 행복의 근원이지만, 연고주의가 공적 영역에 개입하는 건 악덕이다. 공사 구분을 반드시 해주어야 한다. 공사 구분 의식 없이 연고주의를 공적 영역까지 활용하려는 행태는 비판받아 마땅하다. 이에 동의한다면, 사적으론 장려할 일이지만, 공적으론 금기시해야 한다는 게 왜 모순이란 말인가? 한 개인은 자신에게 주어진 구조에 순응할 수밖에 없다. 당연한 일이다. 하지만 그렇다고 해서 그 구조의 문제를 외면할 필요는 없다. 사적으론 구조에 순응하면서 공적으론 구조를 깨자고 외치는 건 모순이 아니다. 이걸 모순이라고 한다면, 우리는 영영 이 잘못된 구조에서 탈출할 길이 없어지고 만다.

흥미로운 건 이른바 '강남 좌파'로 불리는 고위 공직자들은 이런 '공사 구분의 원칙'을 지나칠 정도로 잘 지켜 자주 욕을 먹고 있다는 사실이다. 예컨대, 특목고 폐지를 주장하면서 자기 자녀는 악착같이 특목고에 보낸다든가 하는 식이다. 아니 '강남 좌파'만 그런 것도 아니다. 그 누구건 인사 청문회만 했다 하면 줄줄이 걸려드는 게 바로 이 문제다. 자신의 본연의 업무에서 그렇게 칼 같이 공사 구분을 해주면 좋으련만 그건 또 그렇게 하지 않는다. 공사 구분이 함몰되는 부족주의의 노예가 된다. 오직 가족의 이익 앞에서만 선택적 공사 구분을 하는 것이다.

가족 문제에서 왜 고위 공직자도 아닌 보통 사람들이 더 언행일치에 집착하는지는 의문이다. 너무 착하기 때문이라는 게 내가 내린 잠정적 결론인데, 그 착함을 다시 생각해보자는 것이다. 서울 부동산 가격 폭등을 보자. 치미는 분노를 달랠 겸 좀 웃자고 하는 이야기지만, 나는 그렇게 된 가장 큰 책임은 문재인 정권보다는 지방민들에게 있다고 생각한다. 인구의 절반에 해당하는 지방민만이라도 그간 교육 자원 분산을 포함한 국가균형발전을 강하게 요구해왔다면, 서울 부동산 가격이 그렇게까지 폭등할 수는 없다는 이유에서다. 정부가 '3기 수도권 신도시' 건설을 발표했을 때 나는 한동안 "미쳤군, 미쳤어"라는 말을 하고 다녔다. 시장에 균형발전 신호를 주어도 모자랄 판에 아예 포기 선언을 한 셈이니, 미친 게 아니고 무엇이랴. 하지만 자식을 서울로 보낸 지역민들이 반기는 상황에서 나만 미친 사람이 되고 말았다.

용어가 과격하다고 눈살을 찌푸릴 독자들이 있겠지만, 지방은 '내부 식민지'로 전락한 지 오래다. 그럼에도 지방에서 이렇다 할 반反식민지 투쟁이 단 한 번이라도 있었던가? 균형발전을 주장하는 목소리가 전혀 나오지 않은 건 아니지만, 그 목소리는 너무도 온건하고 미약했다. 지방의 힘은 선거에서 나오건만, 지방민들은 역대 모든 대선·총선·지방선거에서 식민지의 위상에서 독립하겠다는 의지를 드러낸 적이 있었던가? 모든 후보에게 균형발전 의제를 요구한 적이 있었느냐는 것이다. 자기 지역에 국한된 이익을 위해선 사납게 투쟁해도 현 '서울 공화국' 체제를 문제 삼은 적은 없었다. 왜 그럴까? 그게 바로 공사 구분을 해주지 않기 때문이라는 게 나의 주장이다. 한국인은 자식에 죽고 산다. 자식을 서울로 보내고 나면 '잠재적 서울 시민'의 눈으로 지방을 바라본다. 일관성을 지키려는 착한 심성 때문이겠지만, 이제 "공사 구분이 불확실한 꼰대 근성"과는 작별을 고해야 하지 않겠는가?

한국을
움직여온
'금의환향 이데올로기'

"고향은 물질화된 신뢰다." 독일 작가 클라우스 페터 지몬의 말이다. 왜 그렇다는 걸까? "고향이란 안정감과 긴밀한 관계가 있다. 소속감을 선사하고 삶의 버팀목이 되는, 자신이 속한 장소이기 때문이다. 또 고향은 나아가야 할 방향을 제시하기에 특히 지금과 같은 글로벌 시대에는 더 그 가치가 크다 하겠다. 고향은 이성으로는 다 파악할 수 없는 것이다. 감정으로 다가가는 이에게만 문을 열어주는 곳이다."

서양인도 고향에 대해 그렇게 느낄진대, 우리에게는 더 말해 무엇하랴. 한국엔 '금의환향 이데올로기'라는 게 있다. '금의환향錦衣還鄕'은 "비단옷을 입고 고향에 돌아온다"는 뜻으로, 서울로 가서 출세한 후에 보란 듯이 뻐기면서 고향에 돌아오는 걸 이르는 말이다. '이데올로기'라는 말을 남발하는 게 아니냐는 반론도 있을 수 있겠지만, 그간 한국 사회를 움직여온 사상이나 의식 중 그 어떤 이데올로기보다 강력한 좌우 통합의 이데올로기가 바로 이 '금의환향'이라는 게 나의 생각이다.

소설가 이호철이 『동아일보』에 「서울은 만원이다」는 소설을 연재해 큰 인기를 누리던 1966년의 서울 인구는 380만 명이었다. 지금 내가 살고 있는 전라북도의 인구는 당시 252만 명이었다. 그간 한국의 인구 증가율을 감안해 환산해보자면 지금의 전북 인구는 440만 명대가 되어야 하지만, 현재 180만 명대로 졸아들었고 지금도 계속 졸아들고 있다. '줄다'나 '감소하다'는 단어로는 실감하기 어려울 것 같아 '졸다'라는 말을 쓰는 것이다.

지역신문인 『전북일보』는 「180만 붕괴 코앞, 전북 인구 정책 혁신해야」(2021년 1월 6일)라는 사설을 통해 "자치단체와 정치권은 해결책 마련에 머리를 맞대야 한다"고 결론 내렸지만, 답이 없으며 그저 앉아서 당하는 수밖에 없다는 건 모두가 다 알고 있는 사실이다. 문재인 정권이 이전 정권들보다 적극적으로 '수도권 정권'을 자임하고 있는 이상, 백약무효百藥無效라는 이야기다. 그래도 문재인 정권이 좋다고 죽어라 '묻지 마 지지'를 하는 다수 지역민을 보고 있자면, 그 바다와 같이 넓고 선량한 심성에 그저 고개가 수그려질 뿐이다.

전북의 인구 감소는 물론 출향出鄕 때문이다. 이는 수도권을 제외한 전국에 걸쳐 일어난 현상이다. 한 번 출향한 사람은 좀처럼 고향으로 돌아오지 않는다. 지난 반세기 넘게 부·권력·문화의 서울 집중은 가속화되었기에 스스로 서울을 떠난다는 건 '계급 강등'을 수반하는 '낙향'의 의미가 강하기 때문이다. 예외가 있다면 금의환향이다. 이른바 '개천에서 난 용'들이 개천으로 돌아올 때엔 주로 자기 고향의 국회의원이나 지방자치단체장을 하기 위해서다. 지역민들은 서울 가서 출세해 서울 권력 핵심부에 줄을 만들 사람을 뽑는 게 지역 발전에 유리할 것이라는 생각을 하고 있고, 이걸 간파한 정당들은 그런 식의 공천을 함으로써 금의환향 관행을 지속시킨다.

나는 지금 금의환향을 비판하려는 게 아니다. 금의환향은 출세한 용들만 갖고 있는 꿈이 아니라 모든 출향민의 꿈이기 때문이다. 이들이 출향을 할 때 가졌던 굳은 각오와 이를 실천하기 위해 쏟은 '땀, 눈물, 피'가 오늘의 한국을 만들었음을 어찌 부인할 수 있겠는가? 모두가 다 좋은 뜻으로 한 일이지만, 의도하지 않았던 결과로 인해 '지방 소멸'과 그로 인한 '국가 파탄'의 어두운 그림자가 드리우고 있는 현실에 대해 우리 모두 고민해보자는 것이다.

평소 이런 고민을 해온 나로선 중앙대학교 교수 마강래의 『베이비부머가 떠나야 산다: 청년과 지방을 살리는 귀향 프로젝트』라는 책은 더할 나위 없이 반가웠다. 마강래는 이미 『지방도시 살생부』와 『지방분권이 지방을 망친다』는 책을 통해 '지방 살리기'가 곧 '나라 살리기'임을 역설하면서 실천적 대안을 제시해왔고, 이 책은 그런 문제의식을 한 단계 발전시킨 것이다.

베이비부머는 1차 베이비부머(1955~1963년생)와 2차 베이비부머(1968~1974년생)로 나눌 수 있는데, 이들 사이에 낀 4년간의 출생자까지 합하면, 모두 1,685만 명에 이른다. 이 가운데 귀향이 상당 규모로 이루어진다면 서울의 인구 과밀을 완화해 집 문제도 꽤 해결할 수 있고, 지방의 생존에도 큰 도움이 된다.

실제로 귀향을 원하는 사람들은 절반 이상일 정도로 많다. 그럼에도 귀향을 행동으로 옮기지 못하는 이유는 금의환향을 할 수 없는 물적 조건 때문이다. '서울 부동산 대박' 미련, 양도소득세나 증여세 걱정, 귀향해서 할 수 있는 일의 상대적 희소성 등이 가장 큰 문제다. 의료 문제, 그간 서울에서 맺은 인간관계가 약화되는 문제, 부부의 고향이 다를 때 한쪽이 소외되는 문제도 있다.

게다가 지방이 귀향을 환영하느냐 하는 문제까지 끼어든다. 마강래는 "곧 노인이 될 베이비붐 세대를 지방으로? 지방이 여전히 '호구'냐?"는 말까지 듣기도 했단다. 다 죽어가면서도 아직 정신을 못 차렸다고 해야 할까? 마강래는 '처음으로 제대로 된 교육을 받았고, 자유화와 민주화를 이끌었고, 경제적으로 성공한 경험'을 가진 베이비부머는 지금의 고령자와는 너무나 다르다는 점을 강조하면서 나름의 구체적인 '귀향 프로젝트' 방안을 제시한다.

모든 지방 공무원이 이 책을 읽으면서 고민해보면 좋겠다. 그간 '발버둥 쳤다'는 표현이 어울릴 정도로 심혈을 기울여 추진해온 '인구 늘리기' 시도가 실패한 이유는 무엇이며, 각자 자기가 맡은 분야에서 할 수 있는 '귀향 친화적' 사업은 무엇인지에 대해서 말이다. 금의환향이 사라지고 소박한 귀향이 우리 주변의 익숙한 풍경으로 자리 잡기를 소망한다.

뭉치면 죽고
흩어지면 산다

"스트레스의 가장 큰 원인은 공간과 관계가 있다." 미국의 공동체 운동가인 켄 키즈가 자신의 경험을 근거로 한 말이다. "사람들이 너무 좁은 공간에서 오랫동안 함께 있으면 균질화되고 공간 개념이 없어진다. 공간 개념이 없어지면 자기 자신이 누구인지 모른다. 다른 사람의 공간에 뛰어들어 서로 걸려 넘어진다." 돼지나 닭 같은 가축도 좁은 공간에서 빽빽하게 키우면 온갖 문제가 발생하는데, 인간은 더하면 더했지 덜하진 않을 게다.

2017년 사상 최악의 조류인플루엔자 사태에 이어 두 종류의 구제역 바이러스까지 동시에 출현하는 비극이 벌어지면서 수익성 위주의 공장식 밀집 사육 방식에 대한 근본적 재검토가 필요하다는 목소리가 높아졌다. 2020년 코로나19는 동물에 이어 인간의 밀집 거주에 대한 근본적인 문제를 제기했다. 전 국토의 10퍼센트에 인구 절반이 몰려 사는 우리에겐 다른 문제는 없는 걸까?

"인간의 역사는 주로 타인으로부터 공간을 탈취하고 외부인으로부터 그것을 방어하려는 노력의 기록이다." 미국 문화인류학자 에드워드 홀의 말이다. 그는 이미 50여 년 전 "가용면적이 1인당 8~10제곱미터 미만일 경우에는 사회적·육체적 병리 현상이 배가되었다! 질병, 범죄와 과밀은 분명히 연관된 것이었다"고 결론 내렸다.

이후 수많은 연구가 이 결론을 뒷받침했다. 대도시 땅값 상승 등으로 직장인들의 1인당 사무실 면적이 점점 줄어들면서 프라이버시 침해에 대한 불안감이 높아지고 타인의 행동에 대해 신경이 날카로워지는 '공간 축소 증후군'에 시달리는 직장인이 증가하고 있다는 연구 결과가 끊이지 않고 있다. 인간도 동물과 마찬가지로 충분한 개인 공간이 확보되지 못하면 위협을 느끼고 공격적으로 변할 수 있다는 것이다.

그럼에도 우리는 가급적 좁은 곳에서 떼 지어 살아가려고 발버둥을 친다. 이유는 단 하나. 공장식 밀집 사육 방식을 택하는 이유와 같다. 공간 이용의 효율성 덕분에 수익성이 높아지기 때문이다. "수도권 규제를 단두대에 올려 과감하게 풀자"는 정부의 슬로건을 비롯해 그간 외쳐진 수도권 규제 철폐나 완화의 논리를 살펴보라. 모두 다 효율성과 수익성을 신성시하는 애국적인 충정으로 가득 차 있다. 모든 권력과 금력은 물론 인구와 각종 인프라까지 수도권에 집중되어 있는 마당에 기업과 공장 역시 수도권에 몰려 있는 게 효율성과 수익성 증대에 도움이 되리라는 걸 누가 모르겠는가?

그러나 세상은 그런 근시안적인 잇속만으로 돌아가는 건 아니다. 조류인플루엔자·구제역 사태는 "이제 공장식 밀집 사육 방식으론 안 된다"는 경고이며, 코로나는 수도권 인구 집중에 대한 경고가 아닌가? 사실 우리 인간에겐 '공간 축소 증후군'보다 훨씬 더 무서운 게 나타나고 있다. 그건 바로 삶에 대한 기본자세의 문제다. 효율성과 수익성이 높은 곳으로 진입하는 게 인생을 결정한다는 믿음이 상식으로 통용되면서 자율성과 창의성은 '입지 조건'의 하위 개념이 되어가고 있다.

김현주의 『입시 가족: 중산층 가족의 입시 사용법』이란 책은 "'인서울 대학'은 자녀의 성취적 삶을 꿈꾸는 부모들의 무의식 속에서 부모 역할에 대한 자기검열의 회오리로 맴도는 모호한 이상향이다"고 말한다. 이런 '인서울 집착'은 대학 진학에만 국한된 게 아니다. 대통령 선거란 무엇인가? 그건 대부분 국민에게 '인서울 권력'을 쟁취하는 패권의 주체가 나와 '우리 지역'과 어떤 관계인지를 따지는 게임에 불과하다. 전국 모든 지역의 지역 발전 전략의 최우선 순위는 인서울 권력과의 관계에 의해 결정되는 인사와 예산의 분배에서 유리한 고지를 차지하는 것이다. 그게 지역 살림의 효율성과 수익성을 결정하기 때문이다. 자율성과 창의성? 그건 의례적인 행사나 이벤트에서 외쳐지는 하나마나한 수작이거나 오히려 효율성과 수익성을 방해하는 쓰레기 같은 것에 지나지 않는다.

지금과 같은 '인서울 초집중화'는 바람직한 의미의 경쟁까지 좋은 입지 조건을 갖겠다는 경쟁으로 환원시킴으로써 우리의 삶을 황폐하게 만드는 동시에 나라의 미래까지 어둡게 만들고 있다. 이제 우리는 '헬조선'이란 말로 일컬어지기도 하는 그런 황폐화의 막장에 도달했다. 우리는 모두 미쳤다! 입만 열면 '좁은 땅'이란 말을 하면서도 가급적 인서울로 몰려들어 더 좁게 살려고 발버둥을 치면서 그게 큰 문제라는 생각을 하지 못할 정도로 모두 다 제정신이 아니다.

1945년 10월 16일 저녁 8시 30분 미국에서 귀국한 이승만은 서울중앙방송국의 전파를 통해 국민에게 "나를 따르시오, 뭉치면 살고 흩어지면 죽습니다"라는 첫인사를 했다. 이후 많은 정치인이 "뭉치면 살고 흩어지면 죽는다"는 말을 했지만, 늘 문제는 "나를 따르시오"라는 전제가 오히려 분열을 촉진했다는 점이다. 이제 우리는 반대로 말할 때가 되었다. 뭉치면 죽고 흩어지면 산다! 뿔뿔이 흩어져 각자 선 자리에서 자신의 양심과 소신을 따르면서 자율성과 창의성을 숭배하는 삶을 살아보자. 공장식 밀집 사육의 시대와 공장식 밀집 거주의 시대는 갔다.

세습 자본주의를
정당화하는
교육

"관련 부처들이 각자의 칸막이를 친 채 서로 책임 떠넘기기에
몰두했으며, 컨트롤 타워 기능은 없었다." 대형 사고나 사건이
터질 때마다 언론이 정부의 부실한 대응을 비판하면서 하는 말
이다. '모범 답안'이라고 해도 좋을 정도로 이런 지적은 늘 반복
되지만, 달라지는 건 거의 없다. '칸막이'가 문제라는 건 포털사
이트에서 '칸막이'를 검색해보면 금방 알 수 있다. 조직의 칸막
이를 없애기 위한 시도를 알리는 기사들이 무더기로 뜨지만, 성
공 사례를 알리는 기사는 매우 드물다.

칸막이 현상은 우리만의 문제는 아니다. 미국에선 칸막이 현
상을 '사일로silo'라고 부르는데, 제법 명성을 얻은 경영자치고
사일로를 비판하지 않은 이가 거의 없다. 제너럴일렉트릭 회장
이었던 잭 웰치는 "배타성은 비즈니스에서 독약"이라며 "나는
사일로를 증오한다. 자신의 회사가 번창하고 성장하기를 원하

는 조직원이라면 당연히 사일로를 증오해야 한다"고 열변을 토했다.

칸막이로 인한 문제는 기업에선 비교적 쉽게 알아차릴 수 있다. 대형 사고나 사건이 터지면 정부 내의 칸막이 문제도 드러난다. 반면 거의 드러나지 않지만, 국민의 삶에 엄청난 영향을 미치는 칸막이도 있다. 일반 대중은 물론 언론도 거의 거론하지 않는다는 점에서 '투명 칸막이'라고 부를 수 있겠다. 현재 한국에서 가장 대표적인 투명 칸막이는 '교육'과 '노동'을 분리한 칸막이다.

한국의 교육·입시 정책에 관한 책을 쓰기 위해 그간 나온 수많은 책, 논문, 기사를 읽으면서 새삼 놀란 건 교육 문제가 바깥 세계와 칸막이를 친 채 오직 교육의 영역에서만 다루어지고 있다는 점이었다. 바깥세상이 어떻게 돌아가건 말건 교육 문제는 교육제도나 입시 방법을 개혁하면 해결될 수 있다는 착각의 향연이 벌어지고 있다고 해도 좋을 정도였다. 역대 대통령 후보들의 교육 공약들이 한결같이 그런 착각의 향연에 동참하고 있는 것도 우연이 아니다.

교육·입시 정책에 대해 말하고 싶은 사람들은 그간 많이 출간된, 청년들의 고통을 기록한 책들을 우선적으로 교재로 삼는 게 좋을 것 같다. 2015년 고용노동부 장관의 '청년 간담회'에 참석한 어느 취업 준비생은 "대기업만 고집하지 말고 눈높이를 낮추라는 어른들의 얘기는 '폭력'이나 다름없다"고 했다. 왜 그 럴까? 정상근이 쓴 『나는 이 세상에 없는 청춘이다』라는 책에 나 오는 다음과 같은 '상식' 때문이다.

"야 웃기지 마, 일단 좋은 기업을 들어가야 해. 솔직히 한 달 100만 원 주는 직장이랑, 250만 원 주는 직장이랑 얼마나 차이 가 나는 줄 알아? 시작부터 좋은 데 가지 않으면 넌 평생 그 바닥 에서 썩는다. 거기서 빠져나오는 게 얼마나 힘든지 몰라서 그래, 네가."

이런 '상식'을 학부모들은 귀신같이 꿰뚫고 있다. 그래서 자 녀들을 좋은 직장에 들어갈 확률이 높은 좋은 대학과 좋은 학과 에 보내려고 그 무시무시한 '사교육 전쟁'에 거침없이 뛰어드는 것이다. 몇 년 전 '수저론'이 나온 배경의 근원도 바로 여기에 있 다. 고소득층과 저소득층의 사교육비 격차가 9배까지 벌어지는 '교육 양극화'가 심화되는 상황에서 정상적인 교육은 불가능하 다. 교육은 '세습 자본주의'를 정당화해주는 도구에 불과할 뿐 이다.

언론은 대선 주자들이 사교육의 고통을 줄일 수 있는 공약으 로 승부를 보라는 주장을 해대지만, 임금 격차 문제는 거의 거론 하지 않는다. 임금 격차 해소는 인위적으로 하기 어려운 일이며 시장 기능에 맡길 수밖에 없다는 생각 때문에 그러는 것이라면, 사교육 문제도 다루지 않는 게 옳다. '교육'을 '노동'과 분리해 기존 임금 격차를 그대로 두고서 그 어떤 교육 해법이 있을 것처럼 착각하거나 자기기만을 범하는 게 오히려 국민들을 더 고통스럽게 만들기 때문이다.

임금 격차 축소는 복지 확대보다 어려운 일일 수 있지만, 우리는 그 이전에 임금 격차 축소를 정책 의제로 다루는 부서가 있는지부터 살펴보아야 한다. 없다! 굳이 관련 부서를 찾자면 고용노동부일 텐데, 그 문제까지 건드리기엔 힘이 달린다. 차라리 교육부와 노동부를 합해 교육노동부로 개편함으로써 "노동 문제 해결 없이 교육 문제 해결 없다"는 대원칙이나마 국민 모두가 공유토록 하는 게 좋을 것 같다. '교육'과 '노동'을 분리한 칸막이 해체 공사가 필요하다.

그다음엔 기획재정부와의 칸막이 해체 공사도 필요하지만, 이런 식으로 가다 보면 전 부처의 통합이 필요할지도 모르겠다. 개그를 하고 있는 건가? 그렇다. 그렇게 되고 말았다. 어떤 시도를 해도 사치스럽고 부질없는 일이라는 생각이 든다. 문재인 정권이 심화한 '부동산 약탈 정치' 때문이다. 이런 약탈이 존재하는 한 교육·입시 정책은 어떤 식으로 하건 엉망이 될 수밖에 없다.

이 모든 칸막이를 압도하는 가장 거대한 칸막이는 서울과 지방 사이에 존재한다. 서울이 지방의 자원을 빨아들이는 블랙홀이라는 사실은 전혀 모른다는 듯 역대 정권들은 서울에 일자리와 교육 자원을 집중하면서 지역균형발전을 외치는 대국민 사기극을 천연덕스럽게 저질러왔다. 이는 지역균형발전이 그럴듯하게 보이려는 의전儀典용 수사修辭에 불과하다는 걸 의미한다. 이는 사기극 중에서도 최악의 약탈 사기극이다.

내가 이미 『부동산 약탈 국가』라는 책에서 주장했듯이, 부동산 가격 폭등은 '합법적 약탈'이다. 내 집 마련해보겠다고 뼈 빠지게 일해 저축한 사람들, 전세·월세값이 뛰어 살던 곳에서 쫓겨나게 된 사람들의 처지에서 보면 폭력으로 빼앗아가는 약탈보다 나쁜 약탈이다. 최대 피해자는 일자리와 교육 자원을 찾아 서울로 몰려들지 않을 수 없는 지방민이라는 건 두말할 나위가 없다. 이런 약탈을 광범위하게 일어나게 만든 정권이 '진보'를 표방하다니, 이제 제발 그런 사기나 치지 않으면 좋겠다.

우리도
틀릴 수
있다

·

제8장

44

인간이 역사에서 배운다고 해도,

그것이 우리에게 어떤 교훈을 줄 수 있단 말인가!

정열과 당파성이 우리의 눈을 멀게 한다.

따라서 경험이 주는 빛은 선미船尾의 등이어서

우리의 등 뒤에 일렁이는 파도를 비출 뿐이다.

77

● 새뮤얼 콜리지(영국 시인)

해장국만 찾지 말고
술을 좀
줄이자

정치인들이 허구한 날 당파 싸움을 벌이는 나라가 있다. 이를 보다 못한 학자들이 나서서 이런 해결책을 제시했다. 두 정당의 의원 100명을 골라내서 기술 좋은 외과의사가 이들의 뇌를 톱으로 반씩 자른 다음 반대편 정당의 사람들 뇌에 붙인다. 그러면 그들의 두개골 안에서 치열한 싸움이 벌어질 테지만, 얼마 안 가서 서로를 이해하게 되리라는 것이다. 그러면 이제 정치인들의 뇌에서 국민이 원하는 중용과 조화가 나올 수 있을 것이다.

조너선 스위프트의 『걸리버 여행기』에 나오는 이야기라고 한다. 직접 읽은 건 아니고 주경철의 『테이레시아스의 역사』에서 가져온 것이다. 이 이야기를 음미하면서 요즘 유행인 '기레기'라는 말이 떠올랐다. '기자'와 '쓰레기'의 합성어라는데, 오죽 답답하고 화가 났으면 기자를 쓰레기라고 부를 생각을 했을까? 그렇게 이해를 하면서도 매우 답답하게 생각하는 점이 있어

기레기라는 말이 떠오른 건지도 모르겠다.

이 말은 2014년 '4·16 세월호 참사' 이후 널리 쓰이게 되었다. 언론개혁을 주장하는 언론인들도 이 말을 많이 썼다. 'MBC를 국민의 품으로 공동대책위원회'는 2014년 12월 출범 선언문에서 "MBC는 땡전 뉴스나 다름없는 기레기 방송으로 몰락했다"고 비판했고, 전국언론노동조합과 한국PD연합회 등 언론단체들은 2015년 4월 세월호 1주기 기자회견에서 "영원한 기레기가 된 우리를 규탄합니다"라고 외쳤다.

언론, 정말 문제가 많다. 우리 모두 열심히 비판하면서 개혁을 이루어내자. 기레기라는 욕이 언론의 성찰과 개혁에 도움이 된다면, 더 많이 사용하는 것도 좋겠다. 하지만 지금의 '기레기 사용법'은 그게 전혀 아니다. 자신의 생각과 다른 기사 내용에 대해 무조건 기레기라고 욕하는 게 법칙이 되어버린 것 같다. 우리는 '다름'과 '틀림'을 구분하지 않은 채 다른 것조차 틀리다고 말하는 게 언어습관이 되어버린 다혈질 국민이라지만, 이건 좀 곤란하지 않는가?

당신은 모든 기자와 언론을 기레기라고 하진 않을 게다. 당신이 '우리 시대의 진정한 의인'이라고 여기는 논객 또는 선동가와 그들의 주장이 발설되는 매체엔 뜨거운 지지를 보낼 게다. 우리 국민 절반이 유튜브를 언론이라고 여기고 있는 것도 우연이 아니다.

"누가 나의 속을 후련하게 만들어주는가?" 이 기준에 따라 '의인'과 '참언론'이 결정되는 세상에 우리는 살고 있다. 당신은 그런 기능에 충실한 '해장국 언론'을 갈망하고 있는 건 아닌가? 당신은 이미 스스로 정해놓은 답을 찾는 '답정너 언론'을 열망하는 건 아닌가? 물론 '진실에 대한 갈증'일 수도 있겠지만, 진실 추구의 기본적인 자세는 확신을 유예한 가운데 다양한 정보를 많이 접하면서 냉정한 분석에 임하는 것이다. 당연히 기레기라는 욕도 자제해야 한다.

기레기라는 욕이 난무하자 언론개혁에 대한 논의가 활발히 이루어지고 있지만, 나는 의제 선정이 잘못되었다고 본다. '해장국 언론'을 원하는 국민이 많은 상황에선 언론개혁은 가능하지 않다고 보기 때문이다. 당신이 비난하는 언론의 어떤 문제점은 민주화와 더불어 이른바 '촛불 혁명'에 큰 기여를 한 동력이기도 했다. 우리는 자신의 선호에 따라 그런 언론에 대한 평가를 달리하는 '내로남불'의 자세를 취하는 건 아닐까?

왜 우리는 언론이건 정치건 늘 '공급'의 문제만 다룰 뿐 '수요'의 문제는 외면할까? "소비자는 왕이다"는 마케팅 구호에 현혹된 탓일까? 이런 구호는 소비자의 갑질이 사회문제가 되면서 의심의 대상이 되었건만, 왜 우리는 여전히 언론 수용자의 문제엔 눈을 감는가? 우리도 수용자로서 성찰해야 할 점은 없을까?

'해장국 언론'에 대한 강한 수요는 디지털 혁명의 산물이긴 하지만, 우리가 기술의 노예가 아니라면 우리 자신의 모습을 한 번쯤 돌아보아야 하지 않을까? 과거엔 누구건 사회적 발언을 할 때엔 진영 논리에 충실할망정 지켜야 할 최소한의 선은 있었다. 무조건 내지르고 보는 막말을 했다간 시장에서 퇴출된다는 정도의 경계심은 있었다. 그러나 이젠 적에 대한 증오를 맹렬히 부추기는 막말과 궤변일수록 지지자들의 열광적인 환호를 받는 게 현실이다. 그런 선동가들도 '갑'은 아니다. 당신의 열정을 북돋우는 치어리더에 불과하다. 그들이 나름의 고뇌와 성찰 끝에 국민 전체를 생각하는 마음으로 당신에게 자제와 냉정을 요청했다간 순식간에 변절자로 추락할 수 있으니까 말이다.

나 역시 그런 문제에서 면책될 수 없는 사람인지라 꾸지람은 달게 받겠다. 다만 우리 모두를 위해 다시 한번 생각해주시길 바란다. 지금과 같은 '기레기 사용법'은 언론개혁을 더 어렵게 만들거니와 그 어느 쪽도 완승을 거둘 수 없는 파멸적인 싸움을 불러온다. 그런 싸움을 지속하는 건 나라만 골병들게 만든다. 당신이 기레기라고 욕하는 언론인이나 언론사를 지지하는 사람들도 당신 못지않게 선량한 이 나라의 국민이다. 더불어 같이 살자. 진영 논리에 따른 정파적 투쟁을 하더라도 "누가 더 나쁜가"를 따지기보다는 "누가 더 잘하나"를 따지는 생산적인 방향으로 해보자. 먹고살기 힘든 사람들에겐 그게 훨씬 더 중요하다. 자꾸 해장국만 찾는 당신, 술을 좀 줄여보는 게 어떨까?

나의 '참언론'은
누군가에겐
'기레기'다

"종이신문으로 돌아갈 잔도를 태워버리자." 2020년 10월 『한겨레』가 직원들에게 제시한 '디지털 전환 제안서'에서 디지털 역량을 강화하자는 취지로 한 말이다. 잔도棧道란 절벽과 절벽 사이에 사다리처럼 높이 걸쳐 놓은 다리를 말하는데, 그걸 태워버리자는 건 종이신문 체질과 결별할 각오를 하자는 뜻이겠다. 소설가 장강명은 "이 문장이 슬펐다"고 했지만, 슬퍼하는 사람은 많지 않은 것 같다.

아마도 『한겨레』의 '디지털 전환 제안서'가 나오기 직전이었을 추석 연휴(10월 2일) 밤 어느 예능 프로그램을 시청하다가 깜짝 놀랐다. "종이신문 보고 그러신 건 아니죠?" "설마 종이신문 보겠어?" 한 출연자가 종이신문을 구독하는 것에 대해 다른 출연자들이 보인 반응이다. 종이신문을 보는 사람들이 귀해졌다는 사실은 잘 알고 있었지만, 종이신문을 보는 게 놀림의 대상까지 된다는 건 미처 예상하지 못했기에 놀라지 않을 수 없었다.

2019년 한국언론진흥재단 '언론 수용자 조사' 결과에 따르면 종이신문 구독률은 6.4퍼센트다. 최근 정보통신정책연구원이 발표한 보고서에 따르면, 연령대별 신문 기사 이용 매체를 묻는 질문에 신문 기사를 종이신문으로 이용한다는 응답이 10대는 3.7퍼센트, 20대는 1.4퍼센트, 30대는 2.8퍼센트, 40대는 2.6퍼센트, 50대는 9퍼센트, 60대는 18.2퍼센트, 70세 이상 세대는 39.8퍼센트로 나타났다. 반면 '스마트폰 애플리케이션'으로 신문 기사를 이용한다는 응답은 10대는 76.9퍼센트, 20대는 66퍼센트, 30대는 66.5퍼센트, 40대는 72.9퍼센트, 50대는 69.5퍼센트로 절대다수를 차지했다.

이런 통계에 따른다면, 종이신문은 노년층의 매체라고 해도 과언이 아니다. 슬그머니 웃음이 나온다. 나는 60대 중반의 나이인 동시에 신문을 사랑하지 않을 수 없는 직업을 갖고 있다. 지금은 구독 신문 수를 5개로 줄였지만 한때 다른 지역신문들을 우편으로 받아보는 등 수십 개의 신문을 구독했던 사람으로서 만감이 교차한다. 나의 신문 사랑은 가끔 아파트 쓰레기 더미를 들춰보는 것으로 나타난다. 읽고 나서 내버린 신문이 얼마나 있나를 알아보기 위해서다. 몇 년 전까지만 해도 신문을 가끔 구경할 수 있었는데, 요즘엔 허탕 치는 일이 많다. 나의 이런 모습이야말로 코미디의 소재감일 것 같다는 생각에 어찌 스스로 웃지 않을 수 있겠는가?

　그렇게 자조하면서도 좀 이상하다는 생각이 든다. 한국인은 책을 읽지 않는 국민으로 정평이 나 있다. 경제협력개발기구 회원국 중 최하위권이다. 그럼에도 종이책을 읽는 게 놀림의 대상이 되진 않는다. 예능 프로그램에서 일부 연예인이 책을 많이 읽는 걸 미담으로 소개하면서 칭찬하는 걸 보더라도 그렇다. 종이 신문과 종이책에 대해 각기 다른 대접을 하는 것엔 여러 이유가 있겠지만, 지금 그 이야기를 다 하려는 건 아니다. 정파성 문제에만 집중해 말해보련다.

　이른바 '가짜뉴스' 논란이 뜨거운 이슈로 불거진 지 오래다. 도대체 가짜뉴스란 무엇인가? 그간 정치권에서 사용된 용법들을 살펴보고 나서 내가 내린 결론은 간단하다. "내 마음에 들면 진짜뉴스고 내 마음에 들지 않으면 가짜뉴스다." 미국도 우리와 사정이 비슷하다. 미국 철학자 마이클 린치도 『우리는 맞고 너희는 틀렸다』에서 "가짜뉴스는 그저 내 맘에 들지 않는 뉴스를 일컫는 표현이 되었다"고 개탄한다.

　물론 이런 정의에 대해 여전히 동의하지 않을 사람들도 있겠지만, 내가 하고자 하는 말은 그런 논란의 한복판에 종이신문이 있다는 사실이다. 이른바 '기레기'로 불리는 신문에 대한 적대감의 수위는 매우 높다. 그런데 흥미로운 건 "나의 기레기는 누군가에겐 '참언론'이고, 나의 '참언론'은 누군가에겐 기레기"라는 사실이다. 즉, 신문은 이런 '정파 전쟁'의 소용돌이에 휘말려 들었고, 그 결과 '신문 산업' 전체가 '혐오 산업' 비슷하게 되어 버렸다는 것이다.

이건 국가적 차원의 비극이다. 종이신문의 최대 장점은 독자가 원치 않거나 싫어하는 뉴스에도 접할 수 있다는 데에 있기 때문이다. 물론 대부분의 신문이 강한 정파성을 갖고 있긴 하지만, 신문들은 수백 년간 이어져온 전통에 따라 자신들의 정파성에 반하는 뉴스도 내보낸다. 작게 처리하느냐 크게 처리하느냐, 어떤 '양념'을 쓰느냐에 따라 다소 다른 색깔을 띠긴 하지만, 중요한 건 어떤 일이 있었다는 정도의 보도는 비교적 충실히 하고 있다는 점이다.

반면 스마트폰을 통해 들여다보는 세상은 그렇지 않다. 자신의 입맛에 맞는 뉴스만 골라볼 수 있으며, 그렇게 하게끔 부추기는 알고리즘의 서비스가 가세한다. 그런 뉴스 소비 패턴에 익숙해진 사람들의 요구는 이렇다.

"우리의 마음에 풍파를 일으키지 마라. 그저 우리가 믿고 있는 바들을 더 많이 보여달라. 그러면 우리는 그 견해를 읽으며 계속해서 만족감을 느낄 수 있으리라. 우리를 결집시킬 내용을 달라. 우리가 환호할 수 있는 사람을 달라!"(비키 쿤켈의 『본능의 경제학』)

물론 수용자들은 스스로 그런 요구를 충족시킬 수 있는 길을 찾았고, 이는 포괄적 서비스를 제공해온 종이신문에 큰 타격이 되었다. 그럼에도, 아니 그렇기 때문에 더욱, 신문의 살 길은 소통이다. 신뢰와 권위 회복으로 종이책의 위상에라도 접근해야 한다. 그게 종이신문을 놓지 않는 독자들에 대한 예의다.

모르는 건
모른다고
말해보자

"내가 근무하는 뉴잉글랜드의 대학에서는 일부 교수들이 수업을 취소했고, 일부 학생들은 침대 밖으로 나오지 않았으며, 상담을 받고 싶다는 문의가 갑자기 폭증했다." 미국 철학자 마이클 린치가 『우리는 맞고 너희는 틀렸다』에서 2016년 대선 직후 전개된 사회적 풍경에 대해 한 말이다. 힐러리 클린턴의 패배에 충격과 좌절감을 느낀 사람들과 도널드 트럼프의 승리에 환호하며 열광한 사람들 사이에서 대화가 가능할 리 만무했다. 심지어 가족 내에서도 대화는 불가능했다. 2017년의 한 여론조사에선 "정치 문제로 가족과 갈등을 겪고 있다"고 답한 사람이 39퍼센트였으며, 이 중 절반은 "그래서 가족과 절연했다"고 답한 것으로 나타났다.

이렇듯 '두 개로 쪼개진 미국' 현상은 트럼프 시대에 처음 나타난 건 아니지만, 디지털 혁명으로 인해 날이 갈수록 그 정도가 심해졌다. 소셜미디어는 당파성을 심화하는 알고리즘으로 장사를 하는데, 위기에 몰린 전통 미디어들마저 생존을 위해 그렇게 길들여진 수용자의 비위를 맞추는 방향으로 나아갔으니, 소통은 물 건너가고 만 셈이 되었다.

이런 최악의 상황에서도 '두 개의 미국'을 더는 방치할 수 없다는 문제의식을 가진 사람들이 모여서 만든 '스페이스십 미디어'는 '대화 저널리즘'을 들고나왔다. 이들은 트럼프 지지자와 클린턴 지지자들을 선별해 서로 대화를 나누게 하고 이를 뉴스로 보도하는 새로운 저널리즘을 선보였다. '대화 저널리즘'에선 첨예한 갈등을 빚는 모든 이슈가 다 뉴스거리가 될 수 있다. 참여자들에겐 욕이나 인신공격을 하면 안 된다는 지침이 주어지고, 기자는 대화를 경청하는 동시에 상호 이해를 증진하는 방향으로 중재한다.

'대화 저널리즘'에 대한 독자들의 신뢰는 높다지만, 과연 얼마나 많은 사람이 이런 뉴스를 환영하겠는가 하는 의문을 제기할 수 있겠다. 2019년 SBS가 개최한 국내 행사에서 강연을 한 스페이스십 미디어 대표 이브 펄먼은 『미디어스』 인터뷰에서 "사람들은 항상 성찰하고 서로를 궁금해한다. 하지만 지금은 각자의 버블에 갇혀 있다. 대화하다 보면 정형화된 편견에서 벗어나기 시작한다. 우리는 서로를 분리하는 곳에서 벗어나고 개방성과 공감을 쌓아 대화할 수 있다"고 말한다.

좋은 말이다. 이미 갈등을 증폭시키는 뉴스에 중독된 사람들이 상시적으로 이런 뉴스를 찾을까 하는 의문은 여전히 남지만, 욕심 내지 않고 '대화 저널리즘'을 기존 저널리즘의 일부로 활용하면 문제될 게 없다. 한국도 미국 못지않게 '대화 단절'에 시달리고 있는 나라인바, 모든 언론이 적어도 매주 한 꼭지 이상의 '대화 저널리즘' 기사를 게재해보는 건 어떨까? '대화 저널리즘'의 기본 취지는 뉴스 생산 과정에 독자를 참여시켜 쌍방향성을 구현함으로써 사회적 소통을 활성화해보자는 것이기에 마다할 이유가 없잖은가.

그런 정도의 '대화 저널리즘'은 이미 실천해왔다는 반론도 가능하겠지만, 일반 독자의 목소리를 선별적으로, 들러리용으로 전하는 데에 치중해온 건 아닌가? 독자들이 중심이 된 가운데 생각을 달리하는 독자들 상호 간 직접 대화는 거의 없었다고 보아야 하지 않을까?

대화는 논쟁이나 토론이 아니다. 상대를 압도해야 할 필요가 없다. 물론 말싸움을 벌일 필요도 없다. 왜 상대편이 내가 도저히 받아들일 수 없는 '어리석거나 나쁜 생각'을 하게 되었는지 그 이유를 듣는 것만으로도 충분하다. 모든 문제에 대해 다 아는 척할 필요도 없고, 내가 옳다고 강변할 필요도 없다. "우리는 맞고 너희는 틀렸다"는 자세를 잠시 유보하고, "우리도 틀릴 수 있고 너희도 맞을 수 있다"는 가능성을 인정해주기만 하면 된다.

프랑스 작가 앙드레 모루아는 "'모르겠는데요'라는 말만 계속 반복해도 대화는 엄청나게 향상될 것이다"고 했다. 오늘날 소셜미디어로 대변되는 자기과시의 시대엔 시대착오적인 주문처럼 여겨질 게 틀림없다. 표현의 자유가 만개한 시대에 "내 생각도 말하지 못하느냐"고 항변할 사람도 많을 게다. 그러나 그런 이야기가 아니다. 모르는 걸 아는 척하는 허영심을 좀 자제하자는 것이니까 말이다. 잘 모르는 건 잘 모른다고 말하면 될 텐데 악착같이 자신이 다 아는 것처럼 고집을 피우는 사람이 의외로 많다. 자신의 '신념'을 앞세우면 모든 게 다 정당화되기라도 하는 것처럼 말이다. 나 역시 그런 혐의에서 자유롭지 못할 것이기에, 우리 모두 같이 애써보자는 것이다.

'대화 저널리즘'은 학자들마다 조금씩 다른 의미로 사용하고 있으며, 정해진 틀이 있는 게 아니다. 우리 형편에 맞게 사회 곳곳에 대화가 흘러넘치게 해보자는 한국형 '대화 저널리즘'도 얼마든지 가능하다. '1인 저널리즘'의 시대가 만개한 세상에서 '대화 저널리즘'은 시민단체를 비롯한 시민사회 전 분야가 광범위하게 활용할 수 있는 기본적인 소통 방식이 될 수 있으며 되어야 마땅하다.

익명의 공간에서 늘 악담과 저주를 퍼붓던 사람일지라도 대화의 마당에 들어서는 순간 점잖고 합리적인 사람으로 변하고, 대화를 통해 평소 '괴물'처럼 생각해왔던 반대편 사람들이 의외로 착하고 선량한 내 이웃과 같은 사람들이라는 걸 깨달을 가능성이 높다. 악성 댓글을 다는 이들은 대화에 굶주린 사람들일 수 있다는 발상의 전환이 필요하다.

서로 가르침을
주고받으면
안 되는가?

"우리는 시청자에게 뭔가에 대해 무엇을 해야 하는지 말하지 않습니다. 설교조로 그들에게 할 일-어떻게 투표해야 하는지 등-을 말하려 하면 1분 이내에 채널이 돌아가버립니다." 미국 MTV 네트워크의 CEO 주디 맥그레스가 30년 전에 한 말이다. 오늘날 소셜미디어 시대에 달라진 게 있다면, 뭔가에 대해 무엇을 해야 하는지 말하는 것에 대해 채널을 돌린다든가 하는 외면이 아니라, 아예 노골적인 적대감을 드러낸다는 점이다.

"SNS에서 제일 심한 욕 중 하나가 가르치려 든다는 말인 듯하다. 고상하게 계몽주의라는 말도 쓴다. 최대한의 비난을 담아서다." 시인 노혜경의 『요즘 시대에 페미도 아니면 뭐해?』라는 책을 읽다가 이 대목에서 슬그머니 미소를 지었다. 글쟁이라면 누구든 공감할 말이니까 말이다. 물론 나도 그런 비난을 많이 받아보았다.

나이가 들수록 생기는 콤플렉스가 하나 있다. "내가 지금 시대착오적인 꼰대 짓을 하는 건 아닌가?" 늘 이런 생각을 한다. 가르치는 일을 직업으로 삼은 사람들은 그런 생각을 더 많이 하게 되기 마련이다. 이들은 자기도 모르는 사이에 강의실 밖에서도 남을 가르치는 듯한 말투를 쓰게 될 가능성이 높으니까.

그래서 나는 "가르치려 들지 마라"는 댓글을 볼 때마다 무조건 반성하자는 자세를 취한다. 가끔 경어체의 글을 쓰게 된 것도 그런 반성의 뜻이다. 나는 앞으로도 계속 애쓸 생각이지만, 제3자로선 수긍하기 어려운 점이 있다. 내 글이 아닌 다른 필자들의 글이나 관련 기사들에 달린 댓글들을 보고선 뭔가 좀 이상하다는 생각이 들었다. 호기심이 발동해 "가르치려 들지 마라"는 댓글들을 여기저기서 많이 찾아내 그 용법을 자세히 살펴보았다.

이 댓글들은 대부분 필자의 '말하는(글 쓰는) 방식'을 문제 삼는 게 아니었다. "가르치려 들지 마라"는 요구는 사실상 "내 생각과 다른 말을 하지 마라"는 비난이었다. 우리 국민들의 수준이 높다. 사이버공간을 화장실로 만들려는 일부 배설형 누리꾼들을 제외하고, 댓글 작성 시 "내 생각과 다른 말을 하지 마라"는 말을 해선 안 된다는 정도의 양식은 지킬 정도로 높다. 그래서 내심 하고 싶은 그 말을 당당한 자세로 돌려 말하는 게 바로 "가르치려 들지 마라"는 비난이라는 게 내가 내린 결론이다.

"가르치려 들지 마라"는 말은 주로 두 가지 조건하에서 발설

된다. 첫째, 글 내용에 동의하지 않을 뿐만 아니라 화가 날 때. 둘째, 글 내용에 이성적으로 반박하기 어려울 때. 말싸움을 하다가 여의치 않을 때 "너 몇 살이야"라고 싸움의 주제를 바꿔치기하면서 엉뚱한 시비를 거는 사람들이 있는데, 바로 그런 고전적 수법과 비슷하다.

그게 아니라면, 자신이 동의하는 내용일지라도 메시지 전달자의 소통 방식을 문제 삼아 "가르치려 들지 마라"는 말이 나올 법한데, 그런 경우는 없었다. 오히려 정반대였다. 권위를 내세우며 가르칠 뿐만 아니라 아예 행동강령까지 제시하는 선동은 가르침을 넘어선 '조종'이다. 그럼에도 그 내용이 마음에 들면 그대로 받아들이는 건 물론 존경하는 자세마저 취한다. 나는 실제로 특정 정치 집단 선동가들의 주장을 앵무새처럼 따라서 하는 사람들을 가끔 만난다. 그 어떤 '신앙 공동체'에 속한 사람처럼 보여 할 말을 잃은 채 그냥 미소로 답을 대신한다.

그렇다면 어떤 가르침이냐가 문제일 뿐 가르침 자체엔 죄가 없는 것이다. 『국어사전』은 가르침을 "도리나 지식, 사상, 기술 따위를 알게 함"이라고 정의하고 있다. 자신에게 실용적인 기술을 가르치는 사람에게 "가르치려 들지 마라"고 말하는 사람은 없을 게다. 문제는 늘 정답이 없는 '도리'나 '사상'의 영역에서 일어난다. 모든 주장은 가르침이다. "가르치려 들지 마라"는 말도 가르침이다. 우리는 누군가 가르치는 대로 받아들이진 않는다. 서로 가르침을 주고받으면서 살아간다.

　디지털 혁명은 위계 없는 가르침을 주고받을 수 있는 쌍방향 세계를 활짝 열어젖혔다. 인터넷신문 『오마이뉴스』가 "모든 시민은 기자다"라는 슬로건을 들고나온 지 20년이 넘었다. 이제 우리는 '우리가 미디어'요 '모두가 작가, 모두가 청중인 시대'에 살고 있다. 이런 새로운 시대에서 가르침을 탓하는 건 우리 모두 자기주장은 삼가야 한다는 요구와 무엇이 다를까?

　우리는 학생 시절 일방적인 주입식 가르침에 덴 상흔이 남아 있어 '가르침'이란 말 자체에 거부감을 갖고 있기 마련이다. 그 상흔에 호소해 다른 사람들의 공감을 이끌어내려는 시도는 이제 그만두는 게 어떨까? 자신이 누군가를 가르칠 자격이 없고 늘 가르침을 받아야 할 처지라는 피해의식이나 겸손도 버리는 게 좋지 않을까? 이 또한 가르침이겠지만, 내 주장은 가르침 자체를 탓할 게 아니라 서로 왕성하게 가르침을 주고받자는 것이다. "가르치려 들지 마라"고 화내는 당신, 부디 배울 수 있는 좋은 가르침을 주시기 바란다.

전문가는
결코
죽지 않는다

"완벽한 사회에서는 전문가라는 개념이 존재하지 않을 것이다." 독일 사상가이자 경제학자인 카를 마르크스의 말이다. 그는 이런 유토피아를 역설했다. "한 사람이 오늘은 이 일을 하고 내일은 저 일을 하는 것이, 또한 아침에는 사냥하고, 오후에는 고기를 잡고, 저녁에는 소떼를 몰고, 저녁을 먹은 뒤에는 비평을 쓰는 것이 가능해질 것이다. 그렇게 되면 굳이 사냥꾼, 어부, 목동, 비평가 중 하나의 직업만 선택해야 할 필요성이 없어지게 된다."

물론 그런 세상은 가능하지도 않겠지만, 그걸 누가 좋아할지도 의문이다. 오늘날의 문제는 주로 '전문가 폄하'다. 『전문가와 강적들』(원제 『전문지식의 죽음』)의 저자 톰 니콜스는 이렇게 개탄한다.

"(디지털 혁명으로 인해) 누구나 똑똑하다고 생각하다 보니 전문가들의 의미 있는 조언을 더이상 받아들이려 하지 않는다.……사람들이 전문가에 대해 무척 화가 나 있다. 누군가 전문가인 체하며 자기 견해를 밝히면 권위에 기대거나, 민주주의에 요구되는 합리적 대화를 고사시키려는 행동쯤으로 여겨 분노를 표출한다."

이른바 '전문가의 죽음'까지 거론하게 만들 정도로 전문가의 가치를 잘 인정하지 않는 한국에선 새로울 게 없는 이야기다. '전문가의 죽음'이 권위주의적 독선과 오만, 엘리트주의적 특권의식과 이기주의를 청산하고 새로운 소통의 장을 만들어낼 수 있다면 환영할 만한 일이지만, 몇 가지 생각해볼 점이 있다.

니콜스는 밀려난 전문가의 자리를 차지한 건 셀러브리티, 즉 유명인들이라는 점에 주목하면서 일반인보다 나을 게 없는 유명인들이 미국 정치 지형의 일부가 되었다는 점을 개탄한다. 유명인이 전문가를 대체하는 것도 문제지만, 전문가를 차별하는 것도 문제다. 전문가에 대해 분노하는 사람들이 모든 전문가를 똑같이 대하는 것은 아니다. 자신의 생각에 부합하는 주장을 하는 전문가들은 우러러보면서 그들에게서 끊임없이 정보와 지식을 공급받는다. 따라서 '전문가의 죽음'이라는 주장은 생각을 달리하는 전문가를 공격하고 논쟁에서 유리한 입지를 차지하기 위해 동원되는 민주적 정서의 표현에 지나지 않는 것일 수도 있다.

'전문가의 죽음'과 관련해 가장 큰 문제는 시장 논리에 따른 '의제의 왜곡'이다. 언론을 예로 들어 설명해보자. 언론은 팔릴

만한 뉴스, 즉 사람들이 관심을 갖고 읽을 만한 뉴스에 치중한다. 사건과 사고의 이면에 존재하는 구조의 문제는 거의 다루지 않는다. 언론인이 몰라서 다루지 않는 게 아니다. 뉴스가 구조와 추상의 세계에 들어서는 순간 '사람들이 관심을 갖고 읽을 만한 뉴스'의 범주에서 벗어나기 때문에 다루지 않는 것이다. 우리 못지않게 '신문의 죽음'이 심각하게 거론되는 미국에서 나온 언론학 서적들이 '신문의 죽음'을 피하기 위해 내놓는 처방의 핵심은 한결같이 '독자의 관심'이다.

독자의 관심을 끌지 못하면 죽는다는 것은 언론인이라면 누구든 동의하지 않을 수 없는 철칙이지만, 언론이 그로 인해 잃는 것도 있다. 전문성을 주장하기가 어려워진다. 전문성이 있다면 그것은 시장에서 살아남기 위해 독자들의 관심을 끄는 법을 터득하는 것에 관한 전문성일 뿐이다. 그것은 실수의 지뢰밭을 건너야 하는 전문성이다. 다른 언론보다 더 빨리, 더 말랑말랑하게, 더 자극적으로 보도하기 위한 경쟁에서 실수는 불가피하다. 그런 실수는 이른바 '기레기'라는 모욕적인 말을 듣는 근원이 된다.

언론은 살벌한 경쟁이 이루어지는 시장에서 살아남기 위해 뉴스 의제를 사건·사고라는 피상의 세계에만 가두는 식으로 왜곡해왔고, 이젠 이게 부메랑이 되어 사건·사고에 이해관계나 특정 이념성·정파성을 갖고 있는 독자들에게서 무시당하고 모욕

당하는 지경에 이르렀다. 자업자득이라고 말하기엔 언론이 처해 있는 모든 여건이 너무 열악하다. 독자와 같은 눈높이를 갖기 위해 애써온 평등주의의 실현으로 자위해야 할 것인가? 아니면 자본주의니까 어쩔 수 없다고 체념해야 할 것인가?

언론은 이제 스마트폰과 경쟁해야 하는 시대에 살고 있다. 물론 언론은 이미 스마트폰과 손잡고 가는 길을 열기 위해 애를 쓰고 있지만, 스마트폰이라는 미디어가 강제하는 뉴스의 형식적 제약은 뉴스의 내용에도 영향을 미칠 수밖에 없다. 그 영향은 '전문가의 죽음'을 촉진할 것인바, 언론에 남은 선택은 두 가지다. '전문가의 죽음'을 전제로 한 언론으로 가는 길과 기존 노선을 완전히 바꿔 전문성을 주장할 수 있는 언론으로 가는 길이다. 후자가 살아갈 틈새시장은 존재하는바, 누가 그 시장을 선점하느냐가 중요해졌다.

전문가는 결코 죽지 않는다. 이는 잘난 척하는 엘리트주의와 아무런 관련이 없다. 자신이 맡은 일에 남들보다 훨씬 더 많은 시간과 노력을 쏟은 것에 대한 인정과 보상은 그 어떤 평등주의 정서도 깰 수 없으며, 평등주의 못지않게 중요한 우리 사회의 기본 질서이자 약속이기 때문이다. 전문주의를 포기하는 것이 아니라 오히려 살리는 것이 사면초가에 빠진 언론의 탈출구일 수 있다.

경청과
소통이
먼저다

"왜 아무도 내 말을 들으려 하지 않죠? 제 말을 들으세요!" 사회학자 엄기호의 『단속사회』라는 책을 읽다가 이 대목에서 웃음을 빵 터트렸다. 엄기호의 강연에서 일어난 일이다. 강연이 끝나면 청중의 질문을 받는다. 나 역시 여러 차례 경험한 일이지만, 질문의 기회를 자기주장의 기회로 활용하는 분이 많다. 물론 짧은 주장이라면 바람직한 일이지만, 문제는 도무지 언제 끝날지 모를 정도로 길다는 데에 있다.

이와 같이 외친 분의 발언도 너무 길었나 보다. 이미 청중의 반이 자리를 떴을 정도로 말이다. 그래서 당황한 주최 측이 그분의 발언을 제지하려고 하자 화를 내면서 한 말이 바로 "왜 아무도 내 말을 들으려 하지 않죠? 제 말을 들으세요!"라는 말이었다는 것이다. 그러니 어찌 웃음을 터트리지 않을 수 있겠는가?

이 작은 에피소드는 우리 사회에서 통용되는 '소통'에 대해 의외로 많은 것을 말해준다. 누구나 다 경청과 소통은 외치지만, 막상 자신은 경청과 소통을 하지 않는다. 즉, 철저히 자기중심적이라는 것이다. 소통의 내로남불이 매우 심각하다는 이야기다. 나는 내 글에 대한 댓글들을 볼 때에도 그런 생각을 자주 한다. 내 주장에 대해 제시하는 반론을 보면, 그분이 평소 갈등을 빚는 사안에 대해 어느 한쪽의 주장만을 수용하는 편식자라는 게 금방 드러난다. 이미 다른 쪽 언론을 통해 충분하게 격파된 주장과 논리임에도 그는 그걸 들이밀면서 반론을 펴고 심지어 욕까지 한다.

내가 그런 점을 감안해 성실한 서비스를 베풀면 좋겠지만, 칼럼이라는 제한된 공간에서 그럴 수 없는 일이다. 이게 참 난감한 문제다. 그런데 더 흥미롭고 놀라운 건 언론들도 그런 식이라는 점이다. 예컨대, 민주당이 새정치연합으로 있던 2015년 8월에 내놓은 다음 주장을 감상해보자. "10대 재벌의 사내 유보금 504조 원의 1퍼센트인 5조 원만 고용 창출 투자에 사용해도 비정규직 50만 명을 정규직으로 전환할 수 있다." 당시 정의당도 '10대 재벌 사내 유보금의 1퍼센트 투자로 청년 일자리 20만 개 창출'을 내세웠다. 이후 야당들과 그 지지자들은 일자리와 비정규직 문제를 거론할 때마다 재벌의 사내 유보금 투자를 해법으로 제시해왔다.

그러나 『조선일보』 논설위원 김기천은 「부두교 주술 같은 야당의 일자리 처방」(2015년 9월 10일)이라는 칼럼에서 그런 주장이 '과학적 처방과 거리가 먼 엉터리 경제정책'이라고 비판했다. 대부분의 사내 유보금은 공장과 기계 설비, 재고, 지식재산권 등에 이미 들어가 있어 현금성 자산은 전체 유보금의 17퍼센트 정도에 불과한데다, 그마저 임직원 급여 지급과 원자재 구입, 하도급 결제, 인수·합병M&A 자금, 불확실성에 대비한 비상금 등의 용도로 필요하다는 것이다. 국내 대기업들의 현금성 자산 보유 비중은 선진국 기업들의 40~60퍼센트 수준이어서 걸핏하면 자금난에 빠져 목숨이 오락가락하는 대기업들이 줄을 잇는데도 사내 유보금이 많다고 시비하는 것은 기업이 망해야 한다는 소리나 다름없다는 게 김기천의 주장이다.

나는 어느 쪽 주장이 옳은지 알지 못한다. 그래서 언론에서 이 문제를 다루어주기를 손꼽아 기다렸다. 이념이나 가치의 문제를 떠나 사실관계만 분명히 해주면, 즉 언론계에서 유행하는 '팩트 체크'만 이루어져도 독자들은 나름의 판단을 할 수 있을 게 아닌가? 그러나 나는 그 어떤 관련 기사도 보지 못했고, 그래서 지금도 여전히 어느 쪽 주장이 옳은지 알지 못한다.

언론은 평소 정치 혐오를 비판하면서 정치 참여의 중요성을 강조한다. 풀뿌리 민주주의를 찬양하면서 풀뿌리 없는 정당을 비판한다. 그러나 정치부 기자들은 모두 정치인의 뒤만 쫓아다니기에 바쁘다. 유력 정치인의 입에서 자극적인 한마디를 끌어

내 갈등을 빚는 세력이나 사람들과 싸움을 붙이는 게 '정치 저널리즘'의 기본이 되고 말았다. 선거 때만 되면 '민심 탐방' 기사를 제법 싣지만, 그마저 특정 정당과 정치인에 대한 지지나 반대의 이유를 들어보는 수준에 그친다.

왜 풀뿌리 민주주의가 안 되는가? 정당들은 풀뿌리의 당내 유입과 참여를 원하는가? 그들은 사실상 풀뿌리의 유입을 방해하는 공작을 펼치고 있는 건 아닌가? 그렇다면 그런 공작의 수법엔 어떤 것들이 있으며, 그걸 어떻게 넘어서야 하는가? 아니면 풀뿌리 민주주의는 영원히 실현되기 어려운 환상이므로 그걸 포기해야 하는가? 그렇다면 풀뿌리 민주주의의 이상을 근거로 해대는 정치 비판도 하지 말아야 하는 게 아닌가?

내가 궁금하게 생각하는 것들이지만, 나는 이런 문제를 다룬 기사를 거의 본 적이 없다. 언론은 각자의 당파성에 근거해 반대 정당이 압승을 거두면 나라가 망한다는 식으로 겁을 주는 캠페인성 기사를 양산해내거나 각 정치 세력과 정치인들의 유불리나 이해득실을 분석하는 일에만 탁월한 재능을 발휘하고 있을 뿐이다. 독자가 그런 기사를 워낙 좋아하기 때문에 어쩔 수 없다면 할 말은 없지만, 그건 언론은 '싸움과 당파성을 판매하는 상인'에 불과하다는 걸 자인하는 게 아니고 무엇이랴.

이 두 가지 사례를 통해 내가 하고자 하는 말은 언론의 소통 문제다. 소통 불능은 정치권만의 문제가 아니다. 언론 역시 소통 불능 상태에 처해 있다. 반대편과의 소통은 포기한 채 '마이 웨이'로만 치닫고 있으며, 공통분모의 발굴을 통한 사회문제의 해결을 '불온한 중도'로 보는 이념 편향성에 빠져 있다. 언론은 '당장 여기서'라는 목전의 사태에만 집착하느라 거기서 한 걸음 더 나아가는 시공간적인 소통 능력을 잃어버린 지 오래다. '신문의 죽음'이 거론되는 상황은 이전에 지켜온 문법을 극단으로 밀고 가는 것으론 돌파할 수 없다.

부족국가
대한민국

ⓒ 강준만, 2021

초판 1쇄 2021년 4월 1일 찍음
초판 1쇄 2021년 4월 7일 펴냄

지은이 | 강준만
펴낸이 | 강준우
기획·편집 | 박상문
디자인 | 최진영
마케팅 | 이태준
관리 | 최수향
인쇄·제본 | ㈜삼신문화

펴낸곳 | 인물과사상사
출판등록 | 제17-204호 1998년 3월 11일

주소 | (04037) 서울시 마포구 양화로7길 6-16 서교제일빌딩 3층
전화 | 02-325-6364
팩스 | 02-474-1413

www.inmul.co.kr | insa@inmul.co.kr

ISBN 978-89-5906-599-8 03300

값 16,000원